¿Cómo hemos
llegado a esto?

Rosa Díez

¿Cómo hemos llegado a esto?

De aquellos polvos, estos lodos

la esfera ⊕ de los libros

Primera edición: marzo de 2024

© Rosa Díez González, 2024
© La Esfera de los Libros, S. L., 2024
Avenida de San Luis, 25
28033 Madrid
Tel. 91 443 50 00
www.esferalibros.com

ISBN: 978-84-1384-776-4
Depósito legal: M. 2355-2024
Fotocomposición: Creative XML, S. L. U.
Impresión y encuadernación: Unigraf
Impreso en España-*Printed in Spain*

ÍNDICE

PRÓLOGO
Nos descuidamos… y pasó

Una de las preguntas más reiterada en estos tiempos oscuros por los que atraviesa nuestra nación es: «Pero ¿cómo hemos llegado a esto…?». Ante tal interpelación existen quienes tratan de minimizar la gravedad de nuestra crisis democrática equiparando la situación de España con la que viven otros países de nuestro entorno. También están quienes se escudan tras la respuesta que menos les compromete —«No se podía saber…»— para justificar su inacción pasada y su deseo de que, incluso ahora, les dejemos en paz. Pero quienes así se expresan son conscientes de que hemos llegado hasta aquí como consecuencia de las decisiones que se fueron tomando en nuestro nombre y/o a nuestras espaldas, de lo que en cada momento hicimos y también de nuestra falta de respuesta. Y también saben que no hay democracia en el mundo que haya salido indemne de pulsiones antisistema como las que viene sufriendo España y que no hay un solo país en la Europa de la que formamos parte que tenga un Gobierno tan anómalo en términos democráticos como el que preside Pedro Sánchez Pérez-Castejón.

En una reflexión con la que pretendía atribuir a cada cual su responsabilidad sobre el desarrollo de los acontecimientos políticos de su tiempo, Concepción Arenal señalaba que «cuando la culpa es de todos, la culpa no es de nadie». Me parece pertinente que nos apliquemos esa sentencia; porque somos ciudadanos, tenemos libre albedrío y es nuestra responsabilidad señalar los hechos y actuar frente a ellos en todo momento. La ciudadanía nos otorga, por igual, derechos y obligaciones; por eso los españoles que nos sucederán merecen saber cómo hemos llegado hasta aquí. Escribo este libro para contribuir a dar una respuesta fundamentada a esa pregunta y lo haré utilizando como guía una serie de artículos —alarmas y denuncias— publicados a lo largo de los años y desde situaciones personales y políticas bien distintas: parlamentaria vasca, miembro del Gobierno de coalición entre socialistas y nacionalistas en el País Vasco, parlamentaria europea, diputada nacional y, finalmente, activista sin otro carné que el de ciudadana española.

España progresó cuando los españoles nos propusimos cerrar las heridas y reencontrarnos como conciudadanos de un mismo país, de una nación de ciudadanos libres e iguales. Ese compromiso intergeneracional e interideológico que se plasmó en los acuerdos de la Transición es el mayor logro de la historia moderna de España. Pero ese pacto luminoso entre españoles no duró el tiempo suficiente para consolidar y vertebrar nuestra joven democracia. Y la mayoría de los españoles asistió entre silente, perpleja, incrédula o aletargada a la ruptura del consenso constitucional que se produjo por el impulso de una fuerza política que había sido protagonista del pacto de la Transición. Durante los años en que la voladura del pacto se iba consumando, la mayoría de los españoles —desde los ciudadanos anónimos a las fuerzas económicas, sociales, medios de comunicación, prescriptores de opinión…— desoyeron las alertas y prefirieron mirar hacia otra parte mientras en nuestra joven democracia, de forma contumaz y programada, se iban rompiendo los incipientes vínculos de ciudadanía. Quizá podamos encontrar una explicación a tamaña negligencia por el hecho de que en España no se ha hecho pedagogía democrática y no hemos sido educados para defender nuestra democracia y a las instituciones que la representan. Y quizá también porque asumir el alcance de lo que estaba ocurriendo nos obligaba a comprometernos y a actuar; y resultaba más cómodo pensar que eran exageraciones interesadas las llamadas de atención sobre las consecuencias de la ruptura de la cohesión entre españoles que se estaban produciendo. Sea cual sea el peso de cada uno de los motivos por los que individual o colectivamente la sociedad española no reaccionó, la desoladora conclusión es que, descuidándonos, esperando que «otro» lo arreglara o pensando que «no va a pasar nada», que las alarmas son «cosas de políticos»… es como hemos llegado a la situación actual.

Quiero llamar la atención sobre el papel que la perversión del lenguaje ha jugado en este proceso de deterioro democrático. A lo largo de los años en los que todo ha sido sometido a revisión sin ningún tipo de diagnóstico ni análisis previo, el lenguaje tramposo ha sido utilizado para ocultar lo que se pretendía hacer, para desorientar a los ciudadanos, para simular progreso donde solo había ruptura y regresión. La perversión del lenguaje se ha convertido en un instrumento referencial de nuestro tiempo. Sin las trampas del lenguaje para conseguir pervertir la acción política, nunca hubiéramos llegado a una situación como la actual.

Es verdad que el éxito alcanzado por los rupturistas sin apenas resistencia y la velocidad con la que se ha venido deteriorando la cohesión entre españoles son consecuencia de nuestra debilidad como sociedad, del hecho de que la democracia española es muy joven y tiene una escasa estructura cívica y muy limitados contrapoderes sociales y democráticos. Nada de esto hubiera podido suceder en Francia, en Alemania, en el Reino Unido o en Italia. Ningún gobernante, aunque lo hubiera pretendido y por mucha mayoría electoral que tuviera detrás, hubiera podido poner el país patas arriba en tan poco tiempo. Desde el funcionamiento reglado de una democracia parlamentaria hasta la actuación de los poderes sociales, económicos, sindicales y mediáticos… el conjunto de la sociedad se lo hubiera impedido. En nuestro país no han funcionado ninguno de esos contrapoderes democráticos; y así es como unos gobernantes dispuestos a romper con una historia común que había puesto a España entre los países más admirados de Europa han podido actuar con total impunidad y eficacia. Al menos hasta ahora.

El análisis de lo que hizo cada cual mientras se rompían nuestros vínculos de ciudadanía y se ponía en riesgo la convivencia entre españoles resulta un instrumento imprescindible para enfrentarnos a la realidad e impedir que se repita la historia. Porque las cosas no se han estropeado en España de la noche a la mañana ni como consecuencia de un fenómeno exógeno o paranormal; existen culpables y también responsables de que hayamos llegado a una situación crítica como país. Los culpables son esos políticos sin escrúpulos que, en un ataque de frivolidad y adanismo, comenzaron por negar las virtudes de la Transición y fueron asumiendo los postulados de quienes habían llegado incluso a asesinar a centenares de ciudadanos inocentes para tratar de impedir que la Constitución tuviera una oportunidad; los culpables son esos políticos que, por un puñado de votos, acabaron por banalizar el mal aliándose con quienes nos han querido arrebatar la vida y han perseguido y anulado nuestras libertades; los culpables son esos políticos que utilizan las instituciones para destruir la igualdad entre españoles y que obtienen y mantienen el poder aliándose con aquellos que han expulsado de su tierra a muchos miles de ciudadanos que no quisieron renunciar a serlo. Si esos políticos rupturistas lograran que triunfe su estrategia, provocarían que España regresara a lo peor de nuestro pasado y que se cumpliera en nosotros la amarga profecía de Gil de Biedma: «De todas las historias de la Historia / la más triste sin duda es la de España, / porque termina mal…». Señalar a cada uno de ellos, a través de sus actos, es el primer paso para provocar que no puedan culminar su objetivo.

Pero también hemos de prestar atención a la responsabilidad que tienen en el desenlace esos que van de justos y de demócratas de toda la vida mientras permiten y justifican que el mal se extienda con total impunidad. Entre los responsables del avance de la ruptura naturalmente que hay gradaciones; están los tibios, esos que en un pasado con sangre miraron hacia otra parte para no arriesgar su propia seguridad o comodidad y hoy mantienen una actitud de aparente crítica mientras el partido político al que han votado o del que son afiliados sella pactos con quienes sembraron de terror y muerte la España democrática.

Están los cobardes, esa legión de españoles acomodados en su secta que prefiere olvidar lo que realmente pasó, esos que lo relativizan todo, que caminan encantados junto a quienes nos perseguían, nos amenazaban y pasaban información o señalaban directamente a las futuras víctimas. Son también responsables esos sectarios sin memoria ni piedad que justifican que la gentuza que sigue defendiendo el terrorismo pase, sin solución de continuidad, de exterminar a cargos públicos democráticos a ocupar los huecos que dejaron. Son responsables esos cobardes que para que les dejen en paz y les acepten en el rebaño defienden las consignas supremacistas de quienes se creen superiores y no permiten que los niños se expresen y estudien en la lengua común; son responsables los sectarios que consideran progresista aliarse con prófugos de la justicia y con aquellos que en las comunidades en que gobiernan vulneran los derechos de quienes no renuncian a ser ciudadanos españoles.

Las nuevas generaciones tienen derecho a que la verdad no sea sustituida por versiones interesadas sobre los hechos que se produjeron, tienen derecho a que no se repita la historia. Conozco a muchos alemanes jóvenes que sienten una necesidad casi compulsiva de explicarse, de explicar lo que ocurrió cuando ellos ni siquiera habían nacido. Y sé que, en muchas ocasiones, mirando a sus padres y a sus abuelos, se habrán preguntado: «¿Y tú qué hiciste entonces?». Escribo este libro porque sé que algún día también nuestros hijos y nuestros nietos nos interpelarán. Y quiero poder mirarlos a los ojos cuando nos hagan esa pregunta.

El libro habla de nuestra historia reciente como país, de lo que fracasó y de lo que tuvo éxito, de lo que hicimos bien y de lo que hicimos mal. En este relato, conformado a través de los artículos escritos durante todos los años que abarca, se abordan los principales acontecimientos políticos que se han venido produciendo en España desde que comenzamos a construir la democracia. Encontrarán un énfasis especial en lo sucedido durante y tras los años de plomo, ese momento crucial para la historia reciente de nuestra democracia, en el que, una vez derrotada operativamente ETA, unos políticos sin principios decidieron romper el consenso democrático poniendo en riesgo la seguridad jurídica y el propio entramado institucional.

Es un relato sobre hechos verídicos y relatados en tiempo presente en el que voy trasladando mi posición y mi opinión sobre el papel que han jugado los inductores del cambio de política y de la ruptura del consenso y, sobre todo, de las consecuencias que habría de tener para el conjunto de la sociedad española. La opinión es personal y, por tanto, parcial; pero los hechos que se describen son reales, crudos, incontestables. Solo escribo de lo que conozco, de lo que he vivido de forma personal y directa y en la misma trinchera que muchos de nuestros escudos, víctimas inocentes que hoy ya no pueden dar testimonio de su propia historia. También para honrar su memoria los españoles merecemos conocer la verdad.

Muchos de los artículos que integran este libro están escritos durante los años en los que asistíamos a los funerales de centenares de víctimas inocentes que fueron asesinadas por ETA porque constituían un estorbo para el modelo totalitario que pretendían construir. Y todos ellos tienen en común haber sido publicados mientras la sociedad se iba adormeciendo por efecto del cloroformo de «la paz» o «el diálogo», conceptos utilizados desde el inicio de la Transición por los enemigos de la democracia y cuyo significado se pervirtió de forma generalizada al ser adoptados por quienes han traicionado el pacto constitucional para blanquear sus alianzas de poder con los enemigos eternos, jurados y sangrientos de la democracia, con ETA y con los golpistas y los prófugos de la justicia.

Pero no debemos conformarnos con que se recuerde y/o se conozca la historia verdadera. Debemos dar un paso más, debemos armarnos de valor e interpelar a los cómplices silenciosos de la traición, a los relativistas, a ese amplio colectivo de españoles que se sienten «de los buenos» porque un día fueron nuestros compañeros en la resistencia al totalitarismo, pero han callado y consentido las traiciones encadenadas de «los suyos». Es el momento de la resistencia activa, la hora de que los españoles que apostamos por la convivencia y la ciudadanía volvamos a sentirnos mayoría, la hora de hablar alto y claro, la hora de la verdad. Es el tiempo de los rebeldes. Y no hay nada más efectivo para rebelarse contra el mal que recordar de dónde venimos, qué ocurrió, qué hizo cada cual ante cada cesión al totalitarismo, ante cada traición, ante el miedo que nos provocaban, ante el dolor.

Es verdad que en un país en el que los dirigentes políticos se eligen a través de un proceso democrático es imposible evitar que llegue al Gobierno un loco o un malvado, alguien dispuesto a destruir el propio sistema con el que ha alcanzado el poder. Pero, como decía antes, en las democracias estructuradas y bien vertebradas existe una sociedad organizada capaz de impedir que una persona que responda a esa pulsión destructiva ponga en riesgo el sistema democrático. Es hora de que comprendamos que la auténtica naturaleza de la amenaza contra nuestra democracia no reside en el hecho de que hayan llegado al Gobierno y a otras esferas de poder personas sin escrúpulos ni valores democráticos; la auténtica amenaza reside en la debilidad de nuestra joven democracia, en la debilidad de una sociedad que no ha sido educada en el principio básico de que las instituciones no se defienden solas y que la democracia necesita ciudadanos militantes que la salvaguarden. Solo si asumimos esta realidad seremos capaces de enfrentarnos con éxito a los problemas y a los retos que tenemos por delante para superar esta gravísima crisis democrática e impedir que se repita la historia.

La inmensa mayoría de los ciudadanos de este país queremos volver a caminar unidos frente a los rupturistas y a quienes no tienen confianza en España y en los españoles. Y no tenemos derecho a olvidar a quienes han pasado toda su vida enfrentándose a los totalitarios, no tenemos derecho a perder la esperanza. Y tampoco tenemos derecho a no trabajar hasta la extenuación para impedir que se repita en nuestros hijos la historia que vivieron nuestros padres. En momentos difíciles Albert Camus escribió: «La verdadera desesperanza no nace ante una obstinada adversidad, ni en el agotamiento de una lucha desigual. Proviene de que no se perciban más las razones e, incluso, de que no se sepa que hay que luchar».

La lucha es difícil, sí; sobre todo cuando una parte de los buenos ha cambiado de bando. Pero las razones permanecen claras. Defender la verdad y luchar por la libertad siempre vale la pena.

1

RESISTENCIA CONTRA EL TERRORISMO Y DENUNCIA DE SUS CÓMPLICES

Los tiempos de plomo y el nacionalismo obligatorio

«Paz» es una de las palabras más manipuladas de la historia. Recuerdo que en los años en los que cada semana asistíamos al menos al funeral de una víctima de ETA, los denominados «años de plomo», los comisionistas del crimen y los adormecedores de la resistencia apelaban a ese concepto de forma constante para intentar justificar cualquier cesión ante el terrorismo asesino y/o el nacionalismo obligatorio convertido en cómplice. Eran tiempos en los que ETA apelaba a «la paz» o «la democracia» en los comunicados en los que reivindicaba la autoría de los atentados; tiempos en los que no había una sola encuesta en la que al entrevistado no le preguntaran si estaba «a favor de la paz»… ¡Como si alguien pudiera contestar negativamente a esa pregunta…!

La perversión del lenguaje para pervertir la política y, a partir de ahí, las propias instituciones no es cosa nueva. En España comenzó a utilizarse hace mucho tiempo, cuando quienes preparaban la rendición ante ETA y el nacionalismo obligatorio necesitaban adormecer al conjunto de la sociedad para provocar nuestro desistimiento «llamando a las cosas por los nombres que no son» (Pilar Ruiz, madre de Joseba Pagaza). Ya entonces había voces que se oponían a esa tergiversación de la realidad y no cesaban de denunciar que lo que nos faltaba en Euskadi era la libertad, que la paz no era el problema, que nunca estuvimos en guerra, que lo que unos pocos vascos enemigos de la democracia nos querían arrebatar a tiros era la libertad. Los mismos vascos a los que hoy los socialistas llaman «progresistas», esos a los que Zapatero reconoció como interlocutores políticos y a los que Sánchez ha entregado el relato de la «memoria democrática», los mismos con los que ha pactado la destrucción del sistema del setenta y ocho.

Las ansias de libertad de los vascos que luchábamos para derrotar a ETA no tenían nada que ver con «la paz» que Zapatero le dijo a Eduardo Madina que le iba a regalar después de que ETA le volara una pierna. La paz de Zapatero —como la de ETA, como la de Franco— es la paz de los cementerios; la paz del nuevo PSOE es la que se empezó a construir sometiendo al Estado de derecho a las exigencias de legalización de Sortu —el partido más claramente heredero de Batasuna— dando empujones al Tribunal Supremo primero y al Tribunal Constitucional después («Esto lo arregla el Tribunal Constitucional», que diría Zapatero cuando el Supremo no cedió a las presiones); «la paz» del nuevo PSOE se construye en base a las peticiones de libertad para Otegi y las visitas al dirigente batasuno de Eguiguren y el obispo Uriarte. Los socialistas dejaron de hablar de libertad y sustituyeron ese concepto por «la paz» cuando decidieron cambiar de estrategia y renunciaron a perseguir la derrota de ETA para pasar a reconocer a la banda terrorista como interlocutor político. La gente de mi generación que ha nacido o pasado su vida en el País Vasco sabe bien que se puede vivir en paz sin tener libertad; y que «la paz» sin libertad no es nada.

Pero el Gobierno de Zapatero comenzó a hablar de «paz» porque la libertad solo podía venir de la derrota de ETA y ellos ya no estaban en eso, ellos estaban en el «final dialogado». En aquellos tiempos dediqué varios artículos a explicar lo que significa la derrota de ETA, a explicar que la derrota de la banda terrorista es mucho más que la derrota «militar» de sus comandos, extremo este que se había logrado cuando Zapatero decidió rescatarlos. Derrotar a ETA significa deslegitimar radicalmente su historia, sus objetivos, sus métodos. Derrotar a ETA significa que mientras la organización terrorista exista, mientras haya memoria viva de sus víctimas, mientras todos los crímenes no hayan sido juzgados, no conseguirán ninguno de los objetivos políticos

en cuyo nombre instituyeron una sola víctima. Nada. Ni la autodeterminación, ni la independencia, ni la anexión de Navarra. Nada. La
derrota de ETA requiere hacer justo lo contrario de lo que comenzó
a hacer Zapatero y hoy ejecutan Pedro Sánchez y el PSOE. Derrotar a
ETA es lo contrario de entregarles la custodia de la memoria democrática y convertirles en interlocutores y socios preferentes del Gobierno
de España. En democracia hay que legitimar los objetivos, no solo los
métodos. Por eso ninguno de aquellos objetivos de ETA que requirió
del crimen podría ser otorgado por la democracia. Por eso sostengo
que el PSOE ha tomado el relevo al nacionalismo obligatorio —«Ellos
mueven el árbol, nosotros recogemos las nueces» o «Coincidimos en el
fondo, aunque no en la forma», que dirían Arzalluz y el PNV a lo largo
de los años más sangrientos— y hoy lidera la traición a la democracia.

Al manipulador concepto de la paz se unió enseguida el otro gran
señuelo, «el diálogo», concepto este que sobrevive y que es utilizado
ahora mismo por Pedro Sánchez y el PSOE para justificar las cesiones a
quienes en el pasado nos mataban y en el presente tratan de conseguir,
sin bombas, lo que no lograron en los años de plomo: destruir la democracia e imponer su proyecto totalitario rompiendo la igualdad entre
españoles. «Diálogo» es el mantra que utilizan Pedro Sánchez y todos
sus cómplices para defender la impunidad de los delincuentes cuyos
votos necesita para mantenerse en el poder. «Diálogo» con los golpistas;
«diálogo» con los filoetarras que siguen homenajeando a los asesinos
y reivindicando la historia de ETA; «diálogo» con los prófugos de la
justicia; «diálogo» con los que dieron un golpe contra la democracia
desde Cataluña…

Pero, como decía antes a propósito de «paz», ni la perversión del
lenguaje es cosa nueva ni la banalización del mal se ha implantado en el
Partido Socialista de la noche a la mañana. Los artículos que componen
este libro denuncian cómo el PSOE ha ido abandonando los principios
y los valores democráticos para apalancarse en el poder sin que la mayoría de sus afiliados o dirigentes alzaran la voz. Recuerdo una entrevista
que le hicieron a Patxi López en su etapa de lehendakari, presidencia
a la que accedió gracias a los votos del Partido Popular. A preguntas

del periodista sobre cómo escribir nuestra historia y si el relato debía incorporar tanto a las víctimas como a los verdugos, Patxi López puso como ejemplo la Alemania nazi, una evocación que resultaba absolutamente inadecuada. El fin de la Alemania nazi —que venía de una guerra que costó millones de muertos— no terminó con «diálogo», sino con una negociación a la que se llamó «capitulación sin condiciones». Qué duda cabe que la paz era un gran objetivo para una Europa que sí que estaba en guerra; pero la paz, esta sí y sin comillas, solo sería real si iba precedida por la derrota del nazismo, ideología totalitaria que niega la libertad. Leí hace tiempo cómo se desarrolló aquel momento final. El general en jefe de las tropas estadounidenses en Europa, Ike Eisenhower, se negó a ver al general Jodl hasta que este hubo firmado la rendición incondicional. Después entró en la sala en la que estaba el alemán y sin preámbulos, preguntó: «¿Han entendido ustedes los términos de su rendición incondicional y están dispuestos a cumplirlos?». Jodl se levantó, se cuadró y asintió con la cabeza. Eso fue todo. Poco después, a finales de julio de 1945, se celebró la Conferencia de Potsdam y allí se aprobó la política de desnazificación cuyo objetivo era acabar con el partido nazi, sus instituciones, organizaciones, leyes, y cualquier rastro de su influencia en la vida pública alemana. Hoy el partido nazi sigue prohibido en Alemania. Eso es la derrota.

Más allá de la inapropiada comparación que estableció Patxi López en su cita con *Gara*, existen tres grandes diferencias entre el final del nazismo y el final que el PSOE ha buscado y pretende para ETA y que, lamentablemente, la sociedad española ha ido asumiendo. En Euskadi nunca ha habido una guerra; lo que en España se ha sufrido ha sido consecuencia de la acción cruel de los terroristas vascos que para imponer su régimen totalitario asesinaban a quienes se enfrentaban al régimen de terror y defendían la democracia. La única guerra declarada ha sido la de los terroristas, la democracia solo ha declarado la paz. Una parte mataba y otra parte moría. Extraña guerra esa…

En el falso paralelismo establecido por Patxi López entre la Alemania nazi y la España constitucional se percibe que el PSOE ya había cambiado de estrategia y trataban de inocular en la sociedad la idea de que «la paz» habría de venir del diálogo entre demócratas y terroristas. Tras el final de la Segunda Guerra Mundial se celebró el juicio de Núremberg en el que no solo se juzgó y condenó a los criminales, sino que se juzgó y condenó el régimen en cuyo nombre constituyeron las víctimas. Nunca hemos hecho eso en España, y esa es nuestra asignatura pendiente. Porque, si se juzgara a ETA, ninguno de sus herederos podría formar parte de las instituciones; y no habría ningún partido político, ningún Gobierno democrático, que se atreviera a reconocerlos como interlocutores políticos y a sellar pactos con ellos.

Y, por último, ni en Potsdam ni después ha habido ningún demócrata que en nombre del partido al que pertenecía y para conseguir el poder haya propugnado la legalización de ninguna marca blanca del nazismo para que pudieran presentarse a las elecciones. Traten de imaginar a un gobernante alemán abogando por la excarcelación de cualquier dirigente nazi o pidiendo la flexibilización del régimen carcelario para los nazis condenados por los tribunales de justicia alemanes. Y después piensen en España, con sucesivos Gobiernos socialistas, desde Zapatero a Sánchez, abogando por la excarcelación de Otegi; defendiendo el acercamiento de terroristas juzgados y condenados y que se niegan a colaborar con la justicia para esclarecer los más de trescientos crímenes de ETA aún sin juzgar; indultando a los golpistas y eliminando del Código Penal los delitos por los que fueron condenados… Y pactando el Gobierno de la nación con la portavoz de un partido que ha sido condenada por enaltecimiento del terrorismo, que se niega a condenar a ETA, que se niega a condenar la violación de la tumba de Fernando Buesa, que defiende los homenajes a terroristas excarcelados, un partido que lleva en sus listas a terroristas condenados por delitos de sangre…

Habiendo conseguido que un partido político de los que fueron clave para construir la democracia haya legitimado la historia de terror de ETA, ¿por qué los terroristas y sus herederos van a condenar los crímenes que cometieron si es el camino que los ha llevado al éxito? ¿Por qué va a tener que arrepentirse ningún terrorista de nada a título individual si están volviendo a sus pueblos entre homenajes y como héroes mientras el partido que gobierna España ha convertido en socio preferente al partido que defiende orgullosamente su historia de terror?

Toda esta miseria que hoy protagoniza el Partido Socialista Obrero Español, todo lo que hoy ocurre ante la perplejidad o la desesperación de millones de españoles, comenzó a gestarse y llevarse a cabo hace muchos años. Por mucho que algunas voces lo fuimos denunciando, paso a paso, he de reconocer que nunca habríamos podido imaginar que, una vez que los comandos de ETA fueron derrotados y la banda terrorista perdió su capacidad para asesinar a víctimas inocentes y poner en jaque a la democracia, el Partido Socialista iba a entregar el poder a los enemigos mortales de la democracia. Nunca hubiéramos podido imaginar tamaña traición, aunque en los artículos que siguen se verá que algunos socialistas ya apuntaban maneras… Hasta que el mal se institucionalizó.

Quiero insistir en una idea sobre los efectos de la perversión del lenguaje. El diálogo está reservado a personas o colectivos que tienen una base de valores en común, circunstancia que no se produce entre una organización terrorista y un Gobierno democrático. Se dialoga entre demócratas; con los terroristas, se negocia. Lo que cualquier Gobierno serio debe decidir —y explicar a la opinión pública— son los márgenes de esa negociación, que nunca tendrá contenido político. Se podía negociar con ETA sobre los presos, sobre su reinserción, sobre sus familias, sobre los plazos en que se entregan las armas… pero nunca se pueden abordar cuestiones políticas, ni sobre el marco institucional ni sobre el futuro de España, que es lo que estaba haciendo Zapatero cuando ETA hizo estallar un coche bomba en el aeropuerto de Barajas. No importa que no se llegara a acuerdos en aquel momento; la cesión del Gobierno se produjo desde el mismo momento en que aceptó hablar con una banda terrorista sobre las cuestiones que en democracia están reservadas a los representantes de la soberanía popular. De aquellos polvos… estos lodos.

No cabe el diálogo entre el cajero del banco que está siendo asaltado y el ladrón; no cabe el diálogo entre la mujer que está siendo violada y el violador; no cabe el diálogo entre el pederasta y el niño sometido a sus perversiones; no cabe el diálogo entre el maltratado y el maltratador; no cabe el diálogo entre la víctima y el verdugo; no cabe el diálogo entre el terrorista, el golpista, el prófugo de la justicia… y quien tiene la obligación de cumplir y hacer cumplir la ley. No cabe el diálogo entre los enemigos de la democracia y quienes tienen el deber de defenderla.

En la España de Sánchez, y desde que Zapatero reconoció a ETA como interlocutor político, el Gobierno dialoga con terroristas, con golpistas, con prófugos de la justicia y con cualquier gran delincuente que tenga aunque sea un solo voto que poner a disposición de Pedro Sánchez. Como decía, «el diálogo» es ese manipulado concepto que se utiliza poder pervertir las instituciones y a partir de ahí la propia democracia.

En la época que se denominó «los años de plomo», cuando salíamos de casa con escolta y miles de anónimos ciudadanos vascos —profesores, periodistas, jueces, militantes de partidos políticos constitucionalistas, policías sin uniforme…— tenían que mirar debajo de su coche antes de llevar a los niños al colegio o antes de moverlo para ir al trabajo, publiqué muchos artículos tratando de hacer pedagogía y explicar estos conceptos. Yo era por aquel entonces militante del Partido Socialista Obrero Español y cargo público (miembro del Gobierno Vasco y/o parlamentaria en el Parlamento Europeo). Y ya escribía estas cosas que van a leer a continuación, las mismas que defiendo ahora cuando mi único carné es el de ciudadana española. Eran tiempos en los que yo creía que era útil para España hacer esa denuncia desde dentro del Partido Socialista. Eran tiempos en los que, sobre todo en la primera época y hasta que llegó Zapatero, era posible defender esa posición y seguir formando parte de ese partido. Tiempos en los que, sinceramente, yo creía que se podía conseguir que el PSOE siguiera siendo un partido político defensor de la libertad y la igualdad, un partido que, a la hora de la verdad, quisiera más a su país que a su sigla.

Selecciono alguno de esos artículos en los que también se destacan las cosas que hicimos bien para defender la democracia derrotando al totalitarismo terrorista que pretendía que la Constitución no tuviera una oportunidad.

Hicimos bien cuando los dos grandes partidos de España, Partido Popular y Partido Socialista, suscribimos un Pacto por las Libertades y contra el Terrorismo.

Hicimos bien cuando nos comprometimos a aplicar la ley, toda la ley y nada más que la ley, para combatir la impunidad de los criminales y de sus cómplices políticos y penales.

Hicimos bien cuando los ciudadanos nos organizamos en movimientos cívicos y salimos a la calle a reencontrarnos y a defender lo que nos une.

Hicimos bien cuando con una sola voz, sin trincheras ni ideologías divisoras, reivindicamos la dignidad de las víctimas, todas ellas inocentes.

Hicimos bien cuando el PSOE y el Partido Popular se unieron para exigir a las instituciones europeas que se comprometieran, que pasaran de la solidaridad a la acción común. Hicimos bien cuando hicimos comprender a nuestros pares de Europa que el terrorismo era una tragedia para los españoles, pero que en la medida que era una amenaza para la democracia, debía ser tratado como un problema para el conjunto de los europeos.

Si llegamos a derrotar a ETA fue gracias a ese pasado de dignidad y firmeza democrática. Si llegamos a provocar la derrota operativa de ETA fue porque acertamos quienes defendíamos y defendemos la firmeza ante el terror y ante el nacionalismo obligatorio. Si llegamos a impedir que los comandos de ETA siguieran actuando fue porque se equivocaron quienes pensaban que «algo habrá que darles» para que dejen de matar. La estrategia de la dignidad y de la resistencia es la que triunfó frente a ETA. La estrategia de la dignidad y de la resistencia es la que debemos aplicar en la España de hoy frente a quienes mercadean con la libertad y la igualdad de todos los españoles.

La estrategia de la comprensión ante las exigencias de los terroristas —a la que se añaden ahora la comprensión a los golpistas, a los filoetarras, a los prófugos de la justicia…— fracasó entonces y fracasará ahora. La historia de la humanidad ha demostrado sobradamente que el apaciguamiento no sirve para nada frente al totalitarismo, que es, por definición, insaciable. En los años más peligrosos de nuestra joven democracia aprendimos que solo desde la defensa de los principios democráticos se puede construir un futuro de libertad. Y esa lección sigue siendo útil para el tiempo presente. Merece la pena recordarlo.

El que avisa no es traidor

En los artículos que integran este capítulo (la mayor parte de ellos —diez— publicados en *El País*, y el resto —cuatro— en *ABC*) encontrarán la voz de la resistencia contra el nacionalismo asesino; el compromiso democrático de los movimientos cívicos para derrotar a ETA; la denuncia del nacionalismo obligatorio, aliado indiscutible en la estrategia de ETA («Compartimos los objetivos, aunque no los métodos…»); la llamada a combatir la perversión del lenguaje; el momento de la esperanza de desbancar al nacionalismo cómplice con un pacto entre constitucionalistas vascos; y la voz de alerta ante los primeros síntomas de traición del Partido Socialista Obrero Español que comenzaron a adquirir oficialidad —antes eran «cosas de Eguiguren…»— desde el mismo momento en que José Luis Rodríguez Zapatero llegó a la Secretaría General del Partido Socialista Obrero Español, PSOE.

El final dialogado y los productos milagro
El País, 9 de septiembre de 1996

Todo el mundo habla del final dialogado del terrorismo. Conjugamos esas mágicas palabras movidos por «razones políticas» o por lo que hemos dado en llamar pragmatismo. No me extenderé sobre las circunstancias que han hecho posible que quienes han defendido y defienden las tesis del conflicto político para explicar el nacimiento y la pervivencia de ETA hayan llegado a convencer al resto de «su» solución. Pero probablemente el cansancio, el desánimo, la confusión y hasta una cierta ausencia de referencias claras hayan contribuido a ello. El caso es que esa es hoy la posición dominante en materia de «pacificación», o al menos la que como tal se expresa. Por eso resulta difícil mantener públicamente una posición contraria a esa teoría, que tiene por otra parte la ventaja de aparentar que goza de consenso y de dejar en manos de otros, siquiera parcialmente, la solución del problema. Y ya se sabe que siempre tranquiliza mucho la conciencia poder echar la culpa al ajeno.

Yo, sin embargo, no creo que exista posibilidad alguna de llegar a un final dialogado. Creo que nos hemos contado —y creído— una gran mentira. Una mentira que está consumiendo inútilmente nuestras energías.

Final dialogado, decimos. Pero ¿quién quiere dialogar? ¿Nosotros? ¿Y con quién? ¿Con ETA? ¿Y de qué? ¿De todo? Vale, pongamos que de todo. Naturalmente, queremos hablar para acordar el final de las acciones terroristas. Pero ¿quieren los asesinos y su mafia que acaben los asesinatos, las torturas, los secuestros…? Pensemos fríamente un poco. ¿Qué ganan ellos con que esta situación acabe? ¿Acaso que los presos etarras vuelvan a casa? ¡Qué ingenuidad! ETA habla de «sus» presos, pero los presos etarras son hoy más prisioneros de la estrategia de la banda que de nadie. ¿No son los propios dirigentes de ETA quienes están prohibiendo a «sus» presos acogerse a la reinserción?

¿Qué pueden ganar los terroristas de ETA sentándose alrededor de una mesa para hablar? ¿Acaso la independencia de Euskadi? Pero ¿hay alguien que crea aún que la independencia del País Vasco es un objetivo de ETA? La independencia puede ser un objetivo político, pero en modo alguno forma parte de las motivaciones de los terroristas para matar. Ya vale de engañarnos y de caer en su trampa: los terroristas no persiguen nada que tengamos, nada que les podamos dar. Ellos matan para vivir. Somos nosotros, con nuestras torpezas y titubeos, quienes prestamos el discurso político a lo que no es sino pura mafia y terror.

No es posible un final dialogado. Pero no porque nos repugne intelectualmente dialogar con los asesinos, sino porque los asesinos no tienen nada que ganar. Nada. Y esa es realmente nuestra tragedia: no querer aceptar que no tenemos nada que ellos quieran. No les interesa ni la libertad, ni la igualdad, ni el euskera, ni el estado de bienestar, ni la autonomía, ni la democracia, ni la autodeterminación…

No persiguen ninguna de las cosas que hemos logrado o por las que seguimos trabajando. Poco importa que estemos dispuestos o no a dialogar, que estemos dispuestos o no a ceder.

A veces ponemos ejemplos de procesos de «paz dialogada» a los que queremos —decimos— emular. Claro que siempre olvidamos un pequeño detalle: que no hay en la historia un ejemplo de paz que se haya firmado sin que la guerra haya castigado de forma similar a las partes en contienda. Y en Euskadi, no nos engañemos, no hay dos ejércitos luchando. Aquí no hay tal guerra. Aquí lo que hay es un grupo de vascos fascistas que matan, muchos que sufren y unos que mueren. Y que nadie me interprete mal: yo no quiero que muera ni uno solo más. Ni siquiera de los malos.

Pero no crean que pienso que esto no tiene solución. Creo que empezará a tenerla cuando dejemos de engañarnos, cuando dejemos de fiar nuestro futuro en el efecto de los «productos milagro». Contra las enfermedades graves no valen productos milagro. Esa es la clave. Esto no es una guerra; esto es una enfermedad. Y es grave, de esas que, si no se tratan adecuadamente, pueden hacerse crónicas e incluso matarnos.

Los vascos hemos de aceptar que no nos queda otro remedio que convivir, probablemente durante bastante tiempo, con esta nuestra particular enfermedad. Como quien convive con una enfermedad penosa para la que no se conoce aún vacuna o tratamiento definitivo: aceptando que se tiene, aprendiendo a medicarse e intentando que te incomode lo menos posible. Además, hay que evitar el contagio y estar atento a los avances de la ciencia, esperando —y favoreciendo si cabe— que algún día se invente algo que nos cure para siempre. Y tras el diagnóstico y tratamiento correcto, las células enfermas irán disminuyendo en virulencia y en número. Y el ritmo de nuestra vida se normalizará poco a poco. Y lo que es mejor: en unos años, en el peor de los casos, solo nos quedarán algunas manifestaciones residuales de la enfermedad que tanto nos afectó.

Y ya nadie nos mandará a comprar productos milagro.

Contra el fascismo
El País, 9 de mayo de 1998

Sé que los ciudadanos están acostumbrados a oír en boca de los políticos duras palabras y sentidas condenas contra los terroristas cuando tenemos delante el cuerpo caliente de una nueva víctima. Igual que lo están a vernos debatir sobre el fuero y el huevo cuatro días más tarde, sin importarnos nada de lo que dijimos y/o sentimos la víspera. Sí, los ciudadanos están acostumbrados. Pero costumbre no significa, afortunadamente, resignación. Si algo ha cambiado en esta sociedad es que la resignación ha dado paso al cabreo. Los ciudadanos están perplejos, confundidos y hasta hartos en según qué momento. No soportan la ambigüedad, no soportan la palabrería, no soportan la cobardía de quienes se protegen de los malos tras actitudes aparentemente bienintencionadas y dialogantes. Saben de sobra que algunos políticos, algunos jueces, algunos curas, algunos intelectuales han encontrado en la comprensión y la mano tendida a los que nos matan una curiosa y rastrera forma de «pagar» el impuesto revolucionario.

Aunque haya algunos politiquillos empeñados en decir lo contrario, creo que la inmensa mayoría de los vascos está a punto de tomarles el relevo. Hace unos años, esos mismos ciudadanos tenían en los partidos del Pacto de Ajuria Enea un referente claro. Por mucho que los nacionalistas se empeñasen en repetir su particular concepción de ese acuerdo, para los vascos todos —los malos incluidos— el pacto era, como no podía ser menos, un frente contra ETA. —¿Qué es la normalización política de un país, cuando en el mismo anida el fascismo, sino acabar con él?—.Y a los etarras y sus colegas eso les hacía daño, y a los demás, o sea, a la mayoría del pueblo liso y llano, nos encantaba.

Luego llegó una época en la que ETA empezó a estar más débil, y algunos de los del pacto más preocupados. Una época en la que algunos empezaron a estar temerosos de que, en estas circunstancias, su proyecto nacionalista-democrático de país empezara a correr riesgos. Algunos, de esos mismos, empezaron a sentir que el rechazo social al terrorismo podía pasarles factura también a ellos. Por eso, en vez de armarse de valor y reforzar la unidad de los demócratas endureciendo la respuesta a los terroristas, se armaron de cinismo y de cobardía y declararon que para acabar con el terrorismo —la violencia, lo llaman ellos— había que declararse derrotados. Y así empezamos a caminar por esta senda en la que una siente a veces vergüenza ajena.

Y, un día tras otro —excepción hecha, y no siempre, de los días en que hay funeral—, oímos decir que hay que hablar «con todos, de todo y todos los días», que los del Foro de Ermua somos antinacionalistas que o aceptamos la rendición o no queremos la paz... Voy a decir algo que quizá no sea políticamente ortodoxo: quienes no quieren la paz son ellos, los que están dispuestos a ceder algo más importante que la paz para no arriesgar réditos políticos. Sí, porque ya está bien de erigirse en «defensores de la paz» mientras les mandan recados de amistad a quienes nos matan. Quienes así actúan parecen olvidar que el bien supremo, lo único que nunca nos dejaremos arrebatar, es la democracia. Porque someternos al fascismo no nos llevará nunca a la paz. Nos llevaría a la guerra de verdad, a la guerra entre quienes no estamos dispuestos a renunciar a la democracia contra estos fascistas que se llaman vascos y merecerían ser juzgados como el gran nazi al que emulan.

¿Tan difícil resulta para algunos nacionalistas entender que los vascos no vamos a aceptar nunca más otra dictadura? ¿Tan difícil les resulta comprender que ni con Franco ni con estos aceptaremos la rendición sin pelear? Quizá, de tanto obviar la pluralidad y el profundo sentido democrático de este pueblo, han llegado a creer que aceptaremos cualquier cosa, como ellos. Pues no. Nos ha costado mucho vivir en democracia, nos ha costado mucho ofrecer un futuro de libertades a nuestros hijos, nos ha costado mucho sentirnos orgullosos de pertenecer a un país que se llama Euskadi y que está en esta España democrática que hoy ha vuelto a ser respetada en el mundo. Demasiado como para que volvamos ahora a la vergüenza del pasado.

Por eso conviene que digamos bien alto —y yo lo quiero decir— a esos «bienintencionados» mediadores que no comercien con lo que no es suyo. Que la democracia no está en venta. Y si no tienen valor para enfrentarse, y si solo piensan en los votos que pueden perder si lo hacen, que se queden en casa y se dediquen a otra cosa. Porque este pueblo vasco al que representan y dicen defender desde la consideración hacia quienes nos matan es un pueblo sensato y pacífico, pero es también un pueblo de rebeldes. Y no es la primera vez que se ha rebelado contra la injusticia y por defender su libertad. Ojalá que esa rebelión no vuelva a ser necesaria; pero si lo fuera, ojalá no les coja a estos buenos de los que hablaba mezclados con los malos.

Y un apunte para estos últimos, unas palabras para los asesinos. Este pueblo —vosotros no lo sabéis porque no formáis parte de él— es generoso y solidario. Es un viejo pueblo amable y paciente. Es también un pueblo orgulloso, capaz de cualquier cosa por defender lo que considera patrimonio de todos. Ha dado, respecto de vosotros, sobradas muestras de generosidad. Pero está llegando a su fin. No sé cuándo, pero yo creo que pronto, la mayoría de los vascos dirá algo que yo ya pienso: se acabó. Se acabó la generosidad, se acabó la mano tendida, se acabó la impunidad. El que quiera sumarse a nuestro proyecto de convivencia que lo haga ya. El que siga matando que sepa que para él no habrá misericordia.

Porque habéis de saber que llegará un día en que no será gratis matar. Llegará un día en que os haremos perder la esperanza. Llegará un día en que todos comprenderéis, los que seguís matando y los que seguís mudos —a veces forzosamente mudos en las cárceles—, que se acabó el espacio para el perdón. Y no será porque nos hayamos vuelto rencorosos. Será porque habremos comprendido que solo cuando perdáis la esperanza de vencer a la democracia, solo cuando perdáis la esperanza de que cuando dejéis de matar todos volverán a casa, solo ese día dejaréis de reclutar asesinos. Y ese día, cada vez más cercano, os vamos a derrotar.

Lo policial y lo político
El País, 3 de agosto de 1998

El debate en Euskadi siempre gira alrededor del mismo tema. Es como si esta sociedad, que se dice agotada de hablar-vivir-sufrir el terrorismo, no tuviera fuerzas para salir de ese maléfico remolino que todo lo absorbe.

Una y otra vez, políticos de distintos signos proclamamos lo insano que resulta este permanente y público debate. Una y otra vez reclamamos espacios para la política, espacios para hablar de los problemas de las gentes, espacios para debatir sobre esos aspectos de la vida cotidiana de los que se ocupan las sociedades normales, los países en los que la democracia no es una aspiración, sino un hecho.

Pero no hay manera. Se dirá que la raíz del problema radica en que la sociedad vasca no es del todo normal, democráticamente hablando. Anidan en ella algunos tintes de anormalidad, y, aunque seamos mayoritariamente normales, la anormalidad lo oscurece todo. Ocurre también, por si algo nos faltara, que a esa anormalidad sangrienta y chantajista se le suma un lenguaje particularmente confuso y perverso practicado, desde siempre, por los nacionalistas institucionales. Es ese lenguaje que pervierte los términos hasta el extremo de haber conseguido —a fuerza de ser repetidos hasta la saciedad en los medios de comunicación públicos— que, por ejemplo, se hable con normalidad del MLNV, sin anteponer ningún verbo y/o adjetivo; o que, siguiendo el ejemplo, todos hablemos de los derechos humanos de los presos etarras, olvidándonos de que la política penitenciaria forma parte de la política antiterrorista y que el único derecho constitucional —y, por tanto, humano— de cualquier preso es el derecho a la reinserción, jamás reivindicada, por cierto, por esos defensores de derechos humanos que quieren a los presos de ETA cerca de casa pero en las cárceles para controlarlos mejor; o, más ejemplos, es esta nueva trampa dialéctica mediante la cual discutimos todos sobre la eficacia de las medidas políticas y/o policiales.

Aquí quería llegar. Quienes han diseñado esta nueva fabulación —aquí nada es casual— han contado con la complicidad sobrevenida de una sociedad democráticamente muy joven, que tiene entre sus dirigentes políticos y sus portavoces mediáticos a toda una generación para la que policía e imposición venían a ser lo mismo. Solo así se puede explicar que tanta gente poco sospechosa de estar en la estrategia de la confusión haya caído en la trampa. Solo en España se podría haber producido la sinrazón de este debate, en el que cada día escuchamos sesudos comentarios sobre la necesidad de aplicar medidas políticas para acabar con el terrorismo. Puede que no sea políticamente correcto, pero quiero plantear mi discrepancia. Vamos a ver, ¿qué son medidas políticas? Supongo que se llaman medidas políticas a negociar con ETA. Negociar para ceder, para cambiar el marco constitucional y estatutario, claro.

¿De eso hablamos? ¿De cambiar el marco político? Se me dirá que no, que no se trata de hacer concesiones a los violentos (por cierto, he aquí otra palabreja para maquillar el nombre verdadero). Pero, si no se trata de modificar el orden político democráticamente establecido, si no se tratara de adoptar otras medidas políticas distintas a las que votamos los ciudadanos en sendos referendos, las medidas políticas no serían tales. Serían actitudes, más o menos dialogantes, pero simplemente actitudes políticas.

Otra trampa del lenguaje consiste en reivindicar medidas políticas para acabar con el terrorismo, en vez de decir llanamente que lo que se pretende es cambiar el marco político para que quienes apoyan y/o comprenden a los terroristas no encuentren disculpas para seguir haciéndolo. Medidas para integrar en esta España de finales del siglo XX a quienes reiteradamente nos han dicho que no aceptan ser minoría. ¿Por qué no llamamos a las cosas por su nombre? ¿Por qué no reconocemos públicamente, de una vez, que este estatuto que apoyó el 80 por ciento de los vascos es para unos un marco de convivencia y para otros, incluso de los que lo defendieron, un instrumento para llegar a otro sitio? ¿Por qué no pedimos a los nacionalistas que nos digan qué medidas políticas necesitan para integrar al nacionalismo democrático? ¿Por qué no les pedimos que propongan concretamente las reformas constitucionales y/o estatutarias para poder debatir y pronunciarnos sobre el alcance de lo concreto y los compromisos que los proponentes asumirían? ¿Por qué se nos olvida que en este país hubo amnistía tras la muerte de Franco, que los presos políticos ya salieron a la calle, y que esa fue la medida política más generosa que esperar se puede de esta jovencísima democracia? Y, finalmente, ¿por qué nos empeñamos en deslegitimar la importancia política de una labor policial y judicial bien hecha?

Termino con esto último. En esta perversión del lenguaje en que vivimos se ha llegado a aceptar que las medidas policiales son el último recurso, menos democrático por supuesto que cualquier pacto, sea cual sea el contenido o los actores. Es justo lo contrario. ¿O no es lo políticamente más urgente, al servicio de la democracia, detener y condenar a los delincuentes? ¿No es eso aún más claro cuando se trata de detener terroristas que atentan organizadamente contra el propio Estado de derecho?

Las sociedades del mundo libre tienen jueces y policía para que defiendan individualmente y colectivamente a sus ciudadanos. Y hacerlo bien, eficazmente, es aplicar y defender las leyes, normas políticas de la democracia al fin y al cabo. Reivindico, pues, el título de medidas políticas a la acción de la policía y de los jueces. Y a la vez me atrevo a denunciar que las llamadas medidas políticas ocultan en muchos casos actitudes contrapolíticas, cual es resignarse a que la voluntad popular pueda ser sustituida por el chantaje. Un chantaje asumido desde la incapacidad y/o el miedo.

Tiempos felices que no volverán
El País, 30 de noviembre de 2000

¿Quién no recuerda los Pactos de la Moncloa? Años después, cuando el Gobierno socialista mantenía fuertes discrepancias con los sindicatos, muchos compañeros añoraban aquellos tiempos pasados. Se olvidaban de que lo que fue necesario y posible en la Transición no era ni lo uno ni lo otro una vez finalizada esta. Esta reflexión sobre tiempos pasados me viene al pelo para referirme a otra clase de nostálgicos —quizá los mismos— que andan queriendo escribir el futuro con ensoñaciones del pasado.

Empieza a ser últimamente común entre algunos socialistas —sobre todo de fuera del País Vasco— reivindicar con grandes dosis de añoranza aquellos tiempos en que PNV y PSE gobernábamos juntos en Euskadi. Se dice, y con razón, que aquellos años fueron muy buenos para el País Vasco y que trasladaron a la sociedad un mensaje de entendimiento y tolerancia extraordinariamente positivo.

Pero, amigos míos, aquellos tiempos no volverán. Los años no han pasado en balde, las cosas no han ocurrido porque sí y la sociedad vasca de 2000 no es la de 1986, año del primer acuerdo entre nacionalistas y socialistas.

En el año 1986 —y sucesivos pactos— los socialistas hicimos Gobiernos exigiendo, en el propio pacto de gobierno, lealtad constitucional. Lealtad del Gobierno para con las reglas de juego democrático. Para los socialistas era una condición imprescindible para el acuerdo, y al no exigirle al PNV que renegara de sus discursos anticonstitucionales ni de su cuestionamiento partidario al orden establecido se lo posibilitamos también a ellos. A cambio de que el Gobierno fuera leal «pasábamos» de pedir al PNV un pronunciamiento claro en esa materia. No olvidemos que en un momento en que la Transición en Euskadi no había finalizado, involucrar al PNV en la lucha contra ETA era el objetivo fundamental. Y lo conseguimos.

Pero hoy las cosas han cambiado. Lo que fue necesario para hacer la Transición es insuficiente para darla por finalizada. Hoy no es suficiente que el PNV disimule y calle algunas cosas que sigue pensando. Hoy, y en estas circunstancias, no es posible pactar con ellos si queremos tener un Gobierno Vasco tan normal como la propia sociedad que hemos constituido.

Porque si durante doce años la apuesta de pactar con el PNV fue una apuesta política en clave de Estado, necesaria para moderar y articular la sociedad vasca, incorporando al PNV al consenso democrático, hoy la apuesta de Estado de los socialistas vascos ha de ser dejar al PNV en la oposición. Sí, lo digo con toda claridad, y desde el convencimiento de que este país no culminará la Transición hasta que la alternancia entre nacionalistas y no nacionalistas no sea algo tan normal como lo es la alternancia entre la derecha y la izquierda en el conjunto de España. Claro que para que algo nuevo se convierta en normal, ha de dejar de ser nuevo y ha de dejar de dar miedo.

El fin de la Transición no empezará, como algunos piensan, cuando ETA desaparezca. No; primero normalizaremos las relaciones políticas y después, desde la fortaleza de una democracia asentada y segura, ETA empezará a ver su final según comience a perder la esperanza. Nadie duda de que cuanto más fuerte sea la democracia, más débil será ETA. Pero no fortaleceremos la democracia mientras sigamos pensando que hacen falta actuaciones extraordinarias y/o Gobiernos de salvación en el País Vasco, sea cual fuera el resultado de las urnas.

Hablemos claro. ¿Nos creemos o no que esta sociedad ha cambiado tanto que ve con absoluta normalidad un Gobierno del PP del PSE o del PNV?, ¿o seguimos pensando, acomplejados, que el PNV es el único partido que puede gobernar Euskadi mientras exista ETA?, ¿y si ETA no deja de existir mientras gobierne el PNV?, ¿no puede ser que haya cambiado más la sociedad vasca y española que sus dirigentes? ¿Seguimos teniendo miedo de que se acabe en Euskadi el tutelaje de los nacionalistas? Yo no, y me atrevo a decir que los socialistas vascos tampoco. Y más aún: me atrevo a decir que la inmensa mayoría de los vascos, tampoco.

Los vascos queremos un cambio real. Y el cambio en Euskadi —país en el que ha mandado el PNV desde siempre— es que ese partido pase a la oposición. Los vascos queremos que los dirigentes del PNV dejen de decirnos que nos tratarán como a alemanes en Mallorca o portugueses en Dinamarca. Y creemos que la única manera de que eso ocurra es que el PNV se vaya a la oposición. Los vascos sabemos que Arzalluz seguirá mandando en el PNV mientras el PNV mande en Euskadi. Y aunque no fuera más que por eso, para que Arzalluz deje de mandar en este país a través de lo que manda en su partido, debiéramos de tener claro la estrategia a seguir.

He empezado este artículo recordando los Pactos de la Moncloa porque los nostálgicos del acuerdo con el PNV me recuerdan a los nostálgicos de esos pactos. Unos y otros, como diría Tagore, de tanto suspirar de noche por el sol, no disfrutan de la luz de las estrellas. Unos y otros, tan cómodos en el recuerdo de lo conocido, no son capaces de disfrutar de una nueva sociedad más libre, que requiere también nuevos ojos y nuevas recetas para seguir caminando.

Nada hay nada más frustrante que la nostalgia de un pasado que no volverá. Es totalmente inútil y produce melancolía. Claro está que si la nostalgia se centra en cuestiones inocuas o si la practican quienes no están llamados a tomar decisiones, no deja de ser una forma como otra cualquiera de perder el tiempo. Ahora bien, si embarga a gentes con responsabilidades, que deciden sobre la forma de vida de muchos ciudadanos y sobre las bases en las que hemos de cimentar nuestro futuro, puede llegar a ser peligrosa.

Por eso pediría a los nostálgicos que se den una ducha de realismo. Que se vengan al País Vasco. Que se queden aquí un tiempo. Que convivan con la gente de los pueblos. Que escuchen los silencios cuando se habla de política. Que escuchen las palabras cuando se grita libertad. Que pregunten a los jóvenes sobre sus aspiraciones. Que matriculen a sus hijos en nuestros centros escolares y les digan que cuenten que sus padres son socialistas. Que busquen en los pueblos a los cientos de votantes anónimos no nacionalistas, a ver si encuentran uno que se les identifique. Que pregunten a la gente sencilla qué es para ellos el cambio, quién les quita la libertad, qué hay que hacer para salir de una vez de este laberinto sin volver a entrar de nuevo en él.

Sé que les dirán que estamos hartos del PNV, que nos ahoga su prepotencia, que nos abruma su traición. Les dirán que merecemos ser tratados como un país normal, que elige a sus dirigentes sin primar al que lo ha hecho mal, pero tiene un amigo que aún lo haría peor y además tiene pistola. Les dirán que lo que ellos —los de la nostalgia— llaman confrontación, nosotros lo llamamos firmeza en la defensa de los principios. Les dirán que ya somos mayores, que nos dejen elegir lo que queremos ser y hacer.

Y si encuentran a alguien lo suficientemente «quemado» o con el suficiente desparpajo, quizá les diga: «Oye, y si queréis hacer eso, veniros aquí y lo hacéis vosotros». Y luego, el que salga el último que apague la luz y cierre la puerta.

Contra la neutralidad y por la rebelión democrática
El País, 26 de octubre de 1999

Hay semanas que no gana una para sustos. Y esta ha acabado con dos sobresaltos notables. Por un lado, Egibar nos ha explicado en el Parlamento que el Estatuto de Gernika fue una «carta otorgada» negando de un plumazo toda la trayectoria del nacionalismo democrático y renegando de su propia historia. De otro lado —quizá del mismo—, ETA ha pedido una cita al Gobierno nombrando interlocutores y señalando orden del día. Ambos acontecimientos son preocupantes, tanto juntos como por separado. Las palabras de Egibar, porque demuestran una bochornosa supeditación del discurso del PNV a la estrategia de ETA y HB, y el comunicado de ETA, porque solo puede entenderse en clave amenazante. Sí, desgraciadamente, parecen estar preparando el camino para la vuelta a las armas. ¿Cómo entender, si no, las palabras de la banda terrorista, su «orden del día», sus exigencias, su discurso belicista y militarista y, aunque lo señaló al final, sus interlocutores? Son las mismas palabras, el mismo énfasis, la misma retórica que han utilizado para argumentar cada uno de los asesinatos que han cometido en el pasado.

Nada me gustaría más que estar equivocada. Quisiera poder aparentar y/o creerme que hay razones para el optimismo, para la ilusión, que diría el lehendakari Ibarretxe. Pero no hay peor ciego que el que no quiere ver. Negar la existencia de los problemas nunca ayuda a resolverlos. Por eso escribo estas palabras con el corazón. Porque yo quiero ganar esta batalla y sé que para ganarla hemos de ser conscientes de que nos enfrentamos a un enemigo poderoso, a un enemigo que no solo tiene pistolas, sino que hoy, además, controla instituciones democráticas. Sí, el riesgo del fascismo que hoy nos acosa es que es un fascismo difuso, disfrazado de «alternativa democrática», que cuenta con la complicidad de algunos nacionalistas de tradición democrática a los que no les importa utilizar los votos de los ciudadanos para pervertir el propio sistema democrático.

Decía Egibar en esa misma sesión plenaria que Euskadi aspira a ser como Alemania. Una vez más, le ha traicionado el subconsciente; porque la Euskadi de verdad, la del Estatuto, la del autogobierno, esta en la que vivimos, plural, mestiza, tolerante; la de hoy ya es como la Alemania democrática de hoy. ¿Cuál es la Alemania-Euskal Herria de Egibar? ¿La del muro? ¿La de las dos comunidades? Esa es la que dividió a los alemanes, la que tuvo un presidente llamado Adolf Hitler que ganó unas elecciones sin ser por eso nunca un demócrata; la que tuvo un presidente que declaró una guerra mundial en nombre de la patria y de la raza, que mandó asesinar a millones de seres humanos porque eran y querían seguir siendo alemanes libres y diferentes.

La historia está para recordarla y aprender de ella; y, más allá de otras circunstancias históricas, es un hecho cierto que si triunfó el fascismo en esa Alemania soñada por Egibar fue porque los nazis tenían una estrategia y una táctica. Y la sociedad democrática, no. No tenía estrategia, no tenía liderazgo, no tuvo valor para defender un proyecto de convivencia; fueron incrédulos y pasivos, desistieron de dar la batalla y perdieron.

Perdieron porque tenían enfrente discursos de orgullo patrio y apariencia democrática y no se organizaron contra ello; si perdió la democracia entonces, si triunfó el fascismo, fue porque muchos miraron para otra parte, porque nadie quiso creerse el horror de lo que les esperaba, porque nadie organizó la resistencia democrática. Perdieron porque no fueron conscientes de que un país en el que conviven las urnas y los encapuchados que queman viviendas o sedes de partidos políticos es una democracia en riesgo. Y no se organizaron para defenderla.

No debemos olvidar esta lección histórica tan reciente. No hemos de olvidar que si ETA no es hoy un riesgo para la democracia, aunque siga siendo un peligro para algunos ciudadanos, es porque la sociedad ha resistido democráticamente todos estos años de horror y terrorismo.

No debemos olvidar que ETA declaró su alto el fuego cuando llegó a la conclusión de que más asesinatos no eran «rentables», cuando fue consciente del desprecio que inspiraba a la inmensa mayoría de los vascos. No debemos olvidar que hemos llegado hasta aquí porque mucha gente salió a la calle contra el fascismo, porque mucha gente les gritó «basta ya».

Pero el trabajo no ha terminado. Hay aún un fascismo difuso que nos amenaza, un fascismo al que hemos de vencer. Un fascismo que utiliza los fines de semana y las calles del País Vasco para quemar todo aquello que no puede controlar y que utiliza entre semana las instituciones controladas por Lizarra para lanzar discursos incendiarios contra todos aquellos que no se dejan controlar.

Demos a esta amenaza una respuesta democrática y radical. Defendamos el País Vasco real. Hagámoslo sin miedo, sin complejos. Armémonos de valor, armémonos de resistencia democrática. Lo que está ocurriendo nos atañe, va con nosotros, va con nuestros hijos. Si cedemos, si enviamos a la sociedad un mensaje de resignación, será tanto como aceptar que la democracia es negociable. Será tanto como aceptar que todas las víctimas, todos los que murieron defendiendo la democracia, todos aquellos a los que asesinaron porque su trabajo era protegernos de los terroristas murieron inútilmente. Será tanto como aceptar que el terror, siempre que se esté dispuesto a llegar a un límite humanamente insoportable, es políticamente rentable.

Y yo no estoy dispuesta a aceptarlo. No estoy dispuesta a aceptar la inutilidad del sacrificio de la gente que ha luchado y muerto para que hoy vivamos en democracia. No estoy dispuesta a aceptar que este país es menos mío que de quien se proclama nacionalista. No estoy dispuesta a consentir que nos dividan en dos comunidades enfrentadas. No estoy dispuesta a aceptar que los adolescentes de la edad de mi hija, que va a cumplir dieciséis años, vayan a tener que salir a la calle a defender la democracia, igual que lo tuvieron que hacer sus hermanos mayores, sus padres o, antes y contra otra dictadura, sus abuelos. Yo no estoy dispuesta. Por eso, hoy, que celebramos la fiesta del Estatuto de todos los vascos, quiero llamar a la rebelión democrática; sí, democrática, pero rebelión. Porque, si desistimos, si nos dejamos arrastrar, si perdemos sin luchar, nuestros hijos y nuestros mayores no nos lo perdonarán nunca. Y yo tampoco podré perdonármelo.

Por eso, y parafraseando a Benedetti, me declaro en este tema radicalmente parcial y anuncio que nunca, nunca, cuando de defender la pluralidad y la democracia se trate, conseguirán que lleguemos a ser neutrales.

¿Pero es que vamos a volver a empezar?
El País, 9 de febrero de 2001

Muchos de ustedes recordarán la película titulada *Vencedores y vencidos*. Es la historia del juicio a varios criminales de guerra nazis, tanto militares como civiles. Entre estos últimos se encuentra Ernst Janning, insigne profesor y reputado constitucionalista, que fue nombrado durante la guerra ministro de Justicia del Gobierno de Hitler. El personaje es interpretado por Burt Lancaster. Le da la réplica, en el papel de presidente del tribunal, un creíble y humanista Spencer Tracy, que conoce y respeta a Janning por sus textos y su aportación intelectual y teórica a los fundamentos del derecho antes de iniciarse la Segunda Guerra Mundial.

Todos los acusados alegan atenuantes y/o argumentos para su defensa. Desde el «Yo no hice nada, nada sabía…» hasta «Lo hicimos por la patria, por Alemania». Únicamente Janning, ante la desesperación de su abogado, se niega a defenderse. Este toma finalmente la decisión de salvarle a pesar de él mismo.

A tal efecto diseña una estrategia para desacreditar al principal testigo de cargo, un judío que mantenía una gran amistad con una familia alemana cuya hija también declarará en el juicio avalando la acusación contra Janning.

El abogado tratará de confundir a la joven. Intenta que dude sobre la honestidad y sinceridad de los sentimientos e intenciones del amigo judío hacia ella y su familia. Se esforzará en convencerla de que el afecto limpio y generoso que ella profesaba hacia su amigo no era correspondido sino con los más bajos instintos. En su afán por evitar que el testimonio de la joven dañe los intereses de su defendido, no dudará en tergiversar y ensuciar el recuerdo de una noble y sincera amistad.

Después, el abogado inicia el interrogatorio al testigo judío, al que acusa de abusar de la confianza de la joven, de haberla utilizado cuando era niña y de seguir haciéndolo para conseguir condenar a Janning. Lo interroga con dureza, persiguiendo que el judío parezca el culpable, hasta el extremo de convertir su interrogatorio en una auténtica acusación, una acusación violenta e inmisericorde contra un pobre hombre que comparece ante el tribunal marcado con los números de un campo de exterminio y buscando reparación y justicia.

Cuando el acoso es tal que parece evidente que el hombre va a derrumbarse, Janning se levanta y, de manera tajante, ordena callar a su abogado. Le dice: «¡Basta ya! ¿Pero es que vamos a volver a empezar?».

Esta frase me vino a la memoria hace unos días cuando un amigo me contó una experiencia que ha vivido con su hijo adolescente. El chaval llegó a casa un domingo a media tarde y les contó a sus padres y a su hermana mayor que le habían hecho una «pintada» en la calle. «Como a ti, *aita*. Han puesto "Aitor sociata". Y todo ello en el centro de una diana».

Mi amigo, que es un conocido dirigente socialista vasco, observó que, aunque su hijo no tenía miedo, sí que estaba un tanto desconcertado. Tanto él, como su madre y su hermana, le dieron ánimos y le dijeron que iban a denunciar rápidamente el asunto, más que nada para asegurarse de que borraran inmediatamente la pintada; y también por si había suerte y los responsables políticos de Interior dejaban a la Ertzaintza hacer su trabajo. Aitor les dijo que seguro que era alguien conocido, alguien que había sido o era compañero de clase. Mi amigo estuvo de acuerdo con él y aprovechó para explicarle que los que lo habían hecho se atrevían porque se sentían seguros, protegidos por el paraguas institucional que garantiza impunidad a los que hoy pintan, mañana queman y pasado mañana matan. Le dijo a su hijo que lo que estaba ocurriendo en Euskadi era producto del fascismo, del que actúa y del que mira para otra parte. Le dijo que los que lo habían hecho eran unos ignorantes; pero que a los ignorantes juveniles alguien con responsabilidad y con edad les ha educado para odiar a los que no piensan como ellos. Le dijo que, a esos ignorantes juveniles, a esa generación perdida, alguien con capacidad para pararles ha preferido, desde el Gobierno, seguir considerando que esta expresión xenófoba es consecuencia de un «conflicto». Y por eso les comprende y les justifica. Y ellos lo saben y actúan con total tranquilidad.

El chaval asentía. Lleva diecisiete años y demasiadas manifestaciones sufriendo esa realidad. Lleva algunos años —sobre todo desde que ETA mató a un gran amigo de su padre— sabiendo lo que es el miedo.

Entonces su padre le contó una historia sobre su abuelo. Su abuelo era republicano y, tras la Guerra Civil, le condenaron a muerte. Afortunadamente, su pena fue revisada y salió de la cárcel transcurridos algunos años. Siempre conocieron sus hijos que el padre se salvó de milagro —él solía decir que fueron dos las condenas revocadas—, pero nunca creyeron que algún día la sentencia caería en sus manos.

Ocurrió que se aprobó en Cortes Generales una ley por la que se concedían pensiones a los oficiales y suboficiales de la República. Como la abuela aún vivía, pidieron al Archivo de Salamanca el certificado de los años que el abuelo había estado encarcelado para poderlo acreditar.

Y con el certificado alguien les remitió la sentencia. «Al abuelo —le dijo mi amigo a su hijo— le condenaron a muerte acusado de ser miembro de una familia reconocidamente progresista, hijo de un maestro republicano y él mismo, socialista y progresista...». No le acusaban de quemar conventos o matar nacionales, ¡y mira que acusar era gratis entonces! Les pareció que para condenar a muerte al abuelo era suficiente con que se le pudiera probar su gran pecado: era socialista. «Hijo —le dijo mi amigo—, nunca creí que sesenta años más tarde, otros fascistas iban a utilizar esa misma acusación para poner tu nombre en el centro de una diana».

Esta es una historia real. Solo los nombres y las localizaciones están modificadas para proteger a los protagonistas. Ante esta cruel e increíble realidad, he recordado esa historia. Y me han entrado ganas de gritar: ¿pero es que vamos a volver a empezar?

Carta a un amigo asesinado
ABC, 21 de marzo de 2001

Querido Froilán:

¡No sabes cómo desearía no tener que estar escribiendo estas líneas...! Sé que entiendes lo que quiero decirte; que compartías conmigo la indignación frente a quienes distinguen en categorías a los muertos e insisten en la afiliación o la coyuntura para explicar, entender y/o condenar un atentado; que sabes que todos los crímenes de ETA los sentimos por igual, porque todas las víctimas son de los nuestros: el mozo de escuadra, el último *ertzaina*, los trabajadores asesinados con un coche bomba… Todos son de los nuestros.

Pero sé que entiendes que hoy estoy, además de indignada y decidida a no callar, profundamente triste. Nunca te lo dije en vida, porque son de esas cosas que no se dicen, que se dan por sabidas. Pero quiero creer que siempre supiste lo que yo te apreciaba, lo que yo te quería. ¡Cuántas batallas juntos!, ¡cuántas complicidades!, ¡cuánta ilusión y cuánta esperanza puesta en cambiar tantas cosas que no nos gustaban…!

Cuando pienso en ti no puedo evitar pensar también en Ana, tu alcaldesa, nuestra amiga. Tú siempre a su lado, tú siempre su fiel escudero, el hombre amable, sonriente y firme a la vez… Froilán, ya te estamos echando en falta. No sabes cuánto te vamos a añorar.

Pero déjame que te prometa una cosa, lo que tú me prometerías a mí en las mismas circunstancias: te juro que no nos vamos a dejar ganar, te juro que vamos a terminar con los criminales, con los nazis vascos que asesinan y con los nazis vascos que apoyan, comprenden o callan.

Te prometo que encabezaremos una rebelión democrática, que no permitiremos que a nadie le venza el miedo. Te prometo solemnemente que no descansaremos hasta que tú y todas las víctimas seáis vengados. Y lo haremos de la única forma que los demócratas podemos vengaros: el día 13 de mayo en las urnas. Palabra de honor.

Psicodeterminación
ABC, 21 de julio de 2001

Siempre he pensado que los debates sobre la autodeterminación podían asemejarse a un original Guadiana político que emerge sistemáticamente como si de una incontrolada fuerza de la naturaleza se tratara.

Pero hete ahí que hace unos días vi una reposición de la película *Psicosis*, y fue como repasar el guion de lo que estamos viviendo en el

País Vasco. Las similitudes —más allá de que lo nuestro es más trágico, porque es real— bien merecen un comentario. Vean si no.

Ustedes, naturalmente, se acuerdan de la película y de su protagonista, de aquel joven apuesto y barbilampiño a quien daba vida cinematográfica Anthony Perkins. Se acuerdan de que era un muchacho tímido, con apariencia de buen chico, amable con los huéspedes, de aspecto desvalido. Vamos, un joven que cualquier madre hubiera elegido como novio para su hija adolescente porque, además de buenas maneras y educación, tenía un hotel propio.

Parecía un chico tan incapaz de hacer daño a nadie, que cuando empiezan los crímenes, todos comenzamos a buscar a «el malo» fuera. Nos cuesta aceptar que el Perkins sea en realidad un visionario, un hombre que confunde realidad con ficción, que está prisionero de un pasado tan irreal como su presente. Pero descubrimos, al fin, que se ha pasado la vida construyendo una fantasía alrededor del cadáver de su madre y que no hay forma de que lo supere.

A pesar de que el negocio funciona y el hotel prospera, no es capaz de librarse del mito macabro. De nada sirve que llegue una rubia que lo encandila, con la que se hace ilusiones de rehacer su vida como si fuera una persona normal. Al final, le puede «su historia». Y baja al sótano. Y viste a la muerta. Y la pasea. Y aterroriza a los huéspedes… Y se carga a la rubia. Y lo detienen, claro.

Pero él tiene su explicación: que el hotel es suyo y él lo dirige como quiere; que al que no le guste, que no venga; que tiene derecho a sacar a su madre del sótano cuando le venga en gana; que su madre es inofensiva, ya que, si no eres rubia y no te empeñas en ducharte, no tienes nada que temer; que todo es un montaje de unos de fuera que se quieren quedar con el hotel…

Pero no consigue convencer a la policía, y lo detienen. Y se acaba la peli. Pero la vida sigue y la historia del Perkins también. Por eso hacen otras películas, aprovechando el éxito de la primera. Y a través de ellas nos enteramos de que —como en la vida— la cosa no acaba ahí. Y, también como en la vida, llegamos a saber que, como parecía tan «buen tipo», en vez de asesino, lo declararon loco. Y para contribuir a su tratamiento y curarle, le conminaron a enterrar a su madre. Le convencieron de que solo así podría convencer a los posibles futuros huéspedes de que el suyo era un negocio homologable con cualquiera de su entorno.

Y le prometieron que, si lo hacía, le volverían a dejar dirigir el hotel. Entonces el Perkins les hizo miles de llorosas y sentidas promesas. Les dijo que nunca más reincidiría, que ya había aprendido la lección, que con él estaban todos seguros. Y lo soltaron. Y le volvieron a nombrar gerente. Y contrató al mismo personal para el hotel, los mismos que le ayudaron a mantener la ficción en el pasado. Y enseguida, en cuanto se puso a salvo, bajó al sótano. Y vistió a otra momia. Y la sacó otra vez de paseo…

Y volvimos a lo de siempre. Solo que esta vez todo fue peor. Porque eran tantas las esperanzas puestas en su rehabilitación, que el desánimo y la desesperanza se empezó a generalizar de forma alarmante. Todos comenzaron a preguntarse si el argumento de que «al fin y al cabo, él era de allí» —que tanto pesó para volverle a nombrar— no había sido finalmente una trampa. Además, con tanta muerta, tanto miedo, tanta inestabilidad, tanta opa hostil contra los hotelitos de la competencia, empezó a resquebrajarse el prestigio, no ya del hotel, sino de todo el sector.

Algunos, para animar, se empeñaron en destacar que la momia era otra, que la había cambiado de nombre y hasta de ropa, que parecía no tener tan malas intenciones… Pero el hecho es que aterroriza como la de antes. Y se nota que surte efecto. Por eso ya no hay nadie que se atreva a invertir en el sector; los socios nacionales y europeos que se ilusionaron con la nueva etapa empiezan a descolgarse; todos temen que esta vez vaya en serio y en cualquier momento vuelvan a pasear a la momia con intenciones más aviesas que airearla…

¿Les suena? No me digan que no. Es como lo nuestro. Solo que aquí y con más locos en el reparto. Y más miedo. Y más desesperanza. Y más ruina. Y es que, por mucho que se empeñen algunos, no hay negocio que aguante una momia en el sótano. Y menos aún si tiene un hijo que la pasea.

Yo no voy a ir

ABC, 20 de diciembre de 2002

El señor Ibarretexe acaba de convocarse una nueva manifestación, esta vez con el lema «ETA Kampora». Él tiene esa tendencia a sacarse de vez en cuando una foto tras una pancarta cuyo lema sea aparentemente indiscutible, sobre todo cuando hay un proceso electoral cercano. Ya nos hizo algo similar allá por octubre del 2000 tras escuchar dos mociones de censura en el Parlamento vasco y antes de convocar las elecciones autonómicas de mayo de 2001. Entonces, como ahora, ETA parecía ser el objetivo de la protesta. Pero entonces, como ahora, el verdadero objetivo es mantener la impostura. Entonces, como ahora, escribí un artículo que llevaba este mismo título: «Yo no voy a ir»; pero después decidí no publicarlo por aquello de que no aparecieran contradicciones en el campo de los demócratas. Hoy quiero explicar por qué no voy a ir a esta manifestación. Lo hago con todo el respeto a la decisión que tomen los partidos constitucionalistas, los movimientos cívicos y, naturalmente, las personas que de buena fe que acudan a esa cita. Sé que es una situación complicada y es difícil estar seguro de lo que hay que hacer. Seguramente conseguir que, aun a pesar de Ibarrexe, si se concierta una manifestación contra ETA, muchas personas, partidos políticos y colectivos se animarán a acudir. Por eso, insisto, todo mi respeto y comprensión. Pero yo quiero explicar públicamente mis razones; siempre he pensado que la gente agradece la sinceridad de los políticos ante los temas importantes. Y este, a mi juicio, lo es.

Hay una primera razón que es de carácter personal sobre la persona del convocante. El 26 de febrero del año 2002, cuando el señor Ibarretxe se convocó en Vitoria una manifestación para que sus bases le vitorearan a él en vez de rechazar el horrendo crimen del líder de la oposición y su escolta, me prometí por la memoria de Fernando que nunca acudiría a ningún llamamiento que realizara Juan José Ibarretxe. Una insultante convocatoria que hizo dos días después de haber salido por la puerta de atrás de la iglesia en la que asistíamos al funeral de Fernando Buesa, sin tener siquiera la dignidad institucional de acompañar el féretro hasta la calle.

Quizá ustedes piensen que esta es una razón personal en el sentido de privada; para mí es personal, pero en el sentido de humana. Porque está basada en la indiferencia de un político en el ejercicio de su cargo. Por eso es también una razón política.

Pero hay otras razones. La segunda de ellas tiene que ver con el tiempo de la convocatoria. Diríamos que llega con dos meses de retraso. Hace dos meses ETA hizo un comunicado amenazando a los dirigentes, militantes y simpatizantes de los partidos constitucionalistas, a sus sedes y a quienes asistieran a sus actos. La respuesta institucional de este lehendakari fue un comunicado de condena al uso. Pero la respuesta humana del señor Ibarretxe fue reírle las gracias al señor Arzalluz, cuando nos dijo a los socialistas en un mitin de su partido que ya «iba a venir a tomar unos vinos a nuestras sedes, que no creo que tanto peligro haya…», y a los populares que «estos solo tienen oficinas». O sea, que cuando ETA amenaza las vidas de seres humanos, el lehendakari le ríe los chistes a Arzalluz y cuando critica su «plan sagrado» convoca una manifestación.

Se diría que para Ibarretxe su plan es más intocable que nuestras vidas. Salvo, claro está, que durante estos dos meses ETA y el Gobierno Vasco hayan estado negociando como acostumbran, esta vez sobre el plan. Por eso ETA habría tardado dos meses en leer el «documento» e Ibarretxe dos meses en darse cuenta de que ETA sobra en nuestro país. Así, en esta hipótesis, solo cuando ETA le da calabazas, Ibarretxe nos llama a la calle. Apuntado queda.

Pero tengo más razones. No voy a ir porque me niego a contribuir a que Ibarretxe mantenga la impostura. Él no es el presidente de una ONG. Es el presidente del Gobierno Vasco y lo que tiene que hacer un Gobierno no es suplicar a ETA que se vaya, sino combatirla hasta derrotarla. Y eso es lo que este Gobierno no ha hecho nunca bajo la presidencia de Ibarretxe. No es solo que los propios *ertzainas* denuncien que sus jefes políticos no les dejan actuar con la diligencia precisa para detener «comandos» y prevenir atentados. Es que Ibarretxe y su Gobierno están en contra de todas las medidas que se toman para combatir y derrotar al terrorismo. Están en contra de las medidas políticas y jurídicas, ya sean nacionales o europeas. Se querellan contra los jueces que

persiguen la impunidad de ETA y de su entorno; critican y combaten
el Pacto por las Libertades y contra el Terrorismo, la Ley de Partidos
Políticos, la orden europea de busca y captura. Dicen estar contra ETA,
pero están en contra de todas las medidas que se ponen en marcha para
combatirla. Nunca les hemos oído decir que quieren derrotar a ETA.
Más bien les hemos oído decir lo contrario: que hay que dar una salida
a los terroristas. Pero, sobre todo y lo que es más grave, los vemos cada
día actuar en consecuencia con esa lógica perversa de que ETA no
desaparecerá hasta que no les demos algo a cambio. Y digo yo, ¿qué va a
hacer ahora el lehendakari, ahora que ETA le ha dicho que su plan no
es lo suficientemente antidemocrático, que está por debajo de las pretensiones de la banda? ¿Retirará el plan o seguirá negociando el precio
con ETA después de la «manifa»? Esa es, por cierto, otra razón para no
ir: que no negocie en mi nombre, que no ceda nada de lo que es mío,
ni un ápice de mi libertad, ni uno solo de mis derechos.

Tengo más razones, muchas más. Tienen que ver con la historia
del convocante y con la actuación del Gobierno que preside. Pero creo
haber apuntado las razones fundamentales, las que a mí me parecen más
que suficientes para no sumarme a una convocatoria cargada de opor-
tunismo y de hipocresía. Decía Platón que la peor injusticia es la justicia
simulada. Pues bien, no contribuiré con mi presencia a que el señor
Ibarretxe mantenga la falsa imagen del liderazgo contra ETA. Cuando
su Gobierno haga todo lo posible para acabar con ETA, cuando dejen
de proteger y acompañar a sus cómplices, cuando rompan la unidad de
objetivos con la banda terrorista, entonces, solo entonces, tendría legitimidad para pedir a la gente que salga con él a la calle.

La dignidad y el poder
ABC, 6 de mayo de 2005

Desde la perspectiva europea es difícil entender de forma racional las
cosas que ocurren en Euskadi. Y no me extraña, porque somos un país
único en el mundo. «Somos diferentes», suelen decir machaconamente

los nacionalistas, coincidiendo así, en el fondo y en la forma, con aquel otro eslogan franquista, «España es diferente». Realmente los vascos no somos diferentes del resto de los ciudadanos de nuestro entorno, como no lo éramos los españoles de la etapa franquista. Pero las sociedades en las que vivimos o vivíamos, las instituciones que nos gobiernan, sí que son diferentes.

En el País Vasco se dan tantas paradojas que todas ellas juntas constituyen nuestro verdadero hecho diferencial. No es nuestro paisaje, ni la laboriosidad de nuestra gente, ni el desarrollo de nuestra tecnología o la modernidad de nuestras ciudades lo que nos distingue de los demás. Tampoco el hecho de tener un idioma propio, pues es habitual en España y en el resto de Europa la convivencia, en mayor o menor armonía, de dos o varios idiomas en una región o comunidad. Nosotros podemos presentar, sin miedo a coincidir con nadie, otros muchos hechos que sí que nos sitúan como una realidad única e incomparable. Citaré algunos ejemplos:

1.   Somos el único país del mundo en el que conviven, de forma cotidiana y a lo largo del tiempo, democracia y terrorismo. Hay ejemplos de democracias que han sufrido ataques terroristas y también países que viven o han vivido enfrentamientos internos entre terrorismos de distinto signo. Pero no conozco ni un solo ejemplo en el que una organización terrorista «de la tierra», que nació en las postrimerías de la dictadura, se haya perpetuado durante casi tres décadas para combatir el sistema democrático.

2.   Somos el único país del mundo democrático en el que conviven opulencia y terrorismo. Cuando alguien hace el discurso sobre «las causas» del terrorismo en mi presencia y cita como elementos comunes y principales de su florecimiento la pobreza y la ausencia de democracia, yo les cuento lo del País Vasco. Y noto que me miran raro.

3.   Somos el único país del mundo democrático en el que los terroristas atacan, persiguen, amenazan y asesinan solo a los miembros de los partidos de la oposición. O a los periodistas, jueces y/o profesores que «no comulgan» con las tesis de los gobernantes.

4.   Somos el único país del mundo democrático en el que es la oposición la única que necesita escoltas.

5.   Somos el único país del mundo democrático en el que, cuando se convocan elecciones, lo que se celebra de veras son votaciones. Porque una parte de la ciudadanía tiene proscrito su derecho activo y pasivo a participar en aquellas en igualdad de condiciones con quienes apoyan o van en las candidaturas de los partidos que están en el Gobierno. Por tanto, se vota, pero realmente no se puede elegir libremente.

6.   Somos el único país del mundo democrático en el que su Gobierno hizo un pacto con la organización terrorista que lleva más de treinta años sembrando de víctimas nuestra tierra, para asegurar la exclusión política de quienes no somos de su misma ideología (más o menos el 50 por ciento de la sociedad).

7.   Somos el único país del mundo democrático que tiene un Gobierno que deslegitima desde las propias instituciones las normas que le permiten ostentar el poder político; un Gobierno cuyo «ministro» de Justicia se manifiesta con los que burlan la legalidad, cuyo «ministro» del Interior exige compensaciones para la organización terrorista cuando se detiene a uno de sus miembros. El único país que tiene un presidente que acoge, protege y defiende a una organización que ha sido declarada por los más altos tribunales del Estado como integrante del entramado terrorista.

Podría seguir poniendo ejemplos de lo que constituye nuestro verdadero hecho diferencial. Pero sé que no hace falta. Ustedes ya se han dado cuenta de que el nuestro, a diferencia de otros que por el mundo existen, requiere de la aplicación de políticas excepcionales para su erradicación. Acostumbrados como estamos, en este mundo globalizado, a pedir acciones para preservar la diversidad, en eso también el País Vasco es diferente. Cuando nuestro hecho se conoce, nadie quiere preservarlo, y las voluntades se acumulan para conseguir erradicar esta mancha que ensucia la democracia y que es la gran asignatura pendiente de España y Europa entera. Vamos, que no es diversidad, sino anomalía.

Decía antes que los ciudadanos vascos no nos diferenciamos apenas entre nosotros. Los perseguidos y los verdugos, los cómplices, los consentidores, los beneficiarios del chantaje, los cínicos, los tibios, los resistentes, los héroes anónimos, los chivatos… en la calle, en el taller o en la universidad, en un concierto o en un restaurante, todos somos bastante iguales. Bueno, lo correcto sería decir: todos éramos bastante iguales. Hasta el extremo de que tuvieron que empezar a amenazarnos, a perseguirnos, a asesinarnos, para que dejáramos de ser iguales. Y ahora sí, ya somos diferentes. Lo curioso es que en Euskadi los «diferentes» no son los que reivindican el hecho diferencial del pueblo vasco y su historia milenaria, generadora, según ellos, de derechos tribales. No, aquí los diferentes somos los que siempre supimos que éramos iguales que los demás: entre nosotros y respecto al resto de los españoles. Aquí, la estrella de David que nos marca son nuestros escoltas, nuestra forma de vida, no tener costumbres fijas ni horarios habituales, no poder ir con tranquilidad a determinadas zonas de tu propia ciudad, no poder llevar a los niños al parque, ni pasear *sola* por la playa o ir al monte *solo* con amigos. El terrorismo y el nacionalismo cómplice y/o complaciente nos han hecho visibles, distintos. Han conseguido, sí, que seamos diferentes. No hace falta que les diga que esta es otra de nuestras paradojas: los que reivindican la diferencia viven igual que el resto de los españoles, amparados por la Constitución, ejerciendo todos los derechos que esta nos reconoce, desde el derecho a la vida hasta el derecho a la libre expresión, a la participación en los procesos electorales y a la libertad de movimiento o pensamiento. Y quienes nunca quisimos ser diferentes seguimos reivindicando esa Constitución que protege los derechos que disfrutan —otra paradoja— quienes la quieren liquidar.

Yo he explicado a mis colegas europeos que el 17 de abril tuvimos en Euskadi una nueva oportunidad para homologarnos con ellos. Les he contado que ha habido elecciones y que es posible que esta vez mandemos a la oposición a quienes durante veintidós años han gobernado para mantener unos hechos diferenciales que avergüenzan a cualquier demócrata. Les he explicado que en el País Vasco hay dos partidos autonomistas y constitucionalistas —uno de izquierdas y otro de derechas—, y que juntos pueden conseguir que los gobernantes actuales no tengan la oportunidad de mantener esa indignidad. Les he explicado que esos dos partidos compiten cada cuatro años para lograr la mayoría y formar el Gobierno de España; que representan dos opciones ideológicas y que contraponen sus modelos en lo cultural, educativo, de vivienda o empleo. Y les he dicho que en Euskadi solo será posible provocar la alternativa si ambos partidos nos lo planteamos como un objetivo de Estado y sumamos fuerzas para que dentro de unos años podamos contraponer, también aquí, nuestras propuestas políticas y disputar con normalidad en las urnas.

Me entendieron perfectamente. Porque los europeos tienen memoria. Y saben que ante situaciones extraordinarias se requieren medidas excepcionales. Mi propuesta les pareció bastante más normal que las cosas que ocurren cotidianamente en el País Vasco sin que al parecer a nadie le llamen la atención. Por eso espero que los votos que los ciudadanos han depositado en apoyo de las opciones constitucionalistas se utilicen bien. Y que quienes tienen la obligación de gestionarlos y pueden impulsar un Gobierno de cambio pongan por delante de sus opciones personales, de sus cálculos políticos o de sus ensoñaciones históricas, la dignidad y el sentido de Estado. Y espero que los dirigentes de mi partido no hayan olvidado las palabras que Pilar Ruiz le dirigió a Patxi López el día que se cumplía el segundo aniversario del asesinato de su hijo Joseba Pagazaurtundúa: «Cuando tengas que tomar decisiones, pon en un lado de la balanza lo más importante: la vida, pero también la dignidad. En el otro lado pon entonces el poder y el interés del partido. Y sabrás si tu decisión es correcta o no. No te olvides de que quien pacta con los traidores se convierte en un traidor».

Por la libertad

El País, 4 de septiembre de 2000

Hace mucho tiempo que no quedan palabras nuevas. Cada asesinato nos hace enfrentarnos con la imperiosa necesidad de decir algo nuevo que exprese nuestro dolor, nuestra indignación, nuestro compromiso, nuestra esperanza… y ya no sabemos cómo hacerlo sin repetir las frases del día anterior, de la semana anterior, del último crimen. No hay palabras nuevas, es verdad. Pero hay que seguir diciéndolas, hay que seguir condenando la barbarie, hemos de seguir comprometiéndonos con nuestras palabras, con nuestros gestos, con nuestra actitud. Y hemos de hacerlo siempre y en todos los lugares. Sin que decaiga nuestro ánimo, venciendo esa sensación que lucha por instalarse entre nosotros susurrándonos que no hay nada que hacer, que de nada sirve manifestar nuestra repulsa y nuestra condena, ya sea en las instituciones, ante los medios de comunicación o en las plazas y calles de toda Euskadi, de toda España, de toda Europa.

Hemos de vencer al desánimo, porque solo así venceremos al fascismo. Hemos de seguir dando la cara, porque solo así las víctimas, sus familiares, sus amigos, sabrán que no están solos. Hemos de seguir manifestando y renovando nuestra resistencia democrática, porque solo así conseguiremos aislar a los terroristas y a sus cómplices; porque solo así, cuando los cobardes de ETA sientan el desprecio de la inmensa mayoría de los ciudadanos, comprenderán que asesinar no es gratis, comprenderán que van a pagar por lo que están haciendo; porque solo cuando comprendan que no habrá impunidad para el fascismo en cuyo nombre asesinan, empezarán a plantearse que han de parar.

Acabo de volver de una concentración en la plaza Schuman, en Bruselas. Como cada vez que hay un crimen fascista en España, un grupo de ciudadanos —la mayoría de ellos españoles— se autoconvocan para rechazar en público el atentado. Cuando estábamos allí, he sido más consciente que nunca de lo importante que resultaría que los demócratas fuéramos capaces de movilizarnos en toda Europa contra la estrategia golpista con la que ETA pretende socavar nuestra democracia; la nuestra como vascos, como españoles y como europeos.

El fascismo no tiene fronteras y la defensa de la democracia tampoco ha de tenerlas. Es más que evidente que estamos padeciendo una presión golpista perfectamente organizada, con un clarísimo objetivo de asesinar nuestra democracia. Porque ETA sabe que solo a la democracia, a la democracia que actúa plenamente y a través de todos sus poderes, ha de temer.

Por eso arremeten contra la base misma del sistema democrático, atacando a la convivencia entre ciudadanos, socializando el miedo, tratando de generalizar y extender el silencio. No deja de resultar paradójico que la ETA más débil desde el punto de vista ideológico sea la que nos muestra con toda crudeza su objetivo político y su razón de ser: cargarse la democracia. Sí, una ETA desideologizada, gansteril, que recluta chavales que nacieron en democracia y que han encontrado, quemando autobuses y cajeros automáticos o viviendas y automóviles de ciudadanos no nacionalistas, su particular forma de alienarse, como quien tomara un alucinógeno: sin sentido del riesgo, sin ningún sentido de la responsabilidad.

Pero esto es lo que tenemos enfrente. Unas hordas fascistas envalentonadas, con sensación de impunidad, que se sienten avaladas por los nacionalistas democráticos que dicen comprender en clave política los eslóganes con los que ellos siembran el terror en las calles de Euskadi. Y contra esto es contra lo que hay que organizarse. En todos los frentes, de forma implacable, defendiendo sin desmayo nuestra democracia.

No hay recetas mágicas. Lo sé. No habrá milagros. Hemos de seguir haciendo lo único que debemos hacer, sumar al consenso democrático a la mayoría política y liderar la respuesta desde las instituciones democráticas. ETA toma la calle y nosotros hemos de tomar las instituciones, que es desde donde legítimamente representamos a los ciudadanos. Y resistir. Resistir democráticamente. Hacer nuestra, de los demócratas, la virtud de la paciencia que nunca debemos confundir con el pecado de la resignación. Resistir, que no es aguantar. Resistir para ganar. Por eso hay que redoblar los esfuerzos en todos los frentes. Y también en Europa. Porque cuando una parte de Europa está atacada por el fascismo, toda la democracia europea está en peligro. Hemos de darle al terrorismo etarra una respuesta europea: política, institucional y social. Hemos de extender por toda Europa, por todos los países europeos que hacen de la defensa de las libertades y de los derechos humanos su razón de ser y existir, la movilización contra esta organización fascista que se llama vasca, pero que es una mafia al más viejo y puro estilo. Hemos de hacerles sentir el desprecio de los europeos.

Así, todos juntos, dando una respuesta democrática a un problema que es de todos los ciudadanos libres de esta vieja Europa, podremos ganarles. Porque esta es otra clave que debemos interiorizar: a ETA nunca la podremos convencer de que ha de desaparecer. ¿Cómo convencer a un fascista de las ventajas de dejar de serlo? A ETA solo se le puede ganar. Y eso debemos de hacer, entre todos. Por la libertad. Por la vida. Por la memoria. Y por nuestro futuro, el de los más jóvenes, el de estos críos que, dentro de diez, quince o veinte años, cuando sean adultos y repasen esta parte de nuestra historia podrán no solo vivir en libertad, sino estar orgullosos de que sus mayores no miraran para otra parte, no cerraran la boca, no bajaran la cabeza.

Activismo por la libertad
El País, 3 de octubre de 2000

Hace ya dos años que el Partido Nacionalista Vasco consumó, con la firma del Pacto de Lizarra, un giro en la estrategia política que había mantenido desde la Transición española. Fue la suya una opción autónoma, tomada, como hemos confirmado después, tras muchos meses de negociaciones con quienes estaban llamados a ser sus nuevos socios políticos. Durante el tiempo en que se «cocinó» la nueva estrategia y la nueva alianza, había un Gobierno autónomo presidido por el lehendakari Ardanza e integrado por el PNV, PSE y EA. Durante los últimos meses en los que se fueron cerrando los «flecos» de la negociación y se pasaron esos papeles que después han dado pie a la polémica —sello y firma de ETA, sello sin firma del PNV—, en el Gobierno de coalición y constitucionalista seguíamos ocupándonos de resolver los problemas reales de los vascos. Gestionábamos nuestras respectivas áreas de responsabilidad y, además, seguíamos ofreciendo a la ciudadanía un ejemplo de entendimiento entre distintos, de capacidad de convivencia, de serenidad.

Hemos oído muchas veces decir que quizá, al irnos del Gobierno, los socialistas le dimos al PNV la coartada que buscaba para justificar el fin de una etapa. Quizá se lo pusimos más fácil, pero hoy, a la vista de lo que ha llovido, nadie duda de que, aunque fuera pagando un mayor peaje por su irresponsabilidad, el PNV hubiera terminado haciendo lo que ya había decidido hacer: irse con HB y cuestionar la vía estatutaria.

Hoy, tras más de veinte meses de Gobierno agónico, el lehendakari Ibarretxe se enfrenta a dos mociones de censura. Ante esta circunstancia hemos visto y oído a los dirigentes del PNV enarbolar la bandera del victimismo y argumentar —es un decir— amenazadoramente contra la actitud de los partidos de la oposición. Todo porque el PNV no acaba de aceptar que lo que hizo hace dos años ha tenido consecuencias políticas extraordinariamente negativas para la convivencia y tendrá, por tanto, un coste político para quien lo ha impulsado y protagonizado.

Y es que el Pacto de Lizarra ha sido el ataque más grave a la convivencia entre vascos desde el inicio de la Transición. No porque lo suscribieran los que nunca han aceptado las reglas de juego democrático, sino porque lo impulsó y sancionó un partido de tradición democrática, que dirige muchas instituciones vascas —públicas y privadas—, entre otras, el Gobierno. Porque no hace falta más que vivir en el País Vasco para constatar que cuando los Arzalluz, Egibar y compañía sancionaron ese acuerdo, empezó a crecer la impunidad de los terroristas y sus socios y se extendieron el miedo y la falta de libertad entre la ciudadanía del País Vasco.

Hoy a los intolerantes les es mucho más cómodo que hace dos años insultar en las calles vascas a quienes no somos nacionalistas. Hoy les es más cómodo quemar cajeros, coches particulares, casas, bienes públicos y privados de quienes nos empeñamos en ser vascos como nos da la gana. Hoy les es más cómodo porque quienes lo hacen se sienten amparados bajo el paraguas general del nacionalismo. Hoy les es más fácil amenazar porque Arzalluz llama «chiquilladas» a los atentados terroristas que un día tras otro se repiten en nuestras calles. Hoy les es más fácil ser cómplices de los terroristas porque Arzalluz dice que le embarga la emoción al ver a los «patriotas vascos» sentados en el Parlamento. Hoy le es más fácil a ETA reclutar chavales, porque parece gratis. Porque la Consejería de Interior se pasó meses explicando a sus agentes las «bondades» de Lizarra y disculpando las «disfunciones» que suponían unos cuantos atentados callejeros.

Hoy es más cómodo para ellos porque hace varios meses y demasiados muertos que el lehendakari perdió la oportunidad de recuperar la dignidad. Porque si, siendo bienintencionados, pensáramos que el PNV fue «engañado» a Lizarra, el velo se nos cayó cuando ETA asesinó por primera vez tras la tregua y el PNV no hizo nada. Cuando puso en práctica aquella amenaza que veíamos pintada en nuestras calles: «Tregua no es igual a paz». Cuando ETA mató y Arzalluz —y el lehendakari, naturalmente— siguieron diciendo que la apuesta de Lizarra seguía siendo válida, quedó al desnudo toda la trama: Lizarra nunca fue otra cosa que un intento de soslayar la democracia, sustituyendo la fuerza del voto por el pacto alrededor de una mesa camilla con pistola sobre el mantel.

Han pasado dos años. Dos años, demasiados muertos, demasiado miedo, demasiada desesperanza. Y mucha gente se pregunta qué más se puede hacer. No hay muchas cosas nuevas que hacer. Si acaso insistir en aquellas que dieron fruto en el pasado. Por ejemplo, hacer todo lo posible por recuperar la unidad de acción contra los terroristas. Eso sí, conservando la paciencia y la memoria. Porque nunca fue fácil en Euskadi conseguir la unidad democrática frente a ETA. Hacer el Pacto de Ajuria Enea nos costó varios años, y el PNV solo lo suscribió cuando se sintió débil —su decisión fue expresada en el discurso del Arriaga—, cuando no le quedó otro remedio.

También, para esto de la normalidad política, cabría recordar que, aunque el PNV piense que tiene el derecho natural a gobernar y algunos ciudadanos y demasiados políticos acomplejados también lo crean, no es cierto. Que ya es hora de que nos demos cuenta de que el fin de la Transición en Euskadi, la normalización política de esta comunidad, pasa —empieza— por tratar al PNV como a un partido político más y ponerle en la oposición si tiene menos votos que los demás. No es que les toque por el paso de los años: es que han hecho méritos sobrados.

Pues bien, y siguiendo con la reflexión, ya que ellos (el PNV) no parecen darse cuenta de que nos han colocado a los vascos en el Guinness de la vergüenza teniendo que soportar a un lehendakari apoyado por los socios de los de las pistolas, que ni se inmuta cuando le votan ni cuando le dicen que no le van a votar, recuperemos la iniciativa los demócratas. Démosle juego al Parlamento, que para eso nos pagan. ¿Que no disuelve?: moción de censura. Ya. Que ya llega con algunos meses y algunos muertos de retraso.

Otra reflexión sobre la llamada al «diálogo». Quien no sabe y/o no quiere dialogar en el Parlamento no puede pretender que lo hagamos en una mesa camilla y a oscuras. Quien desprecia al Parlamento vasco y dice que hay que dialogar entre los partidos nos está queriendo hurtar el debate en el único foro en el que cada cual está con la fuerza de los votos, la única fuerza legítima para dialogar y sobre todo para acordar. ¿O no es cierto que tras el llamamiento al «diálogo con acuerdo» de foros varios algunos intentan sortear la legitimidad democrática? Como con Lizarra, por cierto.

Una reflexión también para aquellos que insisten en que hay que ayudar al PNV. Hay una cita, anónima supongo, que dice que «Dios ayuda a quien se ayuda». Pues eso. Que ya son mayorcitos, que no nos pidieron permiso para pactar con quienes llevan más de veinte años combatiendo la democracia. Que la mejor manera de «ayudar» a los que votan —o militan— en el PNV y defienden la regla de juego democrática es mandar a los actuales dirigentes, y naturalmente a este Gobierno, a los bancos de la oposición.

También hay quien nos aconseja a los socialistas que tengamos cuidado con no parecer que hacemos seguidismo del PP. Sí, es un buen consejo. Por cierto: nos lo suelen dar gentes que antes nos decían que hacíamos seguidismo del PNV. Pues ni lo uno ni lo otro. No tuvimos complejos en pactar con el PNV para hacer un Gobierno lo más pareci-do posible a como es la ciudadanía de este país y no tenemos complejos en coincidir con el PP en la defensa de la Constitución, del Estatuto, de la libertad y de la vida. Y sabemos distinguir entre actuaciones desleales, incorrectas y/o ineficaces del Gobierno de la nación (que las hay y/o las puede haber) y la traición democrática que representa que un par-tido y un Gobierno (PNV e Ibarretxe) estén más preocupados por su hegemonía y su poder que por defender la libertad y la vida. Denunciaremos lo uno y lo otro. Pero sabemos que no es lo mismo la traición a la democracia que la deslealtad política.

Y dejemos ya de temer que el PNV se vaya al monte si los ciudadanos le colocan en la oposición. Que en Álava son oposición y están más moderados que en ningún otro sitio. Entre otras cosas porque en el monte hace mucho frío y se vive muy incómodo, sobre todo si hay aglomeración. ¿Alguien ve a la gente de orden del PNV disputando el sitio de la acampada con HB?

En fin, que sería imperdonable que hubiéramos pasado estos dos últimos años de sufrimiento en balde. Mantengamos viva la memoria, el recuerdo de los nuestros, y actuemos. No tengamos miedo a las urnas. Porque, como dice un amigo mío, cada vez está más claro que este país no solo necesita cambiar de Gobierno, sino cambiar de régimen.

Hoy, tras dos años de vergüenza, de extensión del miedo, de amenazas a la libertad, de riesgo para la convivencia, conviene reafirmar que tenemos un futuro de esperanza. Convirtámonos todos en activistas por la libertad. Porque solo si recuperamos la iniciativa empezaremos a recuperar la libertad. Como lo hicimos el pasado día 23 en San Sebastián.

Mantener la alternativa
El País, 8 de junio de 2001

Este artículo fue escrito tras las elecciones al Parlamento Vasco celebradas el 13 de mayo de 2001, en las que la coalición PNV/EA, con Juan José Ibarretxe, obtuvo 33 escaños; PP, con Mayor Oreja, 19 escaños y PSE, con Nicolás Redondo, 13 escaños.

Se han escrito multitud de artículos analizando el resultado de las elecciones vascas. En muchos de ellos he constatado un más que notable alivio ante la nueva oportunidad que la mayoría de los votantes le han dado al PNV. Es verdad que se ha escrito mucho más desde Madrid que desde Euskadi, pero también es verdad que el alivio se ha convertido en el denominador común de los articulistas vascos nacionalistas y de los articulistas españoles progresistas, por denominar así a quienes se podría decir que en el pacto constitucional están más cerca del PSOE —cuando no militan en él— que del PP. La primera reacción es lógica; la segunda pudiera resultar extraña. Pero desde una cierta perspectiva, no deja de tener su lógica. Me explicaré.

Lo que ocurre es que tras las elecciones se ha puesto de manifiesto lo que mucha gente del PSOE y afines pensaban sobre la estrategia del socialismo vasco. No es que esas gentes no compartieran la táctica, los modos, la campaña: lo que no compartían era el objetivo, el fondo. Ese es el verdadero problema que tiene una parte del socialismo español: que por una parte impulsamos y firmamos un Pacto por las Libertades y contra el Terrorismo que establece con toda claridad nuestro compromiso con el PP para derrotar a ETA, y por otra nos da vértigo pensar que la alternancia la protagonice un Gobierno presidido en España por Aznar y en Euskadi por Mayor Oreja. Si eso ocurre —se piensa—, tenemos PP para rato.

No crean que no entiendo ese vértigo, lógico, en los dirigentes de cualquier partido que tenga como objetivo ganar elecciones. Sería lógico, pero no sería legítimo. Sería lógico, pero sería corto de miras. Sería lógico, pero sería pequeño, torpe. No sería legítimo porque en el País Vasco nos jugamos algo más que el prestigio político de los dirigentes de hoy; y sería torpe porque si no tenemos suficiente altura de miras en esta materia, terminará por notarse que colocamos lo partidista por delante de lo fundamental. Y entonces sí que tendremos PP para rato.

Pero esa segunda reacción de alivio tiene otra explicación más: muestra la renuncia de esos mismos —nunca explicitada pero absolutamente interiorizada— a que el socialismo sea alternativa en el País Vasco. Esa fue la opción que nos llevó a ceder la presidencia a Ardanza cuando ganamos las elecciones. Es verdad que los tiempos eran otros, que no conseguíamos alianzas para hacer una mayoría suficiente, que ETA era entonces una amenaza cierta para el sistema democrático que aún no estaba consolidado. Y que, a cambio, conseguimos el Pacto de Ajuria Enea. Pero también es cierto que en la reflexión del PSOE pesó la convicción de que en Euskadi nada es posible sin el PNV pilotando el barco.

Se me podría decir que en estas elecciones no parecía que iba a ser el PSE quien pilotara la alternancia, y que eso explicaría la reticencia. Es verdad que, si el PSE hubiera partido como primera marca del bloque constitucionalista, los desmarques hubieran sido de menor cuantía. Pero esa sería una explicación a medias. El problema real es el otro: en una parte del PSOE —y en sus intérpretes mediáticos— hay una renuncia a que en el País Vasco se construya una alternativa al nacionalismo. Mucha gente que defiende la alternancia como valor irrenunciable del sistema democrático hace una excepción con el País Vasco. Hay quien la justifica en el hecho de la existencia de ETA, cuando el hecho mismo de su persistencia tras más de veinte años de gobiernos nacionalistas sería otro argumento más a favor de la alternancia.

Porque, vamos a ver, analicemos qué ha ocurrido desde que aprobamos el Estatuto de Autonomía del País Vasco. No es solo que ETA no haya dejado de matar mientras gobernaba el PNV; es que el PNV, desde las instituciones, desde los medios de comunicación públicos, desde sus resortes en el mundo cultural, social, educativo… ha venido construyendo una sociedad cada vez más fragmentada, más dividida, más insolidaria, menos pragmática, menos tolerante, más cerrada. Más nacionalista.

Hoy, tras tantos años de gobierno del PNV, no solo no hemos cerrado la Transición, sino que la hemos abierto. Aquello que el PNV de Arzalluz dijo en el debate constitucional y estatutario, hoy el PNV de Arzalluz lo desdice. El pacto estatutario —pacto ciudadano, refrendado en las urnas— se rompe por parte de quienes nos gobiernan. Los que ocupan las instituciones exigen que se respete la voluntad de los vascos, como si ellos no estuvieran ahí por y para respetarla. Las instituciones se debilitan por parte de quienes las presiden; el antisistema está en el sistema.

Siempre se ha dicho que había que atraer al PNV al pacto democrático para hacernos más fuertes contra ETA. Pero esa misma afirmación esconde las dudas que tienen algunos sobre el talante del PNV, sobre su compromiso con la pluralidad del País Vasco y sobre su voluntad de terminar con ETA sin cobrar precio político alguno. Son esas dudas sobre el alma del PNV las que explican tanta reacción acomplejada:

démosles la presidencia, aunque no haya ganado, para así atraerles al consenso contra ETA. No le disputemos la mayoría, aunque tengamos derecho, no vaya a ser que se vayan de nuevo al monte, o no bajen de él. No les tratemos como al partido del Gobierno, renunciemos a exigirles responsabilidades por la fractura social, por la confrontación, por la impunidad, por la falta de libertad, por la ineficacia policial, por la incapacidad para enfrentarse con los problemas, no vaya a ser que nos acusen de seguidismo del PP o de querer demonizar al PNV. No denunciemos su complicidad de fines con quienes nos matan. No reiteremos las palabras de Arzalluz sobre el reparto de trabajo entre ETA y el PNV. No exijamos a Ibarretxe que haga algo más que lamentarse.

En definitiva: corramos un tupido velo y volvamos a enero de 1998, cuando aún no sabíamos de sus pactos con ETA, cuando creíamos que Lizarra era una «apuesta» para conseguir la paz y no un acuerdo entre nacionalistas democráticos y terroristas para acabar con la pluralidad a cambio de que nos dejaran de matar mientras fuéramos obedientes. Sí, ya sé que hoy, tras el alivio compartido del que antes les hablaba, adoptar este discurso sería lo políticamente correcto. Hoy toca hablar de un clima nuevo, de que Ibarretxe ha cambiado, de que hay que hacer algo «imaginativo» para resolver los problemas del País Vasco. O sea, lo de siempre. Toca volver a ir de comparsa del PNV, de chicos educados, de ver si pillamos algo de algún sitio para aparentar que estamos moderando al nacionalismo y apaciguando a la fiera.

Pues bien: hay mucha gente —yo entre otros— que no está por la labor, y más vale que se sepa cuanto antes. Hay mucha gente, sobre todo muchos vascos, que hemos votado en estas elecciones creyéndonos de verdad que la alternancia no solo es posible, sino saludable. Hay mucha gente que no estamos dispuestos a renunciar —en base a no sé qué prejuicio predemocrático— a ganarle al PNV en Euskadi. La posición del socialismo vasco en estos dos últimos años ha sido de una extraordinaria dignidad y seriedad. Una posición política que nos acredita como un partido con sentido de Estado, por encima del cálculo a corto o de cualquier aspiración nacional o regional que se pudiera ver frustrada. El PSE ha liderado dentro del PSOE una propuesta política para resolver el principal problema de España, el único que nos diferencia de cualquier otro país europeo: el terrorismo. Una propuesta que se podría resumir de la siguiente manera: a) El problema vasco es ETA. b) Terminar con ETA ha de ser, por tanto, la prioridad del Gobierno y de los demócratas vascos. c) El PNV lleva veinte años gobernando y ha de exigírsele la máxima responsabilidad política por la situación actual, como se la demandaríamos a cualquier otro partido en las mismas circunstancias. d) Durante mucho tiempo hemos creído que sin el PNV no se podía acabar con ETA. Hoy estamos convencidos de que el PNV está incapacitado para acabar con ETA. Nunca ha querido derrotarla, siempre ha querido buscarles una salida «honrosa». La organización terrorista lo sabe y por eso administra con total prepotencia sus relaciones con ellos. Y e) Ante esta situación, la alternancia, la sustitución del PNV en el Gobierno Vasco, se convierte en la clave para combatir y derrotar a ETA.

Esta reflexión, este convencimiento de fondo, es el que ha guiado nuestra acción política desde las elecciones del noventa y ocho. Convencidos como estábamos de que el PNV está incapacitado para acabar con ETA, el hecho de no haber conseguido ganar en estas elecciones no significa que no tengamos razón y mucho menos que hayamos de renunciar al objetivo. El cambio y la alternancia son, además de posibles, imprescindibles para resolver el llamado «problema vasco». Para que en Euskadi podamos hablar de las ideas, del modelo de sociedad, de la vivienda, de la educación…, hemos de terminar con quienes cuestionan la propia convivencia. Y quienes nos han gobernado desde que hay democracia han demostrado que no saben o no pueden hacerlo. Por muchas oportunidades que han tenido, por muchas ventajas y comprensión que les hemos dado, el hecho es que en 2001 ETA sigue existiendo, la sociedad vasca está cada vez más amenazada y las instituciones vascas son cada vez más débiles e incompetentes por mor de sus propios dirigentes.

Nunca estuvimos tan cerca de conseguir una nueva mayoría, aunque haya quien se encargue de enmascarar esta realidad. Nunca quienes defendemos las reglas del juego y el juego limpio, quienes creemos que acabar con ETA es posible, hemos estado tan cerca de formar un gobierno alternativo al nacionalista, plenamente estatutario y constitucionalista.

Las elecciones han pasado, pero los problemas siguen estando ahí. Algunos somos escépticos sobre la capacidad de Ibarretxe y de su partido para acabar con esta dramática situación. Otros tienen la obligación de ser más optimistas y yo lo entiendo. Solo les pido que reflexionen sobre la premisa. ¿Está capacitado el PNV para terminar con ETA? De la respuesta que demos a esta pregunta se derivará una u otra estrategia, más allá del debate sobre táctica.

Termino. Si yo estuviera convencida de que el PNV puede terminar con ETA, defendería la alternancia como lo hago para Cataluña, para Galicia o para España. ¿Cómo no hacerlo en estas circunstancias?

Se acabó lo que se daba
El País, 8 de diciembre de 2001

De esta forma coloquial podríamos resumir lo que supone la aprobación por el Parlamento Europeo de las dos disposiciones que articulan compromisos políticos contra el terrorismo. Y es que estos acuerdos, adoptados por una abrumadora mayoría, marcan sin duda un antes y un después en el compromiso europeo contra el terrorismo.

Por eso me entristece que en las últimas semanas la discusión sobre una de las medidas que del acuerdo europeo pueden derivarse, cual es la lista de organizaciones terroristas que los Gobiernos se han comprometido a elaborar a fin de intervenir sus cuentas y evitar que puedan blanquear y destinar dinero a organizar asesinatos, haya tapado el debate sobre el fondo.

La confusión sobre quién elaboraba la lista, quién debía estar en ella, los requisitos previos…, ha minimizado la trascendental importancia de los acuerdos sobre la definición común del delito de terrorismo y la euroorden de detención y entrega. Sé que el tiempo se encargará de poner cada cosa en su lugar, pero voy a hacer un ejercicio de aproximación.

Cuando el 5 de septiembre de este año aprobamos en el Parlamento Europeo estas dos propuestas de iniciativa propia, pocos podrían suponer —ingenuos nos llamaban a los que empujábamos sin desánimo— que antes del final de este mismo año los quince jefes de Gobierno adoptarían esta decisión marco sobre la lucha contra el terrorismo para hacerla operativa. Bien es cierto —ya nos lo suelen recordar los más escépticos— que si Bin Laden no hubiera atentado contra Estados Unidos los trámites en la Comisión Europea y en el Consejo hubieran sido mucho más lentos. Sé que es así, que los atentados terroristas contra Estados Unidos han generado una respuesta europea que favorecerá la lucha contra ETA y dejará aislados a todos los que la apoyen o comprendan. Es lo que podríamos denominar un «bien colateral». Pero también sé que, si algunos no hubiéramos apostado por lo que hace un año parecía imposible, hoy no estaríamos aquí.

El comisario de Justicia e Interior, el socialista portugués António Vitorino, lleva casi un año —desde que el Parlamento Europeo se pronunció a favor de una orden de búsqueda y captura— trabando una compleja red de acuerdos con los Gobiernos para hacer posible tanto la superación del proceso de extradición y de la doble incriminación como la asunción de una definición común del delito de terrorismo, que hasta el momento presente solo aparece en los códigos penales de seis de los quince Gobiernos europeos. La complejidad de estos cambios, que no solo afectan a la legislación de muchos países, sino que chocan a veces con tradiciones penales nacionales profundamente arraigadas, hubiera hecho imposible el compromiso actual. No hubiéramos podido improvisar y estaríamos hablando —otra vez— de acuerdos contra el terrorismo, que tranquilizan las conciencias europeas y nos dan mucho ánimo a los que sufrimos sus zarpazos, pero que a la hora de la verdad tienen una eficacia muy reducida.

Pero, afortunadamente, estamos en otro escenario. Los compromisos políticos se desarrollarán con medidas que pondrán fin a la impunidad de los que matan o ayudan a matar. De los 501 diputados que asistían a la votación el 29 de noviembre, 430 votaron la siguiente definición de delitos relacionados con grupos terroristas: «A los efectos de la presente decisión marco, se entenderá por *grupo terrorista* la asociación estructurada de más de dos personas, existente durante un periodo determinado, y que actúa de modo concertado para cometer delitos terroristas. Los Estados miembros adoptarán las medidas necesarias para que se castiguen los actos intencionales que figuran a continuación: a) la dirección de un grupo terrorista, b) la participación en las actividades de un grupo terrorista, c) el apoyo a un grupo terrorista, con el fin de cometer delitos terroristas suministrando información o recursos, incluida la financiación de sus actividades, así como el reclutamiento de personas para que participen en dichas actividades». También, y con la misma mayoría, se aprobó el siguiente texto: «Los Estados miembros tomarán las medidas necesarias para garantizar que la inducción, la colaboración, la promoción, la complicidad o la tentativa en la comisión de cualquiera de los delitos enumerados en la orden sean castigados».

Quiero llamar la atención sobre estos dos artículos porque, aunque sea de sentido común que el Estado de derecho se dote de todos los medios para combatir el terrorismo y defender las libertades y los derechos humanos de la ciudadanía, hasta ahora no había sido posible trabar ese consenso en Europa, establecer ese grado de complicidad y reconocimiento mutuo entre países e ideologías diversas, entre el norte y el sur, con sus peculiaridades y sus tradiciones, culturales y jurídicas; entre la derecha, el centro y la izquierda; entre grupos que están en el Gobierno o en la oposición; entre parlamentarios que, al margen de la alineación en un grupo, se sumaron al consenso democrático mayoritario.

Reseñaré también el artículo primero de este texto que define el delito de terrorismo. Algunas voces se alzaron preocupadas respecto de la inconcreción del texto original de la Comisión. El Parlamento fue sensible a esa preocupación y lo modificó, quedando definitivamente como sigue: «Los Estados miembros tomarán las medidas necesarias para garantizar que los siguientes delitos, definidos según su derecho nacional, cometidos intencionalmente por un individuo o grupo, contra uno o más países, sus instituciones o ciudadanos, con el fin de intimidarlos y alterar gravemente o destruir las libertades fundamentales, la democracia, el respeto de los derechos humanos, las libertades civiles y el Estado de derecho sobre el que se basan nuestras sociedades, se castiguen como delitos terroristas». Se conjuraba así el riesgo, que algunos expresaron tener, de que manifestaciones convocadas con fines legítimos y que terminan de forma violenta pudieran verse sometidas a una penalización inadecuada por una interpretación sesgada del Gobierno de turno.

He destacado antes lo importante que resulta el acuerdo, sin precedentes, entre distintos partidos, países y sensibilidades. ¡Qué pena que el PNV no haya participado del mismo! Su representante en Bruselas, el señor Ortuondo, no votó ni *sí,* ni *no,* ni abstención, sencillamente no votó. Para gran escándalo de la Cámara, el representante del partido que gobierna en el País Vasco, el lugar en el que se organiza el terror, decidió no participar en un acuerdo histórico en la lucha contra el terrorismo. Menos mal que Euskadi es Europa porque es España, que si no, correríamos el riesgo de que las medidas adoptadas no se aplicaran en nuestro territorio, el más castigado por la acción de ETA, la protección de sus cómplices y la comprensión de muchos que se llaman demócratas. ¿Cómo esperan el PNV e Ibarretxe que creamos sus manifestaciones de condolencia en los funerales o sus anuncios de perseguir a ETA? Menos mal que no se sientan en el Consejo de Ministros europeo; ya hemos visto lo que harían: boicotear el acuerdo.

Decía al inicio de este artículo que me gustaría hacer una aproximación a lo que cambiará el acuerdo que adoptará el 14 de diciembre el Consejo en Laeken. Daré un par de ejemplos. A partir de esta fecha, Europa dejará de ser *solidaria con* para empezar a ser *responsable de.* Los demócratas españoles dejaremos de ser receptores de la solidaridad de los europeos en nuestra lucha contra ETA, compartiremos con todos los europeos el compromiso y la estrategia para terminar con el terrorismo.

A partir del 14 de diciembre las relaciones entre Gobiernos que eran las que posibilitaban la extradición serán sustituidas por el mutuo reconocimiento entre los sistemas judiciales y la eficacia ejecutiva de sus resoluciones. Una orden de un juez español habrá de ser ejecutada en cualquiera de los Estados miembros. O sea, que se acabó el bochorno y el sarcasmo de espectáculos como el de Olano, reclamado por la Audiencia Nacional y campando a sus anchas, ante cámaras y micrófonos, en territorio francés.

Es verdad que esto que hoy estamos consiguiendo debiéramos haberlo hecho antes. Es verdad que llega tarde para muchas víctimas que no lo hubieran sido —estoy segura— si toda Europa hubiera reaccionado así hace diez años. Pero también es cierto que, por amargo que sea, la historia de la humanidad nos demuestra que hay decisiones colectivas que no se adoptan hasta que no queda otro remedio. Y hoy todos parecen comprender que es imprescindible organizarse en el ámbito europeo para defender las libertades y derrotar al terrorismo.

Hay quien piensa que la política es el arte de lo posible. Yo, en cambio, soy de las que creen que la política debe servir para hacer posible lo necesario. Acabar con el terrorismo es posible y es, además, dolorosamente necesario.

Europa es otra vez nuestra esperanza. Confío en que los quince estarán en Laeken a la altura política de las circunstancias.

2

Y EN ESTAS, LLEGÓ ZAPATERO

Confrontación entre españoles y blanqueamiento de ETA

La llegada en el año 2000 de José Luis Rodríguez Zapatero a la Secretaría General del PSOE y a la presidencia del Gobierno de España en el año 2004 —tras el atentado de los trenes de Atocha— supuso el cambio de rumbo del socialismo español y el abandono de la esencia misma de lo que hasta ese momento había sido un partido político socialdemócrata homologable con cualquier formación política europea encuadrada en esa definición ideológica.

Aunque hoy nos pueda parecer mentira y las nuevas generaciones no lo hayan conocido, el Partido Socialista Obrero Español —al que yo me afilié en el País Vasco en el año 1977, antes de que se celebraran las primeras elecciones democráticas— fue un partido político clave para acordar la Transición, elaborar la Constitución, organizar las instituciones democráticas y conseguir que España se incorporara como un país de pleno derecho en la Europa democrática.

El PSOE llegó a la muerte de Franco siendo un partido político que se definía como marxista; no fue hasta el año 1979 —en un congreso extraordinario que se celebró tras la renuncia de Felipe González a asumir nuevamente la Secretaría General cuando se rechazó su propuesta de que el PSOE abandonara la ideología marxista— cuando el PSOE se transformó en un partido socialdemócrata al uso europeo y pasó a definirse como un partido «socialista democrático». Pero, más allá de las vicisitudes de carácter ideológico por las que el PSOE atravesó durante los primeros años de la democracia, el Partido Socialista que volvió de Suresnes en 1974 con Felipe González a la cabeza siempre fue un partido nacional, español, con una posición política común para toda España y cuya bandera esencial era la igualdad. De ahí que en ese viejo PSOE la cohesión nacional fuera un elemento no sometido a discusión alguna. Recuerdo dos definiciones que se acuñaron en los primeros años de la democracia. Una la pronunció el Borrell de aquellos tiempos: «El socialismo es la pasión por la igualdad». La otra, José María Maravall, quien fuera ministro de Educación del primer Gobierno de Felipe González: «El socialismo es la indignación moral ante la injusticia». Qué lejos quedan esas palabras... Y, sobre todo, ¡qué cerca tenemos la confirmación de que el PSOE ha traicionado esos principios...!

Desde el año 1977 el PSOE ganó y perdió elecciones sin cuestionarse lo esencial y sin renunciar a ser un partido clave para superar las dos viejas Españas y consolidar la democracia. La fortaleza de aquel viejo partido residía precisamente en que ante las decisiones más estratégicas nunca dudó en poner los intereses de España por delante de los de su propia sigla. Recuerdo escuchar a González en el Comité Federal lamentándose por la crisis de UCD y por la debilidad de Alianza Popular. Recuerdo a algunos dirigentes socialistas que no entendían por qué eso le preocupaba y respondían que «cuanto más débil esté la derecha, mejor para el PSOE...». Recuerdo a González contestando a Maragall ante todo el Comité Federal y explicándole algo tan obvio como que en las sociedades democráticas es necesario que existan alternativas políticas viables, con fuerza y con capacidad para vertebrar el país y hacer del pluralismo político, esencia de la democracia, una realidad tan segura como incuestionable. «No sé si sería bueno para el PSOE, pero te aseguro que no lo sería para España...».

Todo eso cambió de forma radical cuando Zapatero se puso al frente del PSOE. Es verdad que en aquel momento ya se habían roto muchas complicidades con el Partido Popular, dirigido entonces por José María Aznar, y que las bases del PSOE se sentían humilladas tras los sucesivos fracasos electorales. Zapatero aprovechó esa situación para

desarrollar una estrategia rupturista cuyo eje se situaba en el cuestionamiento de la Transición en su conjunto —desde el espíritu a sus logros,
la Constitución del setenta y ocho entre otros—, un cuestionamiento
que él argumentaba explicando la necesidad de construir un nuevo
consenso —lo que se dio en llamar «la segunda Transición»— y cuyos
actores habían de ser distintos a los que fueron capaces de conseguir
que España transitara de forma modélica desde la dictadura hasta la
democracia. La «segunda Transición» en la que se embarcó Zapatero
no estaba pensada para incorporar a nuevas generaciones que no tenían
edad para votar cuando se aprobó la Constitución del setenta y ocho
—como a veces explicaban los «jóvenes turcos» que le acompañaron
en el congreso del año 2000—, ni para que la asumieran y defendieran
quienes se opusieron a los pactos que nos permitieron construir la democracia. Zapatero siempre situó el éxito de su operación en excluir del
«nuevo consenso» a una de las dos corrientes ideológicas que hicieron
posible la Constitución del setenta y ocho: la derecha nacional. Y así,
negando la legitimidad democrática a los representantes de al menos la
mitad de los ciudadanos, comenzó a cavar la zanja entre españoles.

Zapatero rompió todos los consensos sobre las cuestiones fundamentales en un momento en el que, a pesar de haberse constituido las
instituciones y desarrollado una Constitución de las más avanzadas del
mundo, nuestro país sufría la doble debilidad de ser una democracia muy
joven en la que no se había hecho pedagogía democrática. Zapatero se
aprovechó no solo de la cobardía y del resentimiento de su partido y
supo ver nuestra incapacidad como sociedad para organizarnos e impedir
que un insensato adanista como él pusiera en riesgo lo más sagrado, la
cohesión y la igualdad entre españoles.

Él estaba decidido a hacer en España lo mismo que hizo Mitterrand en Francia y que finalmente supuso la desaparición al partido
socialista francés. Zapatero comenzó por negar al padre, o sea, a Felipe
González, el hombre que había abandonado a Bono en pleno proceso
congresual para apostar por un desconocido Zapatero —aunque era
diputado desde hacía doce años, no se le conocía pensamiento alguno—,
a quien creía que iba a poder tutelar. Y el joven «Bambi», el del «cambio

tranquilo», el del «talante», fue deshaciendo todos los consensos democráticos que González y el PSOE habían venido trabando en España
desde la muerte de Franco.

Zapatero utilizó a favor de su estrategia rupturista el resentimiento
que se había instalado en las bases socialistas tras las feroces campañas de
Aznar contra González —«paro, corrupción y despilfarro»—, situación
que se agravó con las sucesivas debacles electorales. Y en ese clima psi-
cológico de rabia y debilidad que vivían las bases del PSOE el discurso
de confrontación prendió sin apenas resistencia.

Merece una llamada de atención la flagrante contradicción en la
que incurrió Zapatero, ya que lo que hizo para, supuestamente, «defender» a González y al PSOE histórico fue plantear una enmienda a
la totalidad de toda su historia. Zapatero utilizó el caldo de cultivo del
resentimiento contra el PP que existía entre los afiliados socialistas para
romper todos los pactos, todos los consensos de Estado trabados entre
el PSOE y el PP a lo largo de los años. Zapatero utilizó la Secretaría
General del PSOE para negar lo mejor de la historia del PSOE; y después, ya desde la presidencia del Gobierno de España, se empeñó en
cuestionar lo mejor que hicimos el conjunto de españoles para transitar
de la dictadura a la democracia. Si se fijan, tanto Zapatero como Sánchez
han utilizado el PSOE como banco de pruebas para sembrar el odio y
la ruptura y promover la regresión en la sociedad.

Zapatero, que acababa de ganar un congreso por la mínima en esa
situación de desesperanza y crisis que antes he descrito —un congreso
con cuatro candidatos, Matilde Fernández, Pepe Bono y yo misma, y
que ganó a Bono por siete votos de diferencia sobre unos mil delega-
dos que votaron—, supo aprovechar también su aparente fragilidad para
frenar todo tipo de crítica interna. Los llamados barones eran conscientes de que, en un momento en el que la inquina contra el PP estaba
instalada entre las bases, el discurso de Zapatero contra la derecha era lo
más popular y lo que más enteros daba a quien quisiera seguir ostentando un cargo público u orgánico en nombre del Partido Socialista.
Por eso todos ellos callaron cuando Zapatero comenzó a romper todos
los pactos de Estado, incluido el Pacto por las Libertades y contra el

Terrorismo que el propio Partido Socialista había impulsado cuando estaba en la oposición.

En treinta años de democracia, los españoles habíamos aprendido que para enfrentar las cuestiones fundamentales se requieren consensos de Estado. Y así lo vinimos haciendo, desde el pacto que permitió cerrar —con las dosis justa de perdón y olvido— las páginas más dolorosas de nuestra historia, las tragedias de nuestra guerra y de nuestra posguerra, hasta los acuerdos en la concreción de las políticas activas que nos permitieron ir colocando a España en la escena internacional. Diseñamos y pactamos un modelo de Estado, al que llamamos la España de las Autonomías, y que quedó sancionado en nuestra Constitución del setenta y ocho. Y a partir de ahí las dos grandes fuerzas políticas que podían formar alternativamente el Gobierno de España fueron cerrando los grandes consensos, desde la política exterior hasta el modelo para fijar nuestra integración en Europa.

Pero toda esa filosofía que inspira el funcionamiento de cualquiera de los Estados modernos y democráticos de nuestro entorno europeo saltó por los aires desde el mismo momento en que el Gobierno de José Luis Rodríguez Zapatero se propuso revisar la historia de España y el modelo de convivencia que nos habíamos dado los españoles. La ruptura que Zapatero persiguió desde la Secretaría General del PSOE se institucionalizó cuando, tras ganar el Partido Socialista Obrero Español las elecciones de marzo de 2004 con un programa socialdemócrata y continuista de lo que fueron los Gobiernos de Felipe González, el presidente del Gobierno decidió volver al punto cero, como si los socialistas no hubieran sido unos de los grandes protagonistas de la consolidación de la democracia en España. Todos los consensos básicos, todo el acervo del Partido Socialista Obrero Español, un partido que superó la nostalgia de la izquierda revolucionaria para evolucionar hacia la socialdemocracia, que abrazó la reforma política en España —a pesar de haber solicitado la abstención en el referéndum que la sancionó—, que impulsó la Constitución del setenta y ocho…, todo fue puesto en cuestión. Claro que todo se hizo como si no se estuviera haciendo, con las dosis justas de acción negativa y discurso positivo. Con las trampas del lenguaje tramposo.

Ya me he referido antes a la ruptura de los consensos básicos destacando el principal de todos ellos, la Transición española. Pero para entender las causas de esa ruptura hemos de comprender que todo deviene de una profunda revisión de los principios fundamentales en los que se basan las políticas de Estado. Frente al modelo que funciona en toda Europa —en el que los grandes pactos se realizan entre las fuerzas políticas que pueden formar Gobierno—, Zapatero optó por iniciar una segunda Transición en la cual el modelo de Estado se habría de pactar con los partidos que no creen en el Estado español, lo que, lógicamente, es fuente de inestabilidad e incertidumbre y ha venido provocando una clara división en la sociedad española.

Es en esa nueva filosofía —esa táctica increíble consecuencia de una estrategia en la que el PSOE abandona su proyecto político para toda España para someterse al proyecto de los nacionalismos en cada una de las comunidades en las que estos tienen presencia— en la que se incluye la ruptura del otro gran consenso político sobre el que reflexiono en una buena parte de los artículos de este capítulo: la estrategia de la lucha contra el terrorismo.

Los artículos seleccionados abordan lo sucedido desde el momento en que en marzo de 2004 el Partido Socialista Obrero Español ganó las elecciones y también los prolegómenos que sin duda marcaron el calendario, eso es las relaciones iniciadas en 2001 y descritas por todos los medios de comunicación —desde *El País* al *Gara*, pasando por *El Mundo* y *ABC*— entre los dirigentes del Partido Socialista y la organización terrorista ETA. La inflexión está marcada por el momento en que José Luis Rodríguez Zapatero, investido ya como presidente del Gobierno, decide cambiar la política antiterrorista manteniendo la apariencia de continuidad. Desde ese primer momento se inicia una etapa de discurso hueco, vacío de contenido, lleno de palabras talismán, de signos equívocos… de lenguaje tramposo para posibilitar que el engaño surta efecto.

Uno de los primeros hallazgos de Zapatero para enmascarar el cambio de la política antiterrorista fue la utilización del término «proceso de paz». Pero veamos qué ocurrió para que, mientras ETA seguía asesinando inocentes y buscando la derrota de la democracia, los socialistas pasaran de hablar de «la derrota de ETA» al «final dialogado de la violencia». Aunque la nueva estrategia se puso en marcha desde el mismo momento en que Zapatero se sentó en Ferraz —los terroristas recibieron el mensaje de que Eguiguren era el enviado de Zapatero, no un verso suelto—, la nueva terminología adquirió tintes de oficialidad el día que, tras la reunión del Consejo de Ministros en febrero de 2006, el presidente del Gobierno anunció solemnemente: «Estamos en unas circunstancias que me permiten tener la convicción de que puede empezar el principio del fin de la violencia». A partir de ese momento, la mayor parte de los diarios de tirada nacional empezaron a hablar del terrorismo en unas páginas cuyo encabezamiento rezaba así: «Proceso de paz». Ay, el lenguaje…

Pero la constatación de que se estaba produciendo una nueva orientación en la política antiterrorista pudo ser apreciada antes por cualquier observador objetivo. Todo comenzó a visualizarse en Anoeta, en aquel mitin del 14 de noviembre de 2004 que organizó Batasuna sin que el Gobierno de España, presidido por Zapatero, hiciera nada por impedirlo. Otegi fue el protagonista; en su peculiar estilo provocador empezó su intervención burlándose de las instituciones que habían permitido que el acto se celebrara: «Hoy, un partido ilegal, con un portavoz ilegal, celebra un acto ilegal». Recuerdo que Otegi llevaba en la mano el pañuelo palestino, la kufiya. Tres días antes había muerto Arafat en París. En homenaje al rais parafraseó las palabras que este había pronunciado treinta años atrás en la Asamblea General de Naciones Unidas: «Vengo con el fusil de combatiente de la libertad en una mano y la rama de olivo en la otra. No dejen que la rama de olivo caiga de mi mano». Treinta años atrás todos los medios de comunicación mundiales citaron incansablemente esa declaración. Y como ocurre ahora en España con las palabras talismán nadie pareció fijarse en que el hecho de que Arafat anunciara que llevaba en una mano un fusil podía ser interpretado como una amenaza. Todos prefirieron quedarse a «dormir» en el olivo, porque siempre resulta más cómodo embobarse en las metáforas.

Otegi, como es vasco, adaptó a su estilo la declaración de Arafat para hacerla un poco más conminatoria: «La izquierda *abertzale* —dijo—

se presenta hoy aquí con un ramo de olivo en la mano. Que nadie deje que se caiga al suelo». No nos dijo qué llevaba en la otra mano porque tampoco hacía falta, todos sabíamos que quien hablaba era un terrorista que organizaba secuestros y conminaba a «liquidar» al secuestrado si se presentaba «alguna dificultad». Pero también en España todos prefirieron quedarse a dormir en el olivo. Y convirtieron esa declaración, como todas las que ha hecho Otegi a partir de ese momento, en un «gran acontecimiento político». Ni entonces ni después se paró nadie a pensar que quien hablaba era el dirigente de una organización terrorista dispuesto a perdonarnos la vida si hacíamos lo que ellos querían. Todos prefirieron especular sobre los «avances» que representaba la «nueva oferta»; nadie se paró a pensar que, entonces como ahora, los terroristas condicionaban «el fin del conflicto» y «la paz definitiva» a la aceptación de sus reivindicaciones. Todos prefirieron ver una propuesta política donde lo único que había era una amenaza terrorista. De aquellos polvos, estos lodos…

Zapatero se hizo eco de esas declaraciones y las contestó días más tarde durante su intervención en un acto público que celebraba el PSE en Baracaldo en el que le vino a decir a Otegi algo así como que sin violencia todo era posible. Y desde ese mismo momento, desde que el presidente trató públicamente a Otegi como a un igual —al contestar a sus palabras como si fueran una propuesta política y no la amenaza de un dirigente terrorista—, los terroristas, en cualquiera de sus denominaciones, no han dejado de tener la iniciativa. Qué lejos quedan las palabras de Felipe González en un artículo publicado en *El País* el 18 de mayo de 1998 y que llevaba por título «La amenaza terrorista»:

> Nuestra esperanza es que pierdan toda esperanza de sacar algo de sus crímenes. Esa es nuestra oferta de paz. No repitamos nunca más «cuando dejen de matar». Que pierdan toda esperanza: ni mientras matan ni cuando dejen de matar.
>
> ¿Podemos estar de acuerdo ya en que no les vamos a dar ninguna ventaja política por aterrorizar? Tienen todo lo que los demás ciudadanos vascos tienen. Además, matan. ¿Cabe premiarlos por ello? (…) Para los que practican el terror no hay diferencia alguna entre los que dicen que están dispuestos a

dialogar, incluso si continúan los asesinatos, las extorsiones o los secuestros y los que dicen que si dejan de matar todo será posible, el diálogo se abrirá sin restricciones y con generosidad. Estos desalmados perciben ambos mensajes como lo que son: una oferta de impunidad para sus crímenes (oferta que ellos administran) y un reconocimiento de legitimidad política de los «supuestos motivos de su lucha». Por eso es un debate falso entre demócratas. Un debate sin salida (…).

Pero lo que consagró oficialmente el cambio de estrategia del PSOE en la lucha antiterrorista fue la resolución aprobada el 17 de mayo de 2005 en el Congreso de los Diputados. No tanto por su contenido sino por la forma en que se gestó. En esa época el Acuerdo por las Libertades y contra el Terrorismo no había sido denunciado por ninguno de sus firmantes. Ese pacto obligaba a las partes a consensuar la política antiterrorista, a elaborar un diagnóstico común y a partir de ahí aplicar las políticas que se consideraran oportunas. Pero el Partido Socialista optó por cambiar de estrategia y de socio. Cambió al socio de la firmeza, el que entonces aportaba 148 diputados, por otros socios que sumaban juntos 38 diputados. Justo la misma estrategia que ha seguido Pedro Sánchez desde que llegó a la presidencia del Gobierno de España a través de aquella moción de censura destructiva. No me cansaré de repetir que todo comenzó con Zapatero.

El Pacto Antiterrorista contaba con el apoyo de las fuerzas políticas que representaban el 87 por ciento de los ciudadanos; el nuevo acuerdo sobre «política antiterrorista» que lideraron los socialistas estaba apoyado por el 57 por ciento. Además, los nuevos socios, como muy bien explicaba entonces el periodista Santiago González, «son partidarios de negociar llueva o escampe, mate ETA o deje de matar». Los nuevos socios del Gobierno de Zapatero se ofrecían como intermediarios, pero en realidad eran comisionistas. Pero el Partido Socialista Obrero Español, que ya había renunciado a ser un partido de ámbito nacional con un mismo proyecto para toda España, decidió romper con el Partido Popular y fijar la nueva posición política en materia antiterrorista con aquellos que nunca pretendieron la derrota de ETA. Y cambiar el objetivo de la derrota por el del «final dialogado» con ETA. Así es como hemos llegado hasta aquí. De aquellos polvos, estos lodos…

Pero como eso era difícil de explicar incluso a una sociedad como la española, tan escasa de estructuras cívicas vivas y de contrapoderes democráticos dispuestos a actuar, la nueva estrategia estuvo «edulcorada» con declaraciones de firmeza, con la utilización de un lenguaje tramposo. Se trataba de aparentar que nada había cambiado y que se seguía pretendiendo la derrota de ETA. El uso perverso del lenguaje (Hannah Arendt ya describió una situación similar a su vuelta a Alemania tras el exilio, cuando se escandalizó al ver cómo sus compatriotas trataran los hechos —lo ocurrido en los campos de exterminio— como si fueran opiniones) ha contribuido de forma notable a que lleguemos a esta situación. Eso a pesar de la notable rebelión que se produjo en su momento desde las asociaciones de víctimas de terrorismo, de algunos movimientos cívicos y de algunas voces entre las que cabe destacar algunos sindicatos de policías, fiscales y jueces díscolos que trataron de impedir que el lenguaje tramposo se convirtiera en lenguaje único.

Pero esa perversión del lenguaje no se ha producido de forma inocente. Como se argumenta a lo largo de los artículos en los que trato este tema, todo obedece a una estrategia destinada a embaucar con palabras talismán a la opinión pública, de adormecer nuestras conciencias. Recuerdo la etapa en la que desde todas las terminales mediáticas que controlaba el Partido Socialista (y eran ya entonces la mayoría) se enfatizaba reiteradamente la felicidad que debían producirnos los meses o años «sin muertos» —fíjense qué perversidad, cuando centenares de ciudadanos llevan tantos años «CON MUERTOS»— y se trataba de ilusionar a la gente con un «tiempo nuevo», con «buenas noticias», con palabras «positivas», para lo que no se dudaba en tachar como «enemigos de la paz» a quienes se atrevían a denunciar lo erróneo de la nueva estrategia. Toda esta perversión del lenguaje tenía como objetivo ir modulando a la sociedad de la que se esperaba que, en ausencia de crímenes, estuviera dispuesta a tolerarlo todo.

Mantener viva la ambición por derrotar a ETA no ha sido tarea fácil. Recuerden toda la campaña del primer Gobierno de Zapatero y de sus medios afines destinada a convencernos de que «el fin de la violencia» era lo mismo que la derrota de ETA. Y cuando ya parece que nadie quiere discutir ese concepto reiterado para que parezcan «normales» los pactos suscritos entre un Gobierno democrático y los herederos activos de los terroristas, sigue siendo necesario hacer esa pedagogía democrática. ¿Qué es el fin de la violencia? ¿Que ETA no mate? ¿Que no mate porque no lo necesita, porque no quiere, porque ha conseguido entrar en las instituciones e imponer desde dentro su proyecto totalitario? ¿Es ese el objetivo por el que hemos luchado durante tantos años? Yo creo que no. En todo caso, les aseguro que no es para eso para lo que llevamos toda la vida resistiendo en el País Vasco. No hemos luchado contra el totalitarismo, no hemos resistido la persecución y las amenazas para vivir más cómodos, no hemos asistido a tantos funerales de nuestros escudos para que ahora un Gobierno democrático abrace la consigna de ETA de que todos esos muertos, todos esos exilados, todo ese sufrimiento era consecuencia del «conflicto». Resistimos y nos enfrentamos al miedo para ser libres. El objetivo de la democracia no podía ser otro que derrotar al terrorismo que quiere destruirla. Y no se derrota al terrorismo si se convierte en interlocutores políticos y/o socios de gobierno a sus representantes. Como hizo Zapatero y como ha hecho Pedro Sánchez.

Los españoles tienen derecho a saber cómo hemos llegado hasta aquí, cuál ha sido el camino recorrido para que Pedro Sánchez haya podido aparentar que es normal en un país democrático hacerse esa infame foto sellando un pacto político con una diputada condenada por terrorismo que representa al partido que homenajea a los asesinos y se niega a condenar la historia de terror de ETA. Los españoles tienen derecho a saber cómo hemos llegado a una situación en la que, sabiendo lo que han hecho, unos millones de españoles hayan vuelto a votar las siglas del PSOE. Los españoles tienen derecho a saber que la degradación de la democracia era una consecuencia inevitable desde el mismo momento en el que un Gobierno democrático reconoció a ETA como interlocutor político.

A partir de ahí, de forma programada y paso a paso, se fueron cumpliendo los objetivos pactados entre el Gobierno y ETA. El compromiso de romper explícitamente el Pacto Antiterrorista y parlamentarizar el «proceso» se concretó el 17 de mayo de 2005 cuando el Gobierno reconoció a ETA como interlocutor político. La segunda cesión se visualizó cuando el 29 de junio de ese mismo año Zapatero anunció en sede parlamentaria que se iniciaban «los contactos» con ETA, aunque ello resultara un incumplimiento de la propia resolución parlamentaria, pues no se había cumplido ninguna de las exigencias previstas. La degradación continuó cuando, dos días después de que ETA secuestrara a tres personas y robara trescientas cincuenta pistolas en Francia, el PSOE y el Gobierno de España llevaron el «proceso» al Parlamento Europeo consiguiendo dividir a la Cámara europea por la mitad y reconociendo a ETA como interlocutor del Gobierno de España ante los ojos de toda Europa.

El retroceso democrático pactado entre Zapatero y ETA prosiguió cuando el Gobierno calificó como enfermedad en estado terminal la huelga de hambre del terrorista sanguinario De Juana Chaos y lo mandó a San Sebastián. Después fue cuando la Fiscalía retiró la acusación contra Otegi para que no pudiera ser juzgado; y, finalmente y en cumplimiento de los pactos de Zapatero con la banda terrorista, la Fiscalía y la Abogacía del Estado permitieron que ETA volviera a las instituciones democráticas del País Vasco y Navarra legalizando parte de las listas de ANV. Y así hasta hoy. De aquellos polvos, estos lodos.

Pero el éxito de esa estrategia requirió del silencio cómplice de socialistas que se proclamaban críticos. Recuerdo que cuando yo publicaba sendos artículos en los que denunciaba las consecuencias negativas para nuestro país de esa práctica perversa llevada a cabo por el Partido Socialista, recibía llamadas de muchos dirigentes regionales, presidentes autonómicos e incluso miembros de la Comisión Ejecutiva Federal en las que me transmitían su total coincidencia sobre mi reflexión. Yo era entonces presidenta de la delegación socialista española en el Parlamento Europeo —o diputada rasa en mi segunda legislatura en Bruselas de donde me fui cuando aún quedaban dos años hasta las siguientes elecciones—, pero no estaba ni en el Comité Federal ni en ningún otro órgano interno del PSOE. A todos los que me llamaban para adherirse a mis reflexiones les conminaba a decir lo que pensaban públicamente o a plantearlo siquiera en una reunión de la Comisión Ejecutiva o del Comité Federal. La respuesta siempre era la misma: «No, él aún está débil, si nos enfrentamos y lo hacemos caer, las bases no lo entenderían, nos acusarán de defender al PP y debilitar al PSOE...; el partido lo que quiere es ganar al PP, y cualquier cosa que le debilite se volverá en nuestra contra, seguro que en algún momento esto se frenará...».

Y así, con la desidia, la cobardía y el egoísmo de unos y otros, Zapatero pudo desarrollar sin ningún tipo de oposición interna toda su estrategia de ruptura y de confrontación entre españoles. Y en las bases socialistas fue cuajando el odio a «la derecha», convertida ya globalmente en el enemigo y no solo en el adversario electoral y político del PSOE. Fue en aquella etapa cuando comenzó a ser mucho más «rentable» en el seno del PSOE una foto con un dirigente de ETA que una foto con las víctimas o con Mayor Oreja, pongo por caso...

Ese enfrentamiento entre españoles, provocado primero en el seno del PSOE y entre sus bases, tenía un objetivo político, el mismo que hoy persigue Pedro Sánchez: obtener el poder a cualquier precio. Un objetivo que no respetó ni el consenso en política antiterrorista. Yo escuché a Zapatero, en más de una ocasión, argumentarlo en reuniones internas: «Lo que España necesita es que surja otro partido a la derecha del PP, que rompa le hegemonía del centro derecha que hoy solo cuenta con una sigla y que ese partido a la derecha del PP obtenga representación institucional... Cuando eso ocurra, el PSOE podrá gobernar por mucho tiempo, aunque tengamos muchos menos votos...». «Bueno, a lo mejor eso es bueno para el PSOE, pero no comparto la idea de que sea bueno para España.... En todo caso, romper los pactos de Estado y todos los consensos básicos llegando la cuestionar la propia Transición no me parece que sea bueno para España...», solía ser, tan reiterada como inútil, mi respuesta. Fue para intentar influir en lo interno haciendo pública mi posición —que me constaba que era compartida en silencio por otros muchos afiliados y dirigentes socialistas— cuando comencé a publicar los argumentos contra esa nueva estrategia del Partido Socialista de dividir y confrontar a los españoles entre derechas e izquierdas, rompiendo el compromiso desarrollado con notable éxito desde la Transición de que la única línea que nos separaba en la lucha contra el totalitarismo y para consolidar la democracia era que de un lado estábamos los defensores de las libertades y del otro sus enemigos.

Uno de los capítulos más sangrantes de aquel periodo fue la ruptura del Pacto por las Libertades y Contra el Terrorismo que el PSOE había propuesto al PP cuando estaba en la oposición. A pesar de los intentos de engañarnos, el País Vasco es un lugar demasiado pequeño como para que quienes estábamos al pie del cañón no fuéramos conscientes de lo que estaba pasando y que desde el año 2000 Eguiguren había dejado de trabajar por su cuenta con Otegi y compañía para hablar con los emisarios de ETA en nombre del PSOE. Recuerdo una reunión que celebramos en el despacho de Zapatero en Ferraz —el PSOE aún estaba en la oposición— en la que un grupo de cargos públicos vascos entre los que estaban un par de alcaldes, un par de diputados autonómicos, un par de concejales y yo misma, diputada entonces en el PE, le conminamos a abandonar esa vía de «diálogo» con ETA y a mantener el pacto sin ninguna fisura. Cuando nos negó que hubiera cambiado de estrategia, le dijimos que teníamos derecho a saber la verdad y le recordamos que quienes estábamos arriesgando nuestras vidas y la seguridad de nuestras familias para derrotar a ETA teníamos derecho a conocer si él había decidido abandonar esa estrategia; porque también teníamos derecho a decidir qué hacíamos con nuestras vidas y las de nuestras familias... Él siguió negándolo. Hace mucho tiempo que está confirmado que nos mintió a la cara.

Tras cuatro años en la Secretaría General y en la oposición y contra todo pronóstico, el PSOE ganó las elecciones en 2004. Y Zapatero pudo poner en práctica desde el Gobierno la estrategia de confrontación y ruptura que había aplicado dentro del Partido Socialista y trasladó al conjunto de la sociedad española el discurso de odio a la derecha que tanto éxito había tenido entre las bases socialistas. Recuerden que, tras los dramáticos atentados de los trenes de Atocha, con los muertos aún sin identificar, el PSOE de Zapatero rodeó las sedes del Partido Popular... A partir de ahí, nada bueno podía esperarse. Después, ya desde el

Gobierno, el PSOE comenzó a traicionar lo mejor de su propia historia, la de un partido que, con sus luces y sombras, fue clave para que en España transitáramos de la dictadura a la democracia.

Y enseguida comenzaron a implementarse en la esfera pública los adjetivos denostativos y las descalificaciones globales de «las derechas», la «derecha extrema»… Así comenzó el PSOE de Zapatero la campaña para resucitar las dos viejas Españas, para volver a enfrentarnos entre «buenos» y «malos» españoles, para cavar una zanja entre ciudadanos y romper la embrionaria cohesión que habíamos logrado construir desde que recuperamos la democracia. Así fue como Zapatero puso en práctica su estrategia para provocar una «segunda Transición», expulsando del «nuevo consenso» a quienes habían sido tan claves como el PSOE para llevar a cabo con notable éxito la primera; así fue colocando como actores principales de este «nuevo tiempo» a quienes siempre se opusieron a la Constitución e incluso habían asesinado a centenares de españoles para tratar de impedir que tuvieran éxito nuestro pacto de concordia y nuestra apuesta por la democracia. Y en esas circunstancias y ante una sociedad adormecida y un PSOE silente y cómplice, Zapatero y sus voceros —¡ay, la prensa…!— fueron situando al PP fuera del consenso democrático (la derecha son «los malos»), condición imprescindible para poder romper también el Pacto Antiterrorista. Y para reforzar la nueva estrategia las apelaciones a «el diálogo» y «la paz» dejaron de ser el argumento propagandístico en el que se justificaban los que señalaban nuestras nucas y se convirtieron en el mantra del PSOE. Y de esa manera fue como se institucionalizó la traición del PSOE a la democracia y a lo mejor de su propia historia como partido político. «El diálogo» con los terroristas y la exclusión de todo aquel que sostuviera que a ETA solo cabe derrotarla fue —y es— la estrategia de esto que sigue llamándose PSOE.

No en mi nombre

La mayoría de los artículos seleccionados para este capítulo fueron publicados durante los años en que yo era diputada en el Parlamento Europeo tras haber encabezado la candidatura del PSOE en el año 1999 o siendo la número dos en el año 2004. Recuerdo cuando Zapatero me llamó a su despacho para pedirme que fuera en la candidatura tras Borrell. Le dije que acompañar a Borrell de número dos me parecía muy bien. Entonces me «confesó» que me había puesto en la candidatura y en ese puesto a pesar y en contra del criterio de la dirección del Partido Socialista de Euskadi: «…ya sabes… tu posición, lo que tú defiendes, no les gusta mucho…».Yo le dije: «Bueno, si te refieres a la política antiterrorista, a la denuncia sobre la complicidad del PNV, a la necesidad del consenso y de la recuperación de los pactos de Estado para derrotar a ETA… es lo mismo que dices que defiendes tú, ¿no?». «¡Claro, claro…! Pero yo soy el jefe… jejeje… y a mí no me contradicen…». Cómo le iban a objetar nada, si sabían que él estaba en otra cosa…

Y así fue como llegué a formar parte de la candidatura encabezada por Borrell que el Comité Federal aprobó por unanimidad. Tardé casi tres años en asumir que por mucho que me esforzara, por mucho que en público y en privado escribiera y argumentara sin descanso, era imposible cambiar las cosas desde dentro del Partido Socialista. El mismo tiempo que tardé en aceptar que fui —como seguramente otros candidatos en otros lugares de España y en otros procesos electorales— una especie de trampantojo electoral y que me pusieron en ese privilegiado puesto de la candidatura europea precisamente porque defendía la ortodoxia de la lucha contra ETA y, formalmente, perseguía su derrota. Como otros socialistas de aquellos tiempos, fui una coartada para que algunos españoles —muchos o pocos, no lo sé y tampoco es lo más importante— encontraran una disculpa para seguir votando al PSOE a pesar de las nubes de duda sobre su posición en esa materia que ya comenzaban a extenderse. Cuando en septiembre de 2007 anuncié mi baja en el PSOE y devolví el acta de parlamentaria europea, Adela Cortina me hizo llegar un mensaje: «Rosa, no puedes irte, no puedes irte… Muchos socialistas seguimos votando al PSOE porque tú estás ahí…». A lo mejor no es cuantitativamente significativo, pero me reafirma en mi idea de que el PSOE nos utilizó como señuelos para enmascarar la realidad.

En los artículos que siguen encontrarán testimonio de las reacciones en defensa de la democracia que fuimos capaces de provocar en Europa cuando los dos principales partidos de España, PP y PSOE, superamos la siglas y trabajamos juntos contra la mayor amenaza a las libertades que se ha producido en y desde suelo europeo desde que acabó la Segunda Guerra Mundial. Y también de cómo se quebró esa exitosa estrategia cuando Zapatero decidió romper todos los pactos, incluso a nivel europeo, y el objetivo de la derrota fue sustituido por el de «el diálogo». También encontrarán reiteradas llamadas de alerta sobre el peligro para la democracia que suponía la entrada de los terroristas, con sus diferentes marcas, en las instituciones y la complicidad del PSOE para hacer posible esa anomalía democrática.

Viví con zozobra e impotencia las dramáticas y reiteradas decisiones y acontecimientos protagonizados por el entonces mi partido, el PSOE, que cuestionaban o enmendaban a la totalidad los valores y principios a cuya defensa habíamos dedicado toda la vida, llegando incluso a arriesgar la seguridad de nuestras familias. La resistencia es despiadada, puede incluso ser peligrosa; pero diríamos que tiene «su aquel» porque resistes frente al otro, frente al enemigo. Pero la disidencia puede llegar a provocar reacciones de crueldad porque se hace desde dentro de la que consideras tu casa, se lleva a cabo entre los tuyos… Fueron años descorazonadores en los que sufrí situaciones verdaderamente dolorosas desde la perspectiva humana. Vi cómo diputados de la delegación socialista española en el Parlamento Europeo dejaron de ser mis «amiguísimos» para llegar a bajarse de un ascensor en Bruselas cuando yo entraba en él… Y todo porque yo seguía defendiendo en público lo mismo que había defendido en los mítines, por toda España, antes de las elecciones; todo porque lo políticamente correcto era ya entonces acercarse a ETA y alejarse de las víctimas; todo porque el PSOE ya estaba cambiando de bando… y ellos, mis «compañeros», aspiraban a repetir como diputados. Me consta que no sabían cómo deshacerse de mí, aunque también es bien cierto que lo intentaron. Bárbara Dührkop, la viuda del senador Enrique Casas, asesinado por ETA en 1984, lo confesó sin tapujos en un corrillo de un grupo de diputados que estaban comentando «indignados» el último artículo que yo había publicado y que le decían que no se explicaban por qué no me echaban del PSOE: «No, si tenéis razón, si en la Ejecutiva ya lo tienen decidido… Pero cada vez que están a punto de echarla, con el expediente ya redactado en Ferraz, va ETA y mata a alguien…Y claro, en esas circunstancias y con la relevancia que ella adquiere… pues dice Blanco que no es posible echarla…». Hay cosas que escandalizan hasta al más tibio de los tibios…Y uno de ellos, presente en ese corrillo, me lo contó.

Pues esta es la historia.Y así, degenerando, es como hemos llegado hasta aquí.

Desmitifiquemos la Vía Láctea
El Mundo, 31 de octubre de 2005

Tomo prestado el título de este artículo de un poema de mi admirado Mario Benedetti. Me propongo reflexionar en él sobre alguna de las cuestiones de actualidad. Parto de la base de que los españoles somos muy dados a la pasión argumental, y solemos defender nuestras posiciones de forma tan extrema que pareciera que, de triunfar las tesis contrarias, el mundo se hundiría irremediablemente bajo nuestros pies.

Así, temas tales como la Constitución del setenta y ocho, la Transición, el consenso en materias consideradas de Estado, o el modelo autonómico, son utilizados como argumentos para zaherirse permanentemente por la plana mayor de políticos, editorialistas, columnistas y tertulianos varios. Se diría que no cabe en la España mediática de hoy nadie que no tenga posición; nadie que no pertenezca a una familia, a un bando bien identificado. ¡Pobre de aquel que se atreva a reivindicar —y mucho menos a practicar— la heterodoxia! Vivimos malos tiempos para la poesía…

Pero a lo que iba. Releyendo a Benedetti me ha parecido sugerente el título de este poema. He pensado que, si relativizamos los términos, si los desmitificamos, lo mismo conseguimos serenar este ambiente político, irrespirable.Y quizá evitar que se extiendan la confrontación y la tensión al conjunto de la ciudadanía. Voy a probar este método: desdramaticemos. Empezaré por la Constitución española.

A ver, nuestra Constitución está bien, pero tampoco es para tanto, ¿no? Hemos de considerar, como dicen algunos que quieren cambiarla, que ya tiene casi treinta años, que muchas de las nuevas generaciones no pudieron votarla, que España y el mundo han cambiado mucho desde que la aprobamos... ¿Qué hay de malo en modificarla? ¿Acaso no es una ley como otra cualquiera? ¿Acaso es inamovible? ¿A qué viene tanta tragedia? ¿Pasa algo por hacer una nueva? Seguro que encontramos en los países de nuestro entorno ejemplos a seguir... Seguro que si la repasamos con cuidado encontramos un montón de artículos inútiles, inadecuados, trasnochados, manifiestamente mejorables... Así, de momento, no se me ocurre ningún ejemplo, pero seguro que los hay... Es la más joven de las de la vieja Europa a la que tanto nos orgullecemos en pertenecer y a la que tanto nos gusta emular... Y resulta tan moderna y tan progresista que no ha necesitado ninguna adaptación a la Carta Europea de Derechos Fundamentales. Alumbró nuestra convivencia y gracias a ella hemos vivido el periodo más largo de democracia de la historia de España. Instauró la monarquía parlamentaria, que tampoco nos ha dado mal resultado... Sí, todas las leyes se pueden cambiar, pero no hay país serio del mundo que se aventure a cambiar su Constitución con un consenso menor que el que tuvo en su origen. Pensándolo bien, no nos ha ido nada mal con esta Constitución. Voy a pasar a otro tema, porque este no hay manera de desmitificarlo.

Hablemos de los estatutos de autonomía. Menudo revuelo se ha armado porque unos quieren cambiarlos todos y otros dicen que no hace falta ni tocarlos. Yo creo que los estatutos se pueden revisar y modificar con toda tranquilidad, que no hay drama. Tampoco me parece que debamos ponernos tan estrechos respecto del techo competencial de las autonomías y tan conservadores respecto de las competencias que el Estado se reserva para sí en la Constitución. Además, si alguna vez hay que cerrar la cuestión con los nacionalistas, quizá merezca la pena considerar la posibilidad de adelgazar el Estado en beneficio del consenso... Muchas voces, nacionalistas y adheridas, claman cada día una «oportunidad» para resolver el «histórico conflicto». ¿Por qué no damos una oportunidad a quienes así piensan? ¿Por qué y de qué hemos de tener miedo?

Es verdad que la historia reciente nos demuestra que lo que los nacionalistas persiguen en realidad es la instauración de un modelo político que les garantice el poder, institucionalizando una relación con España en la que esta se limite a subvencionar la independencia de las regiones/nacionalidades/naciones en las que ellos gobiernan. El desarrollo del modelo autonómico ha tenido un éxito tal que hoy ya no es una reivindicación de los nacionalistas, sino una forma de gobierno asumida y defendida por el conjunto de la ciudadanía. Esto es lo que deja a los partidos nacionalistas —y adheridos— sin discurso. Por eso abanderan la autodeterminación, o reivindican la nación; porque la autonomía no la discute nadie. Y los nacionalistas necesitan enemigos para su supervivencia. Van a tener razón quienes dicen que sus pretensiones no caben en la España de las autonomías. Además, si cediéramos a sus pretensiones creyendo así integrarlos, ¿a cuántos ciudadanos españoles tendríamos que expulsar del consenso constitucional y estatutario? Menudo negocio ruinoso haríamos: expulsar a la mayoría para incorporar a quienes ni siquiera se reconocen como españoles… Me parece que tampoco voy a poder desmitificar el modelo autonómico actual…

Otro tema motivo de enfrentamiento permanente es la Transición. Hemos pasado de explicarla como ejemplo de madurez democrática en todo el mundo, a revisarla ferozmente. Quizá merezca la pena desapasionarse en su análisis. Seguro que al acometer esa tarea se dejaron muchos cabos sueltos. Seguro que no cerramos todas las heridas de la Guerra Civil, y sobre todo de la posguerra. Seguro que unos fueron más generosos que otros al practicar el espíritu de la reconciliación. Quizá no fuimos justos con la memoria de los que sufrieron muerte y persecución. Quizá el borrón y cuenta nueva dejó rescoldos de resentimiento demasiado vivos. Sí, quizá todo eso sea cierto. Pero no se me ocurre una fórmula mejor, más exitosa, más honesta, más responsable, de transitar desde la dictadura a la democracia que el pacto de reconciliación entre hermanos que supuso la Transición española. Un pacto hecho por quienes fueron testigos y actores de la guerra y de la posguerra. Un pacto defendido y suscrito por los protagonistas del dolor de los últimos cincuenta años. Un pacto hecho mirando hacia el futuro. Un pacto para asegurar que las nuevas generaciones de españoles pudieran vivir en libertad. Treinta años más tarde, cuando podemos constatar el éxito de esa apuesta, ¿es razonable romper con todo ello, negarle su enorme valor? Hoy, que somos una democracia consolidada, que formamos parte de la Unión Europea, que somos un referente para los países de América Latina y para las nuevas democracias de la Unión, ¿vamos a negarnos a nosotros mismos? No, definitivamente, esta cuestión no hay manera de desmitificarla.

Y, por fin, hablemos del consenso. Algunos acusan al PSOE y al Gobierno de haber roto el consenso en cuestiones fundamentales. Es verdad que los dos grandes partidos no se entienden en casi nada, y que eso, aparentemente, no es positivo. Pero también se podría considerar que fueron esas diferencias en cuestiones fundamentales las que llevaron a la victoria al Partido Socialista y a la derrota del Partido Popular. Por tanto, gobernar en coherencia con esas diferencias, ser fiel a la posición de partido sin someterse a la obligación de pactar con el PP podría ser una exigencia del resultado electoral y una demostración de respeto hacia los electores. Desde esta perspectiva, las diferentes posiciones en materia de lucha antiterrorista, política exterior, inmigración y modelo de Estado formarían parte de la lógica democrática. Ese es un argumento de peso. De otro lado, hemos de considerar no exentas de razón las voces que argumentan que el PP se encuentra cómodo en una posición de acoso y derribo al Gobierno en cuestiones básicas para el Estado y sensibles para el conjunto de los españoles, que no quieren pactos en ninguna de ellas.

Pero, aunque aceptáramos ambas explicaciones —un PSOE que se siente obligado a respetar la voluntad de sus electores y un PP embriagado por la necesidad de desgastar al Gobierno—, la conclusión seguiría siendo desoladora. Y el resultado para la convivencia, para la fortaleza de España, para el futuro, completamente negativa. Si miramos en nuestro entorno descubriremos que no hay ni un solo país serio en el que estas cuestiones estén sometidas al debate partidario entre las fuerzas políticas que gobiernan o son alternativa.

Por contra, lo que se observa son ejemplos como el de Alemania, democracia consolidada donde las haya en la que, sin que existan riesgos en lo sustancial, en lo que se suele considerar cuestiones de Estado, los dos grandes partidos políticos han formado una gran coalición para sacar al país del bache económico en el que se encuentra y para dar perspectiva y esperanza a sus ciudadanos. Justo lo que hicimos en España con el pacto constitucional, con la Transición y más recientemente con el Pacto por las Libertades y contra el Terrorismo. Un pacto que logró que los ciudadanos percibieran que la derrota del terrorismo era posible. Que unió a los demócratas y terminó con la impunidad de los terroristas y sus cómplices. Que fortaleció a las instituciones. Que nos hizo recuperar la esperanza. Mientras nadie cuestionó esos grandes pactos, mientras nadie se sintió propietario e intérprete exclusivo de ninguno de ellos, la democracia española fue más fuerte. Y los ciudadanos nos sentimos más seguros, más tranquilos, más identificados con nuestros políticos y con nuestras instituciones. Definitivamente, fueron buenos pactos.

A estas alturas, resulta ya evidente que he fracasado en mi intento de desmitificar las cuestiones que nos enfrentan. Releo lo que he escrito y me doy cuenta de que, aunque solo mantuviera los argumentos que he encontrado para intentar relativizar la importancia de las cuestiones que he abordado, aunque borrara todo lo demás, terminaría como Benedetti en su poema: «Ahora bien, ya que lo he desmitificado a fondo, ¿puedo volver a echarlo de menos?».

Lo más sagrado
ABC, 18 de noviembre de 2005

Hace algunos años, Mario Onaindia publicó un artículo que tituló provocativamente «La Constitución es sagrada». Sostenía Mario que había que interpretar el término sagrado en su sentido antiguo y laico, el mismo que aplicaba aquel gobernante romano que defendía que las leyes reguladoras de lo fundamental para la convivencia entre seres humanos debieran estar protegidas por una suerte de pacto de invio-labilidad. Desde esa perspectiva hay pocos valores democráticos que puedan considerarse sagrados. Pero alguno de ellos, como el derecho a la vida, a la libertad, a la justicia, o el respeto a la memoria y a la dignidad de los seres humanos, lo son.

Me duele escribir este artículo. Pero considero que las declaraciones realizadas por Patxi López, secretario general de mi partido, al diario *Gara*, no respetan alguno de esos valores. Y me siento en la obligación de alzar mi voz contra lo que considero una ofensa a la historia del socialismo vasco.

Proclama Patxi López en la mencionada entrevista que «si todos los vascos nos ponemos de acuerdo, no habrá muros de contención insalvables». No sé si esta declaración es consecuencia de una suerte de analfabetismo funcional o expresa la voluntad del líder del PSE de asumir los postulados ideológicos del nacionalismo. Lo primero sería grave; lo segundo, penoso. En el primer caso, porque desconocer que la democracia está estructurada en base a los muros —leyes—, que se adoptan para poner coto a las reivindicaciones ilegítimas de individuos o colectivos, sería una demostración de ignorancia imperdonable en un dirigente político. Si, por contra, «solo» fuera entreguismo al nacionalismo, resultaría, como dije, lamentable. «¡Tanto trabajo para esto!». Resulta aleccionador que López ni siquiera se tome la molestia de utilizar términos que no sean los ya acuñados por el propietario ideológico e intelectual del medio para el que habla. O por Ibarretxe. Levanto la voz porque a mí no se me olvida que «la voluntad de los vascos» ha sido el grito de guerra utilizado por ETA para asesinar a cientos de ciudadanos inocentes. No se me olvida que en nombre de «la voluntad de los vascos» quiere Ibarretxe excluirnos a quienes no somos nacionalistas. No se me olvida que los asesinos y sus cómplices han sostenido (en solitario hasta hoy) que el terrorismo es producto de un conflicto político que nace precisamente porque no se respeta «la voluntad de los vascos». La verdad y las leyes debieran ser sagradas.

En otro momento de la entrevista, Patxi López se pronuncia en estos términos sobre el Foro de Ermua: «No sabía que el Foro de Ermua había nacido para reclamar la unidad de España con la derecha más reaccionaria». Otra vez Patxi López hace suyos el lenguaje y la filosofía de quien le entrevista. Los verdugos han acuñado hace tiempo ese concepto, hasta el extremo de justificar en base a él algunos atentados perpetrados contra los que consideran «opresores españoles». Olvida López que solo desde una España constitucional unida se puede garantizar la igualdad. Olvida López que la igualdad es una conquista de la civilización y la reivindicación más querida de la izquierda. Olvida López que durante la causa contra los asesinos de Fernando Buesa se probó que hubo un pormenorizado seguimiento de sus movimientos, condición imprescindible para preparar el atentado. Olvida López que se probó que fue fotografiado incluso dentro del Parlamento vasco. Solo alguien acreditado para trabajar profesionalmente dentro de la Cámara vasca pudo hacer esas fotos. Yo no puedo disociar ese recuerdo del hecho de que López haga esas declaraciones en el *Gara*. Yo no me olvido de que el actual presidente del Foro de Ermua se llama Mikel Buesa. Para mí, el derecho a la vida es sagrado.

Por último, Patxi López es interpelado sobre futuros acuerdos de gobierno, incluso con Batasuna: «Democracia es, entre otras cosas, libertad de pactos. Que cada cual lo interprete como quiera…». Otra vez la duda: ¿ignorancia?, ¿complacencia? Es verdad que la democracia es pacto; pero es pacto entre partidos democráticos. Y Batasuna no lo es. En sentencia firme del Supremo del año 2003 se estableció que Batasuna, Euskal Herritarrok y Sozialista Abertzaleak formaban parte del entramado de ETA. Y se ordenó, entre otras cosas, su disolución, que fueran borrados del Registro de Partidos Políticos, que se liquidaran sus cuentas y que se incautaran sus bienes. La gravedad de las pruebas fue tan considerable que al Supremo solo le faltó ordenar, a modo de los gobernantes de la Antigüedad, «quemar su hacienda y echar sal sobre ella para que no volviera a florecer la hierba». Pues con estos es con los que no excluye Patxi López hacer un pacto de gobierno. Yo no me olvido de esa sentencia. No me olvido de las palabras de los dirigentes de Batasuna tras los crímenes de ETA. No me olvido de quien acosa a nuestros concejales. No me olvido de quienes brindan ante nuestros muertos. No me olvido de que Batasuna es ETA. Por eso me produce un inmenso dolor que en nombre de los socialistas vascos se especule siquiera sobre la posibilidad de estrechar esas manos ensangrentadas. La memoria, la justicia y la dignidad son sagradas.

Soy una militante de base y un cargo público del PSOE. En nombre de mi partido y desde sus listas he pedido el voto a los ciudadanos. En nombre de mi partido y también en el mío propio me he comprometido a defender la libertad, a desenmascarar a los cómplices de los terroristas, a derrotar a los verdugos. No he pedido el voto para justificar pacto alguno con ellos. Por eso me siento, desde el más profundo desasosiego, obligada a levantar mi voz. Rechazo los planteamientos del secretario general de mi partido en Euskadi expresados en la mencionada entrevista. Rechazo la idea misma de que no exista tutela democrática alguna sobre la decisión de los vascos. Rechazo que se utilice *Gara* para señalar de forma tendenciosa al Foro de Ermua. Llamarle cómplice de «la derecha más reaccionaria» es una injusticia y una irresponsabilidad no exenta de riesgos para los así calificados. Rechazo radicalmente que se contemple como una opción viable un acuerdo de gobierno entre el Partido Socialista y Batasuna-ETA. «Que cada cual lo interprete como quiera…», reitera López ante la insistencia del periodista. ¿Cómo es posible que a López, que habla en nombre de un partido adalid en la defensa de las libertades, no le repugne el planteamiento mismo? ¿Cómo es posible que no lo rechace de forma tajante? Porque no es solo que esté demostrado el fracaso político de una alianza de gobierno entre socialistas e independentistas practicantes. Es que debiera resultarle moralmente inaceptable consentir que se especule sobre un pacto de gobierno con los que tienen las manos manchadas de sangre. Esto sí que es violar lo más sagrado.

Ignoro si quienes desde la dirección del PSOE no han encontrado en las palabras de Patxi López ningún elemento reprobable considerarán necesario desautorizar las mías. Pero asumo ese riesgo, porque callarme ante hechos que considero graves me parecería impropio de una socialista que aprendió de su padre —y de muchos dirigentes y compañeros del PSOE— que la libertad es sagrada. La de expresión también. Quiero seguir teniendo mi conciencia en paz. Quiero poder mirar a los ojos a las personas a las que respeto, a las que de verdad saben lo que es sufrir. A las que han demostrado siempre tener más dignidad que miedo. Quiero mirar, por ejemplo, a Pilar Ruiz. Y no sentirme aludida por sus palabras de denuncia. Como aquellas que le dirigió a Patxi López recordando a su hijo muerto, Joseba Pagazaurtundúa, y apelando a las promesas incumplidas: «Harás y dirás más cosas que me helarán la sangre, llamando a las cosas por los nombres que no son…». Palabras proféticas, Pilar. Están dilapidando lo más sagrado. Pero aún nos queda la palabra, la palabra en la plaza pública, que eso es la política. Quizá a través de la palabra consigamos que despierten algunas conciencias. Las de aquellos que deben, y pueden aún, frenar esta deriva. De no ser así, solo nos quedará el dolor. Y un sentimiento de profunda desolación e infinita vergüenza.

Carta abierta al presidente del Gobierno
El Mundo, 20 de febrero de 2006

Querido presidente:

Te escribo esta carta abierta porque voy a hablarte de un asunto que tiene alcance público y porque su contenido es plenamente político. Espero que sigas compartiendo conmigo la opinión de que la política ha de desarrollarse en la plaza pública.

Quiero llamar tu atención sobre la entrevista realizada el pasado domingo día 5 de febrero en el diario *Gara* a José Antonio Pastor, secretario general del Partido Socialista de Euskadi en Vizcaya y portavoz del PSE en el Parlamento vasco.

La gravedad de algunas de las aseveraciones realizadas por este dirigente del PSE, la incompatibilidad de su posición con el compromiso que has reiterado para con las víctimas del terrorismo y su memoria, y tu silencio al respecto, me hacen pensar que no conoces el contenido de la entrevista. Solo a modo de ejemplo quiero destacarte uno de sus párrafos:

Pregunta. El Comité Nacional de este sábado abordaba que si va a haber medidas de flexibilización en la situación de los presos, que se consulte con las víctimas…

Respuesta. Es una reflexión que aparece en uno de los documentos de trabajo. La situación política vasca tiene dos momentos importantes: el momento en el que se puede iniciar el proceso de paz, pero evidentemente hay un día después. Y ese día después, ese proceso de reconciliación que no va a ser fácil, necesita del concurso de las más de mil víctimas del terrorismo y necesita también de ejercicios de generosidad y de flexibilidad por parte de todos.

Hay que atender el criterio de las víctimas, que básicamente piden que se les reconozca el daño causado y se les pida perdón; pero, por otra parte, también hay que pedirles una cierta dosis de generosidad a ambos sectores que, si se quiere, los personalizamos en las víctimas y en los presos de la banda terrorista ETA que, de una forma u otra, en función de las circunstancias de cada uno y a lo largo del tiempo, deberán ir reintegrándose con cierta normalidad a la vida política.

Claro, es muy difícil conjugar dos mundos que han estado tan apartados y en el que unos han sido víctimas y otros básicamente verdugos, y eso va a exigir muchas dosis de diplomacia, generosidad, mano izquierda y sentido común. Es cierto que a las víctimas hay que escucharlas y tenerlas en cuenta a la hora de aplicar estas políticas, pero no pueden convertirse en un agente político activo en un proceso de paz; no lo han sido en ningún proceso del mundo.

Creo, presidente, que no es preciso hacerte ningún comentario adicional. No necesito expresarte hasta qué punto me resulta descorazonador que esas palabras salgan de la boca de un dirigente del Partido Socialista, de mi partido, de un partido en el que milito desde que era una cría, en el que militaron mis padres antes que yo, de un partido que ha sido todo en la defensa de las libertades.

No necesito explicarte que me siento también profundamente desolada porque creo que esas palabras ofenden a la inmensa mayoría de nuestros militantes, de nuestros votantes, de la buena gente de toda

España a la que representamos precisamente para hacer cumplir las leyes, para defender tanto la justicia y la igualdad como la memoria y la dignidad de aquellos a los que el terrorismo quitó la vida, de todos aquellos que nacieron huérfanos como consecuencia del fanatismo de ETA. Y también para lograr la libertad de todos aquellos que aún hoy viven sometidos al terror y la extorsión.

Verás, presidente, este no es un debate teórico o táctico. No estamos, a mi juicio, ante una cuestión de las opinables, de esas que pueden discutirse desde un punto de vista más o menos emocional o más o menos pragmático.

Que un dirigente de mi partido haga un discurso en el que se equipara a las víctimas con los verdugos, que se piense —y se diga hablando de ellos— que son «dos mundos que han estado tan apartados», como si lo hubieran estado por una decisión tomada voluntariamente por cada uno de ellos, como si ambos —víctimas y verdugos— fueran igualmente responsables de la situación en la que se encuentran, como si las víctimas hubieran llegado a serlo por un problema de incompatibilidad política, de mala suerte o de una jugarreta del destino, es algo que me resulta imposible de entender e imposible de aceptar.

Declarar, como hace Pastor, que en esos dos mundos unos «han sido víctimas y otros básicamente verdugos» es directamente una infamia; negarles a las víctimas su capacidad para ser agentes políticos, a la vez que se reconoce a los verdugos su derecho a reintegrarse en la vida política, requiere una dosis de irresponsabilidad o de falta de lógica democrática difícilmente superables.

Presidente, yo te he oído muchas veces comprometerte a mantener viva la memoria de las víctimas, a defender la justicia y la verdad. Es más; he visto con qué ahínco defiendes la recuperación de la memoria de las víctimas de la Guerra Civil, la memoria de aquellos a los que la historia oficial convirtió en transparentes. No me cabe en la cabeza, no me puedo creer, que compartas esta reflexión de los actuales dirigentes del Partido Socialista de Euskadi.

Tú y yo hemos tenido complicidad política en muchas cuestiones fundamentales. Tú sabes que he apoyado y defendido ante dirigentes del

PSE decisiones estratégicas que tomaste cuando eras el líder de la oposición, tales como el Pacto por las Libertades y contra el Terrorismo o la Ley de Partidos. Yo no creo, no puedo ni quiero creer, que tu posición al respecto haya cambiado hasta el extremo de que te pueda parecer poco importante la cuestión sobre la que hoy llamo tu atención.

Presidente, no te hablaría de esta cuestión si pensara que la entrevista constituye un hecho aislado. No es así. Se suma a otros acontecimientos recientes que muestran que hay una reflexión de fondo en el Partido Socialista de Euskadi que les lleva a procurar maquillar la historia.

Eso explica su empeño en pervertir el lenguaje: dado que ya no es posible hacer invisibles a las víctimas han decidido hacer invisibles a los verdugos. Por eso en el documento discutido por el último Comité Nacional se denomina a los asesinos como «aquellos que la justicia determinó que eran los asesinos», mientras que las víctimas pasan a ser «quienes tienen la consideración de víctimas». Y en esa misma lógica de relativismo absoluto se enmarca la entrevista de Patxi López en *Gara* en la que no negaba la posibilidad de un futuro acuerdo de gobierno con Batasuna.

Hay cosas, querido José Luis, que no pueden estar sometidas al relativismo o a la coyuntura. Algunas cosas debieran, como diría Mario Onaindia, «ser sagradas también para los laicos». Entre ellas, la verdad, la memoria y el honor de las víctimas. No es aceptable tanto relativismo, tal falta de piedad hacia la gente que ha sufrido la persecución o los zarpazos del terror. No es moralmente aceptable. Y es la peor herencia que podemos dejar a nuestros hijos. No lo debes tolerar.

Te pido disculpas si esta carta abierta te causa alguna incomodidad. Habrá quien piense que diciendo en público estas cosas se hace daño al Partido Socialista. Yo creo que a nuestro partido se le hace daño, se le traiciona, si nos callamos ante la falta de pudor de alguno de nuestros dirigentes. Confío en que tú lo entenderás también así. Recibe, como siempre, un fuerte abrazo. Y toda mi consideración.

Postdata. Escribí esta carta hace ya más de una semana. Después pensé que quizá fuera excesivo apelar públicamente al presidente del

Gobierno. La guardé. Hoy he leído que un grupo de parlamentarias del PSE, con conocimiento de la dirección del partido, negocia con Batasuna un documento sobre eso que se ha dado en llamar «el proceso de paz».

Por si fuera poco grave que el PSE negocie con una organización terrorista cuestiones políticas —cosa que siempre se ha negado desde el Ejecutivo que presides—, en el texto conocido se afirma que: «Todos los proyectos políticos se pueden y se deben defender sin que se imponga ninguno, buscando un escenario democrático que garantice su desarrollo».

Traduzcamos, presidente: si hemos de buscar un escenario democrático que garantice el desarrollo de todos los proyectos políticos es que ahora no existe ese marco político. O sea, que no hay democracia. O sea, a una parte de las opciones políticas vascas se les ha negado su derecho a estar presentes en la vida política. O sea, hay que cambiar las instituciones democráticas porque así lo pide ETA. O sea, hay que aceptar que ETA tenía sus razones para matar…

Al tener conocimiento de este hecho he comprendido, presidente, que, si nosotros callamos, los que defienden la ignominia y la rendición desde las filas de nuestro propio partido seguirán avanzando. Por eso he decidido finalmente enviarte esta carta.

Presidente, durante treinta años de nuestra vida, ante cada muerto, ante cada viuda, ante cada madre, nos hemos prometido memoria, dignidad y justicia. Presidente, quiero que sepas que vamos a cumplir nuestra palabra. No vamos a estar callados. No vamos a permitir, sin hacer oír nuestra voz, que se construya un escenario en el que nuestros propios compañeros traicionen lo más sagrado. No nos han matado para esto. No nos han perseguido para esto. Tenemos hijos, presidente. Durante toda su infancia hemos tenido que quitarles, día a día, el miedo. No vamos a permitir que en ellos se repita nuestra historia. Por eso, no nos vamos a callar.

Presidente, hay cosas que solo tú puedes hacer. O evitar que se hagan. Creo que ha llegado el tiempo de decírtelo.

Las sonrisas de los verdugos
El Mundo, 13 de junio de 2005

Hace unos días, el Parlamento Europeo aprobó un informe de iniciativa, del que yo misma soy ponente, en el que se recomendaban nuevas medidas de lucha contra el terrorismo. Esta resolución, respaldada por la práctica unanimidad de la Cámara, expresa por primera vez un reconocimiento institucional europeo a las víctimas del terrorismo, a su memoria y al papel que deben jugar en la definición de las políticas futuras de la Unión. Las víctimas dejan de ser así un colectivo al que baste con prestar ayuda y rendir homenaje para constituirse en «un referente para la democracia», considerando que «los poderes públicos tendrán que escuchar su voz y garantizar que [las víctimas] sean tenidas en cuenta, allí donde se tomen las decisiones para combatir a aquellos que las hicieron protagonistas a su pesar». Desde la perspectiva europea, esta es una declaración de gran envergadura política, que se completa al instituirse una Unidad Europea, bajo la responsabilidad y competencia directa del coordinador europeo de lucha contra el terrorismo, que será «un punto de referencia de la política europea en esta materia y tendrá por objeto acoger, escuchar, informar y asistir a las víctimas… teniendo la obligación, tanto la Comisión Europea como el coordinador, de dar cuenta anualmente al Parlamento sobre el desarrollo de sus actividades».

El Parlamento Europeo, a través de estas resoluciones y de estas recomendaciones al Consejo y a la Comisión, ha confirmado su convicción de que derrotar al terrorismo requiere, además de una política europea común, mantener vivo en la memoria, en el corazón y en la acción política el recuerdo de las víctimas. Al institucionalizar el papel de las víctimas del terrorismo, el Parlamento se ha comprometido a luchar para que el recuerdo efectivo de las víctimas haga imposible una sociedad como la que los terroristas han perseguido con sus crímenes.

Contemplando las fotografías de los secuestradores de Ortega Lara, juzgados en la Audiencia Nacional, no he podido dejar de preguntarme qué pensarían los colegas del Parlamento Europeo que hace unos días apoyaron mi propuesta si hubiesen visto cómo los terroristas de ETA se reían mientras un asustado Ortega Lara se ocultaba detrás de un biombo para hacer su declaración. Me he preguntado si en cualquier otro Estado de la Unión Europea hubiera sido posible que se produjera una imagen como esa. Una imagen que me ha traído a la memoria las memorables escenas de los juicios de Núremberg. Aquellas en las que los criminales nazis ensoberbecidos, inconscientes aún del juicio de la historia, atemorizaban una vez más a sus víctimas, a las que seguían trasladando la responsabilidad de sus crímenes. Me he acordado de una mujer judía, que contaba su historia de persecución y sufrimiento e identificaba al culpable de los crímenes, mientras el abogado de la defensa trataba de inculparla a ella misma por el hecho de ser judía. He recordado la sonrisa del nazi asesino. He recordado la pasividad de los jueces. He recordado el terror en el rostro de la víctima. He recordado las palabras, por fin, del juez: «Por Dios, ¿es que vamos a volver a empezar?».

No, no creo que una imagen similar fuera posible en cualquiera de las democracias de nuestro entorno. No, no creo que sea soportable aceptar, sin escandalizarnos y obrar en consecuencia, que los verdugos se rían ante las cámaras cuando les están juzgando por un crimen tan execrable; no, no creo que sea soportable que la víctima tenga que declarar oculta tras un biombo. Oculto de las miradas de la prensa y protegido de las miradas de sus torturadores. No, no creo que sea normal que los terroristas estén ensoberbecidos y exultantes y las víctimas estén apesadumbradas y acobardadas. No, no creo que una sociedad pueda considerarse normal cuando no reacciona de forma drástica ante espectáculos tan poco edificantes desde el punto de vista democrático como el que hemos contemplado.

Me pregunto qué es lo que estamos haciendo mal para que, tras tantos años de sufrimiento y resistencia, quienes debieran estar hoy pidiendo perdón por sus crímenes hayan recuperado la esperanza. Me pregunto qué es lo que estamos haciendo mal para que, cuando ya ellos mismos empezaban a tener conciencia de su derrota —recuérdense las cartas desde la cárcel de Pakito y compañía—, hayan recuperado la iniciativa, estén ocupando de nuevo las calles y se atrevan a insultarnos con sus sonrisas. Me pregunto qué es lo que estamos haciendo mal para que, tras largos años construyendo complicidades entre demócratas, organizando movimientos cívicos de resistencia ante el fascismo y ante el nacionalismo obligatorio, llevemos unos meses preocupándonos solo de pelearnos entre nosotros, de encontrar responsables entre las víctimas y entre los integrantes de los movimientos cívicos, buscando culpables entre los partidos políticos democráticos, entre aquellos que con el Pacto por las Libertades y contra el Terrorismo demostraron que la derrota de ETA no solo era necesaria, sino que era posible.

Estamos viviendo en España una situación en la que se hace muy complicado mantener la libertad de pensamiento y de expresión. La política está tan enquistada que, si uno quiere mantenerse a salvo, solo cabe elegir la secta y mostrar adhesión inquebrantable. Cualquier expresión pública que se aparte del dogma es tachada inmediatamente como alta traición. No hay matices. No sirve mostrar el acuerdo al 90 por ciento. No; solo cabe la adhesión o el silencio. Quizá eso explique por qué nadie se pregunta en voz alta cómo hemos llegado a una situación en la que los verdugos se mofan de la justicia y humillan a la víctima de una forma tan deleznable. Quizá nadie se atreve a hacerlo por miedo a que se interprete como una crítica al Gobierno o como una confirmación de las acusaciones de la oposición. Así, prisioneros entre lo que dicen Gobierno y oposición, con miedo a que nuestras palabras puedan ser mal entendidas o utilizadas por el adversario político, nadie advierte sobre la gravedad de los hechos. Yo creo que una sociedad que permite que Ortega Lara, un hombre secuestrado casi hasta la muerte, declare aterrorizado y escondido tras una mampara, mientras sus torturadores parecen hacer planes sobre su futuro y sonríen ante las cámaras, es una sociedad enferma sin remedio.

A una sociedad así no la salvan ni las apelaciones a la solidaridad con las víctimas, ni las manifestaciones multitudinarias, ni los presupuestos extraordinarios de ayuda a las víctimas, ni las soflamas en los mítines diarios por parte de quienes dicen sentirse plenamente identificados con ellas. A una sociedad así solo puede salvarla de su letargo y de su falta de cuajo democrático la recuperación del consenso entre el Partido Socialista y el Partido Popular, la certificación del compromiso de combatir a ETA hasta derrotarla, o sea, la revitalización del Pacto por las Libertades y contra el Terrorismo; la reparación del daño causado entre y dentro de los movimientos cívicos democráticos; la recuperación de las complicidades entre quienes llevamos años luchando, desde distintos postulados ideológicos, por recuperar la libertad y mantener viva la memoria. De esta crisis solo podemos salvarnos si todos los que hemos sentido vergüenza a la vista de las imágenes de los torturadores de Ortega Lara nos olvidamos de «nuestras razones», y recordamos la razón y la verdad de las víctimas.

Empecé este artículo recordando una resolución del Parlamento Europeo. Es una resolución que parte de la base de que al terrorismo se le puede vencer, y que las instituciones democráticas tienen la obligación de movilizar todos los instrumentos del Estado de derecho para conseguir esa derrota. Derrotar al terrorismo requiere combatir la impunidad y deslegitimar de forma radical y absoluta a los terroristas y sus actos. Derrotar al terrorismo requiere estar convencidos de la supremacía de la democracia. Derrotar al terrorismo requiere estar firmemente comprometidos a que la democracia nunca se declare en tregua. Por eso, en una sociedad que tiene asumido que va a derrotar al terrorismo, las víctimas se sienten acompañadas y serenas en los juicios; y los verdugos se muestran preocupados por su futuro, porque saben que el Estado de derecho será implacablemente justo y tendrán que pagar por el daño que causaron. En una sociedad comprometida con la derrota del terrorismo, escenas como la que estamos comentando nunca podrán producirse. En una sociedad que sabe que va a derrotar al terrorismo, hubiéramos visto la cara de Ortega Lara, en ella habría dolor; pero seguro que no habría miedo.

Me parece que ya va siendo hora de que recuperemos la iniciativa. Me parece que va siendo hora de que Pototo y compañía reciban con nitidez el mensaje de que, a partir de ahora, si quieren reírse, van a tener que hacerlo detrás de las rejas de la cárcel. Cada día y desde distintos ámbitos se afirma que ETA está más débil que nunca. Pues a ver si obramos en consecuencia, y hacemos que los terroristas se enteren. Porque yo tengo la impresión de que ellos aún no son conscientes del destino que les espera. Y, lo que es más doloroso, Ortega Lara, tampoco.

Entre Chamberlain y Churchill
El Mundo, 10 de octubre de 2006

Una vez que el PSOE y el Gobierno han cedido la mayor —negociar fuera del Parlamento el futuro institucional de Euskadi—, nada puede sorprendernos. Iniciado ese camino todo está fuera del control democrático. La victoria política de ETA será palpable el día que se constituya una mesa extraparlamentaria que tendrá como objetivo diseñar un nuevo marco jurídico para el País Vasco y, por tanto, para España. Los terroristas conseguirán entonces lo que llevan persiguiendo desde que asesinan contra la democracia: que la democracia misma asuma el principio de falta de legitimidad de las instituciones que surgieron de la Constitución y del Estatuto de Guernica.

Para ETA —y para el nacionalismo institucional que desde dentro de las propias instituciones ha cuestionado su legitimidad—, este paso es capital. Si el Estado, a través de sus representantes, reconoce la falta de legitimidad de las instituciones —y constituir una mesa extraparlamentaria para debatir sobre las cuestiones políticas que han de sustanciarse en el Parlamento es un reconocimiento en toda regla—, estará legitimando la historia de la banda terrorista.

ETA ya ha buscado en ocasiones anteriores la constitución de esa mesa extraparlamentaria para debatir de política fuera de las instituciones a las que no reconoce legitimidad democrática. Ningún Gobierno de los anteriores había aceptado la premisa. En Argel también se le exigió al Gobierno de González y los representantes del Ejecutivo les dijeron tajantemente que no. Pero ETA insiste porque para ellos resulta vital: la aceptación de la mesa por parte de los poderes del Estado español es la legitimación de su historia; supone para ETA la garantía de que los asesinos pasarán a la historia como héroes. Y las víctimas serán inocentes paganos de un conflicto político que la democracia no supo resolver a tiempo, pero de cuyo dolor los luchadores vascos no tienen ninguna responsabilidad.

Por eso digo que una vez que se ha cedido ante la pretensión mayor, a nadie le debe sorprender que el PSOE y el Gobierno estén ya discutiendo con los terroristas cómo abordar el asunto de la autodeterminación. Porque si se acepta que las instituciones parlamentarias no son las legítimas para discutir sobre el futuro de Euskadi es porque se acepta la premisa de que aquí existe un pueblo invadido, oprimido, que tiene derecho a liberarse de la invasión. Y eso es, según la doctrina de Naciones Unidas, el derecho a la autodeterminación.

La situación ha entrado en una deriva de la que ya nadie sabe cuál será la siguiente cesión democrática. Parece indiscutible que el PSOE no puede levantarse de la mesa a la que se ha sentado con ETA sin pagar un enorme precio político y reconocer su fracaso. Y Zapatero no estará nunca dispuesto a hacerlo. Una vez que se ha sentado, no se levantará. Él no va a romper. Por eso el camino que se está recorriendo es el de la cesión. Desde el tratamiento a Batasuna —ETA—, a quien se ha legalizado *de facto* al reconocerla como interlocutor político imprescindible, hasta la internacionalización del conflicto, convirtiendo a la banda en agente político ante la Cámara de Estrasburgo, a donde los socialistas llevarán el proceso de paz buscando el aval de Europa.

En el mismo momento que alguien pronuncie en esa Cámara las palabras proceso de paz habrá colocado a ETA como un agente homologado al Gobierno de España, con el que este negocia el futuro político de los españoles. Porque allí no se va a debatir sobre cómo derrotar al terrorismo; allí se va a pedir apoyo para que Zapatero siga negociando con ETA. Y los europeos saben bien que una cosa es derrotar al totalitarismo y otra dialogar con él. Saben bien la diferencia que hay entre Chamberlain y Churchill. El primero negoció con Hitler, y trajo la ignominia y la muerte para los europeos. El segundo se arriesgó a derrotar al totalitarismo. No se conformó con la paz de los Sudetes. Y ganó la libertad para todos. Los parlamentarios europeos entienden bien que Zapatero está llevando a cabo la estrategia de Chamberlain. Y ETA también lo entiende así.

Hemos leído estos días en distintos medios de comunicación que el PNV y el PSE buscan un acuerdo para plantear de forma común el tema de la autodeterminación en la mesa de partidos. Se da por seguro que ambas formaciones acudirán a esa mesa con un acuerdo sobre este derecho, que podría concretarse en una definición ambigua del mismo y el compromiso de los nacionalistas de no ejercerlo. Si no fuera dramático, sería cómico pensar que puede aún haber socialistas que confíen en la palabra del PNV. O que no sean capaces de comprender que aceptado el derecho ya se ha perdido toda la legitimidad para no aceptar su aplicación. Pero, en fin, presos de la mesa, de sus conversaciones, de sus compromisos, de su incapacidad para levantarse, los emisarios de la Moncloa parecen querer resolver la cuestión tal y como lo hicieron en el Estatuto de Cataluña al incorporar el término «nación» en su preámbulo y de aquella manera. No parecen comprender que ETA no es Ezquerra Republicana; ni Ternera o Txeroki son Carod-Rovira o Puigcercós. Es como si estuvieran presos de sí mismos, como si solo aspiraran a ganar tiempo.

Soy un espíritu positivo. No me queda otro remedio. Por eso no renunciaré hasta el final a tratar de convencer a los míos de lo errado de su estrategia. Por eso sigo insistiendo con argumentos. Y con el recuerdo de otras voces más autorizadas que la mía. Voces que he de sacar de la hemeroteca, porque ETA les quitó la vida y hoy no pueden pronunciarse. Tampoco busco apropiarme de su pensamiento. Pero sí quiero transcribir las palabras de Fernando Buesa en el Parlamento vasco durante el debate sobre la autodeterminación el 15 de febrero de 1990. Por si alguien aún es capaz de leer. Y de comprender y actuar en consecuencia:

> Los socialistas vascos nos oponemos al planteamiento mismo de la auto-determinación como derecho que deba ser proclamado para ser ejercitado por el pueblo vasco. Por eso no vamos a entrar en consideraciones sobre las distintas propuestas…, es la autodeterminación misma la que rechazamos, sea cual sea el contenido que se nos quiera proponer. (…)
>
> Y precisamente ahondando en los conceptos de libertad y democracia, encontramos los socialistas argumentos bastantes para rechazar de plano las

pretensiones autodeterministas que hoy se nos plantean. Porque libertad y democracia no son términos que se refieran únicamente a la capacidad o posibilidad de adoptar decisiones políticas individual o colectivamente con libertad; se refieren también al compromiso que se asume con las decisiones libremente adoptadas, a la responsabilidad inherente en todo compromiso político libremente adoptado de preservar la decisión y mantenerla con lealtad. (…)

Los ciudadanos de la Comunidad Autónoma del País Vasco, como integrantes del conjunto del pueblo español, hemos afirmado nuestro legítimo sistema de convivencia cuando, al establecer la democracia, nos hemos dado una Constitución y un Estatuto de Autonomía. (…) Los socialistas vascos defendemos la autonomía vasca, porque esa es, y no otra, la vía que queremos para el futuro de nuestro pueblo. Decimos hoy y diremos mañana sí al Estatuto para autogobernarnos, y siempre con fidelidad hacia el Estado democrático y autonómico que es España. (…)

A nadie le negaremos el derecho a opinar como quiera y a proponer los cambios legítimos que desee. Pero eso, también lo diremos con claridad, debe hacerse dentro del orden constitucional y utilizando las vías legales para ello. Y por eso en nuestra denuncia de las propuestas de autodeterminación hay un punto central, que es aquel que critica la afirmación de que el pueblo vasco es el titular del derecho a la libre determinación.

Mal servicio [el debate], porque ni siquiera podrá sostenerse, como algunos han pretendido, que con él se arrebate la bandera a quienes en Euskadi reivindican la autodeterminación en las calles como forma de expresar su apoyo a ETA y a la causa que sostiene con violencia y sin esperanza. ¿Creen ustedes que han venido [Herri Batasuna] para quedarse, para trabajar democráticamente? No, señores, no. Herri Batasuna ha venido aquí para pescar a río revuelto ganancias y apoyos para la causa de ETA.

Las palabras de Fernando Buesa no pueden ser de mayor actualidad. No es posible decir las cosas con mayor rigor, con mayor precisión, con mayor sentido político y de la responsabilidad. Ojalá sus palabras lleguen a quien tiene en su mano la posibilidad de cambiar el rumbo de las cosas. A los constitucionalistas vascos siempre nos gustó más la estrategia seguida por Churchill. Por eso seguimos reivindicando el Pacto por las Libertades y contra el Terrorismo. Porque queremos derrotar al terror. Y sabemos que solo así, desde la ambición por la libertad y desde el acuerdo entre el PSOE y el PP, podremos lograrlo.

Aquelarre nacionalista en Estrasburgo
ABC, 25 de octubre de 2006

Hoy, aniversario de la aprobación del Estatuto de Autonomía de Gernika, ETA se convierte en el Parlamento Europeo en un agente del proceso de paz en España. Ese es el título del punto del orden del día cuyo debate se inicia a las nueve de la mañana: proceso de paz en España.

En el Parlamento Europeo hemos debatido muchas veces sobre ETA. El PSOE —siempre de común acuerdo con el Partido Popular— ha pedido en las instancias europeas una mayor implicación de las instituciones de la Unión en la lucha contra el terrorismo. Las consecuencia de ese trabajo conjunto de los dos partidos políticos españoles que suscribieron el Pacto por las Libertades y contra el Terrorismo han sido medidas de lucha contra el terrorismo tan eficaces como la inclusión de ETA y Batasuna en la lista europea de organizaciones terroristas, la orden de detención y entrega de terroristas, la definición común del delito de terrorismo, una mayor cooperación policial y judicial en Europol y Eurojust, las medidas de retención de datos telefónicos y de internet, las normas europeas contra el blanqueo de dinero…

Pero lo que se debate hoy en el Parlamento Europeo nada tiene que ver con eso. Lo que viene a debate, impulsado por el Partido Socialista Obrero Español, es el proceso de paz en España, la «solución dialogada» con ETA. El portavoz español del PSOE en el Parlamento Europeo lo confirmó al afirmar hace unos días que el debate tenía como objetivo «ayudar a un proceso de superación de la violencia». La superación de la violencia no es la derrota del terrorismo. El final dialogado no es la derrota del terrorismo. Por eso estoy en contra del debate mismo; por eso me parece una irresponsabilidad plantear así, aquí y ahora, este debate.

Sé por qué quieren el debate los terroristas. Ellos no reconocen la legitimidad de las instituciones españolas que dimanan de la Constitución del setenta y ocho. Por eso no reconocen la legitimidad del Parlamento español ni del Parlamento vasco. Por eso en España quieren que el futuro marco político y jurídico del País Vasco se debata en una mesa extraparlamentaria. A nivel internacional actúan igual. Coherentemente con su discurso de rechazo de la democracia española, en su afán de difundir fuera de nuestras fronteras la idea de que sus actos de terror son consecuencia de su lucha contra un poder impuesto y no democrático, han buscado siempre foros internacionales en los que plantear sus causas. Quisieran hacerlo en la ONU; pero, de momento, no han llegado tan lejos. Pero hoy han llegado —de la mano de los socialistas españoles— al Parlamento Europeo.

También sé por qué quieren este debate los nacionalistas. Ellos siempre han querido «justificar» las causas de los terroristas. Los nacionalistas institucionales siempre han pretendido deslegitimar en toda Europa las instituciones democráticas desde las que ellos mismos gobernaban. Siempre han difundido la mentira de que la Constitución no fue aprobada en el País Vasco. Los nacionalistas no violentos siempre han defendido el origen político del «conflicto», porque siempre han sacado ventaja de la existencia de ETA y no renuncian a sacar ventaja de su posible desaparición.

Pero ignoro qué ventajas políticas espera sacar el PSOE de este debate. Ni siquiera en términos partidistas, en el corto plazo —y mira que sería triste que todo esto fuera solo para eso— le encuentro ninguna ventaja. Porque, hoy por hoy, ante los españoles todos, el Gobierno de Zapatero y el PSOE tenían el apoyo de Europa a su política en esta materia. Ahí están las declaraciones de Chirac, de Blair, de la presidencia de la Comisión Europea, del Consejo… ¿A qué viene querer contar ahora en el Parlamento Europeo a los que están en contra? ¿Qué gana el PSOE con ello?

Pero mucho más que lo que pueda ganar o perder el PSOE con este debate me importa lo que pierda España. Ni el PSOE, ni el Gobierno, han explicado en qué puede contribuir a debilitar a ETA la realización de este debate. Y no lo han explicado porque saben que ETA y sus aliados no pierden nada con él. Y denunciarlo no es hacer de altavoz de las posiciones de los malos; es sencillamente llamar la atención sobre la inutilidad y el riesgo que corremos los buenos. Sin necesidad de insistir en que la decisión de promover este debate favorece la estrategia de ETA de «internacionalizar el conflicto» —lo cual es a mi juicio lo más grave—, resulta para todos evidente que la democracia española se fragiliza cuando en el Parlamento Europeo aparecen divididas las dos grandes fuerzas políticas españolas, las dos únicas que pueden formar gobierno. Ningún partido gobernante en ningún país de nuestro entorno hubiera tomado la decisión de traer al Parlamento Europeo, sin consenso interno previo, un debate sobre un tema de Estado. Sobre todo porque esta no es una cuestión sobre la que un Gobierno legítimo —como lo es el nuestro— necesite apoyos testimoniales, que es el único que aquí se le puede brindar.

¿Por qué entonces traer aquí, así y ahora, este debate? Si el Gobierno de España necesitara apoyo político para proseguir con el proceso puesto en marcha o para dar nuevos pasos, es en el Congreso de los Diputados donde debe suscitar el debate y recabar el apoyo. Son las Cortes españolas las que ejercen la tarea de controlar o impulsar la acción del Ejecutivo. Traer este debate al Parlamento Europeo, que no tiene la competencia de control de ninguno de los Gobiernos comunitarios en esta materia, solo servirá para convertir a ETA en un agente del proceso ante los eurodiputados y ante la opinión pública europea.

Por eso sostengo que debatir en el Parlamento Europeo sobre el «proceso de paz» iniciado entre ETA y el Gobierno de España es un error político de consecuencias impredecibles. Convierte a ETA en agente político, en «negociador» de la paz con el Gobierno democrático de todos los españoles. Y supone un retroceso en todo un trabajo de pedagogía democrática, llevado a cabo durante años con el objetivo de que ETA dejara de ser percibida fuera de nuestras fronteras como un grupo «independentista» o «defensor de los derechos del pueblo vasco».

Sea cual fuere la resolución que se apruebe, al día siguiente nadie se acordará de ella. Pero todos se acordarán de la división existente entre españoles —y desde hoy entre europeos— y de que un Estado miembro quiso debatir en un Parlamento sin competencias lo que renunció a hacer —curiosamente con el argumento de evitar que se visualizara la división— en el Parlamento español. El conflicto político entre los demócratas españoles, expuesto aquí con todo lujo de detalles, dará visos de credibilidad al discurso de los terroristas y de sus socios y voceros. ETA será percibida como el agente de la paz y quienes están en contra del «proceso» serán los «obstáculos». ¡Qué horror!

ETA ha tenido a lo largo de su historia sumo cuidado en el diseño y la divulgación de sus mensajes políticos. La división entre los demócratas españoles, reflejada con toda crudeza en el Parlamento Europeo, es su gran triunfo. El debate lo ha propuesto el PSOE; y lo ha hecho sin buscar el acuerdo del PP. Más bien parece que lo ha hecho para buscar el desacuerdo, como se deduce de las declaraciones iniciales de sus líderes, aquellas en las que no se explicaba que ganábamos frente a ETA, pero se ponía el énfasis en que el PP español iba a ser «doblemente derrotado». Por eso, a quienes lo han propuesto les corresponde asumir su responsabilidad.

Si se hubiera buscado un debate para fragilizar las posiciones de ETA y reforzar las de los demócratas, nunca se hubieran hecho las cosas de esta manera. Más allá de la conveniencia de traer a esta Cámara el debate sobre un proceso cuyo devenir es aún incierto para recabar un apoyo testimonial perfectamente prescindible, la forma en que el debate se ha gestado hace imposible que lo que salga de aquí sea positivo. Al Parlamento Europeo se le podría haber pedido una declaración de apoyo a las instituciones democráticas españolas, a las víctimas del terrorismo como referentes de la democracia, al marco constitucional. Al Parlamento Europeo se le podría haber pedido un reforzamiento de su posición de solidaridad con España para derrotar al terrorismo. Pero no estamos ante eso; estamos ante un debate sobre el proceso de paz en España del que ETA sale convertida en interlocutora del Gobierno de España para la paz. Difícil que los parlamentarios lleguen a la conclusión de que les estamos pidiendo ayuda para utilizar todos los instrumentos de la democracia europea para derrotarla.

Debatir en Estrasburgo sobre el proceso de paz tiene aquí y allá, en España, muchos partidarios. Más o menos los mismos que quieren formar una mesa de partidos extraparlamentaria para decidir en ella el futuro de Euskadi. Más o menos los mismos que se han opuesto históricamente a todas las decisiones que hemos adoptado en España y en Europa para combatir y derrotar al terrorismo y a sus entornos legitimatorios. De la misma manera que sostengo que la constitución de la mesa extraparlamentaria es la cesión, insisto en que el debate aquí, así y ahora, es la cesión. Lo de menos es lo que se vote o cuál de las propuestas logre mayor apoyo. El debate es lo que rechazo. De fondo y de forma.

Me produce un profundo dolor observar cómo se rompe el consenso en Europa en esta materia. Hubiera querido que el debate no se celebrara. Pero el debate se hará. Y actuaré de forma coherente con la posición política que llevo días explicando. Y con mi compromiso ante los ciudadanos. Y obraré en conciencia. Aunque fuera cierto lo que me cuentan que dicen algunos de la dirección del PSOE: que me expulsarán si no apoyo la resolución presentada por el Partido Socialista. No lo haré. No votaré ninguna resolución. No participaré en una votación que nos divide a los demócratas españoles. No participaré en una votación en la que los socialistas, para conseguir que el Gobierno de Zapatero logre un apoyo testimonial, han facilitado a ETA la oportunidad de lograr el reconocimiento simbólico que ha perseguido a lo largo de toda su existencia. Tengo claro que los ciudadanos españoles no me han votado para eso.

Día negro en Estrasburgo
El Mundo, 26 de octubre de 2006

Cuando escribo estas primeras líneas aún no se ha producido la votación. Pero ya han hablado los representantes de los grupos, el Consejo y la Comisión. Las instituciones de la Unión Europea han pasado de puntillas sobre el tema: no al terrorismo, apoyo a las decisiones de un

Gobierno europeo. El Consejo afirma que desde la declaración de marzo en presencia del presidente Zapatero no han vuelto a abordar el asunto. Frattini (el comisario competente) habla del gran riesgo que representa el terror para la democracia, habla de la necesidad de apoyar a las víctimas, recuerda el «ataque» de ayer en Francia, dice que la sociedad española es un ejemplo de tenacidad y firmeza…

Luego les toca el turno a los grupos políticos. Todo según lo previsto. Poettering, en nombre del PP Europeo, insiste en que «todos queremos la paz», que el debate que tenemos es sobre cómo conseguirla; llama a la unidad entre demócratas, recuerda el robo de ETA en Nimes, dice que no se puede uno fiar de los terroristas, exige que pidan perdón, recuerda a las víctimas, recuerda las cartas de Batasuna-ETA, sus declaraciones de hace dos días anunciando que o consiguen la independencia o volverán a matar…

Schulz, del Partido Socialista Europeo, pide apoyo para la propuesta socialista, recuerda que el terrorismo en España es un problema europeo, que es un atentado contra nuestros valores, que estamos ante una oportunidad para superar el terrorismo, que «solo con el diálogo podemos salir del terrorismo»; dice que «admira el valor del Gobierno español». Cita a un sector de las víctimas que están en la tribuna, que defienden una salida para «superar» el terrorismo; alaba a las que, según él, dicen que «ni un muerto más». Cita una frase de Aznar durante la tregua del noventa y ocho, para concluir que lo que hoy hace el Gobierno de Zapatero está basado en el espíritu de Aznar….

Watson, en nombre de los liberales, dice que la UE es un ejemplo de resolución de conflictos, y que, aunque al Parlamento Europeo no le corresponde intervenir directamente ante «un conflicto tan duradero», sí «podemos alentar para que llegue la paz», buscando una solución pacífica, garantizando que no haya más víctimas… Monica Frassoni, en nombre de los Verdes, apoya el proceso de paz para «encontrar una salida al conflicto». Dice que lo apoya porque está «abierto a todas las opciones», porque «no es excluyente», para poner fin al llamado conflicto vasco. Añade que la Cámara Europea debe «impulsar un proceso ya abierto», que «apoyan a quienes lo ha iniciado», que es una vía «diferente a la de Aznar». Frassoni (signataria y votante de la misma propuesta que el Grupo Socialista que afirmó que lo que hacía Zapatero era lo mismo que lo que hacía Aznar) insiste en «la errónea política de Aznar, que dividió a la sociedad vasca». Reclama «el derecho a decidir de los vascos» y afirma que hay que luchar contra el terrorismo, «contra todos los terrorismos»…

Crowley, en nombre del Grupo Europa de las Naciones, reclama un «diálogo entre ambas partes», al que nadie puede ir «con una mano escondida», y en el que hay que hacer «concesiones» para llegar a una solución. Hace un llamamiento para que las fuerzas políticas «más importantes» de España encuentren «juntos» una salida…

Bonde, en nombre de Independencia y Democracia (que es también signatario de la misma resolución que los socialistas), dice que «todos los pueblos tienen derecho a determinar su propio destino y todas las naciones tienen derecho a tener su propio territorio». Como colofón, recomendó diálogo a los españoles y la puesta en marcha de «incentivos económicos» para el País Vasco: «Se puede buscar una solución al terrorismo creando puestos de trabajo y bienestar…».

Son ya las 12.30 y se ha iniciado la votación. La resolución presentada por el PPE ha tenido 302 votos a favor y 322 en contra. Al tener más votos en contra que a favor se ha pasado a votar la resolución del resto de los grupos, que ha tenido 321 votos a favor y 311 votos en contra. Los que creen que han ganado han aplaudido.

Más tarde, pasadas las 13.30, se ha iniciado, con el hemiciclo prácticamente vacío, la explicación de voto. El diputado catalán Romeva, ICV, ha explicado su voto a favor del proceso, lamentando que «no todos estén por la labor». Onesta, un diputado francés de los Verdes y vicepresidente del Parlamento, ha dicho que él es un diputado del País Vasco, que el diálogo es el único camino, y que Francia debe involucrarse. Ortuondo, del Partido Nacionalista Vasco, inscrito en el Grupo de los Liberales, ha empezado por afirmar que es un representante político vasco, que el de hoy es un día histórico, que por fin se «accede a mirar de cara a un antiguo conflicto», que el no haberlo hecho antes produjo que un «grupo de extremistas» utilizara la violencia, que «hoy» la sociedad vasca rechaza la violencia, que en nombre de la «inmensa mayoría del pueblo vasco» apoya el proceso en el que todos deben mostrar su buena voluntad.

Yo también he intervenido. Solo para explicar que rechazo un debate que se denomine proceso de paz en España y que por eso no he votado ninguna resolución. Que yo también soy una representante política vasca; vasca y española. Que ni en España ni en Euskadi, particularmente, hay conflictos políticos diferentes a los que tienen todas las sociedades democráticas de nuestro entorno. Que lo que hay en España es un grupo terrorista llamado ETA que lleva cuarenta años asesinando contra la democracia. Que llamar proceso de paz a este debate produce las consecuencias de que haya quien explique el terrorismo como producto de un «conflicto político» sin resolver. Que tengo cincuenta y cuatro años y siempre he vivido en Euskadi. Y que siempre he vivido en paz, pero que nunca he tenido libertad. Que el reto de la democracia española es la libertad, y no la paz. Y que ETA no es un grupo extremista, sino una organización terrorista que lleva cuarenta años asesinando contra la democracia. Curiosamente, en ese momento no había nadie de la dirección de los socialistas españoles para defender en la Cámara europea que España es una democracia plena y que el terrorismo de ETA no obedece a ningún conflicto político no resuelto por esta. Tanto esfuerzo para las peleas partidarias y tan poco para defender lo verdaderamente importante.

Y ahí ha acabado todo. Y me he venido al despacho a escribirlo. Y a decir que para mí hoy es un día negro. Que los que creen que han ganado —y no son nacionalistas ni terroristas, que esos sí que han ganado— son responsables de la división y la tensión que hoy se ha visualizado con toda claridad en el Parlamento Europeo. Que los que han traído aquí este debate han conseguido que la democracia española se fragilice frente a los malos, frente a los nacionalistas y frente a toda Europa. Que los responsables de que este debate haya llegado aquí, así y ahora, han conseguido que el presidente Zapatero pueda contar a partir de ahora mismo los que en Europa están en contra de su política en esta materia. Hasta ayer tenía oficialmente el apoyo de toda Europa. Desde ahora se sabe que el Parlamento Europeo está dividido por la mitad. Y esta palpable división solo fortalece a los malos.

Es verdad que esta votación ajustada puede tener algo positivo: espero que a partir de ahora estos que tan alegremente llaman fascistas u obstáculos para la paz a quienes cuestionan su forma de enfrentar el denominado proceso de paz tendrán que morderse la lengua. Salvo que además de insultar a la mitad de los españoles quieran insultar a la mitad de los europeos.

Y me sigo preguntando: ¿para qué todo esto? ¿Quién ha ganado hoy [por ayer miércoles]? Ha perdido la democracia española. Han ganado los nacionalistas y los terroristas. Han ganado los que defienden que ETA existe como respuesta a un conflicto político. Hemos perdido los que defendemos que a ETA se le puede y se le debe derrotar. Hemos perdido los optimistas, los ambiciosos, los que creemos que el Estado de derecho debe y puede vencer al totalitarismo, los que defendemos que no hay que pagar nada por su derrota, que bastante ha pagado la sociedad española.

No me interesan las lecturas que se puedan hacer desde la óptica de partidos políticos españoles. Siempre pensé que saliera votada una u otra resolución la democracia saldría perdiendo. Entiendo la pasión partidaria; pero en este tema me importa francamente muy poco. El debate estaba, en términos políticos y democráticos, perdido antes de empezar. Aunque sinceramente no creo que los dirigentes del PSOE puedan estar contentos con el desarrollo y la conclusión de este debate. Si alguna conclusión positiva podrían extraer es la necesidad de recomponer el consenso con el PP. Para que este espectáculo no se vuelva a producir; ni dentro ni fuera de nuestras fronteras. Ojalá hayan aprendido al menos esa lección. Pero la verdad es que cada vez creo menos en los milagros.

P.D. 25 de octubre de 2006. Hace exactamente veintisiete años aprobamos el Estatuto de Autonomía de Guernica. Menuda manera de conmemorarlo hemos tenido. Mal día para la democracia.

Carta abierta a Juan Carlos Rodríguez Ibarra
ABC, 30 de octubre de 2006

Querido Juan Carlos:

El aprecio y el respeto que te tengo me llevan a contestar a la carta abierta que me dirigiste desde estas páginas el pasado viernes día 27. Yo también sé que tú nunca vas a dejar de ser socialista ni quiero que dejes de serlo. Tu voz es muy importante para nosotros. Y sabes que lamenté de veras tu decisión de no volver a ser candidato a la presidencia de la Junta de Extremadura. Guardo con mucho afecto los emails que nos cruzamos, en los que pudimos apreciar el alto grado de coincidencia en nuestros análisis sobre la situación política que vivimos.

Vayamos por partes. Tú sabes mejor que nadie que no necesito escuchar lo que dicen Zaplana o Acebes sobre el tema que nos ocupa. Cuando la inmensa mayoría de los españoles aún no conocíamos a estos ciudadanos, yo ya tenía un criterio bien formado al respecto. Hemos hablado demasiadas veces del asunto, hace ya muchos años, como para que se te haya podido olvidar. Y también sabes que las posiciones que hoy defiendo en materia de lucha contra el terrorismo son las que he defendido toda mi vida. Por pensar lo que pienso y decirlo alto y claro me puso el Partido Socialista en sus listas. Tú me propusiste el primero. Y los artículos recopilados en el libro *Porque tengo hijos* dan fe de mi coherencia en esta materia durante los últimos doce años. Otros han cambiado; yo no.

Desde el respeto y el cariño que sabes que te tengo, quiero puntualizar algunas cuestiones que planteas. En primer lugar, me llama la atención que construyas tus críticas y tus conclusiones sobre una supuesta desconfianza en las intenciones del presidente Zapatero o del PSOE. Yo nunca juzgo las intenciones —supongo las mejores—, sino que analizo los hechos. Cualquiera que siga mi actividad política lo sabe.

Juan Carlos, yo me pronuncio sobre hechos, no sobre intenciones. Critico con argumentos las decisiones políticas que no comparto. Sobre todo, si pienso que las consecuencias de aplicar esas políticas serán las contrarias a los objetivos que se pretenden. Hablo siempre de hechos, nunca de intenciones. Hablo desde la razón política, no desde la fe.

Vayamos a ejemplos concretos. Critiqué la decisión de Zapatero de avalar la entrevista de Patxi López con Batasuna mientras esta siguiera siendo una organización terrorista; dije que las consecuencias de esa reunión serían que Batasuna-ETA se sentiría más fuerte, más legitimada, con más capacidad para seguir presionando al Estado de derecho. Y que Batasuna se sentiría legalizada *de facto*. Como así ha sido. Y dije que, al avalar esa reunión, el presidente y el PSOE se desdecían de todos los compromisos adquiridos previamente ante los ciudadanos de no sentarse a hablar con Batasuna mientras esta siguiera siendo una organización terrorista. Y así es. Critiqué el hecho, no la intención.

Critico la decisión del PSOE de apoyar la creación de una mesa de partidos extraparlamentaria para abordar en ella las cuestiones que debieran ser discutidas en el foro que representa democráticamente a los ciudadanos. La creación de esa mesa extraparlamentaria supondrá el cumplimiento de un objetivo histórico de ETA que nunca ha reconocido la legitimidad de la democracia española y por tanto de ninguna de las instituciones que de ella dimanan. Si rechazo la constitución de esa mesa y critico la decisión de nuestro partido de aceptarla es porque considero que las consecuencias de esa decisión serán negativas para la democracia y darán una victoria política a ETA. No prejuzgo la intención de José Luis Rodríguez Zapatero; juzgo los hechos y valoro lo que a mi juicio serán las consecuencias. Y me pronuncio en contra. Como verás, hechos, no intenciones.

Cuando critico la decisión de llevar a Estrasburgo el debate sobre «el proceso de paz en España» lo hago porque creo que es un enorme error político que ese tema se debata en un Parlamento que no tiene competencias de control sobre el Ejecutivo. Y mucho más hacerlo sin consenso previo entre los dos grandes partidos políticos españoles. Otras veces se ha hablado de ETA en Estrasburgo. Pero siempre de común acuerdo. Y siempre para pedir ayuda para derrotarla. Siempre pensé que no compensaba asumir el riesgo de dividir la Cámara y de que se volvieran a escuchar en el Parlamento Europeo los discursos sobre el «conflicto político» solo para conseguir un apoyo testimonial que nuestro Gobierno no necesita. Pero el terrorismo vive de lo simbólico; y para ellos ese debate supuso un reconocimiento simbólico como «agentes» del proceso. Critico la decisión y valoro las consecuencias. Hechos, no intenciones.

Me dices, querido Juan Carlos, que debo entregar mi acta de diputada. Más allá de que hayas basado tu conclusión en imputaciones incorrectas sobre mi actitud política, quiero explicarte cómo considero que debe ser la relación de un cargo electo con los ciudadanos. Aunque me parecen principios elementales de la democracia, quizá haya quien no lo perciba de esta manera. Verás, yo creo que los partidos políticos son instrumentos al servicio de la sociedad. Creo que los partidos políticos no son propiedad de sus dirigentes, ni siquiera de sus afiliados. Las listas que elaboran serían papel mojado si no las validaran los ciudadanos con sus votos.

En la Comisión Ejecutiva te pone el secretario general. En las listas electorales te pone el partido. Pero en el cargo público te ponen los electores, los ciudadanos. Los ciudadanos no nos dan un cheque en blanco para que hagamos lo que queramos cuando ya hayamos sido elegidos. Los ciudadanos nos votan en función del compromiso que adquirimos con ellos, de lo que les prometemos que vamos a hacer con su voto. Tú sabes que yo defiendo ahora todo aquello que me comprometí a defender cuando me presenté a las elecciones. Pedí el voto para hacer exactamente lo que estoy haciendo. Exactamente esto. Diré más: lo que yo defiendo es la ortodoxia de nuestro programa electoral. Otros han cambiado; yo no.

Tú, querido Juan Carlos, estás en la CEF porque te puso José Luis Rodríguez Zapatero; pero eres presidente de Extremadura porque te votaron los extremeños. Yo estoy en el Parlamento porque el PSOE me puso en sus listas; pero soy diputada porque me votaron unos cuantos millones de españoles. Si el PSOE no está conforme con mi trabajo lo que puede hacer es no volverme a poner en las listas. Pero, mientras tanto, tengo un mandato ciudadano —no imperativo, según la Constitución—, y me debo a él. Me gustaría no tener que elegir nunca entre ser disciplinada con la dirección del partido o coherente con mi compromiso ante los ciudadanos. Pero, si tengo que elegir, siempre elegiré obrar en conciencia y cumplir el compromiso adquirido con los electores. Creo que los cargos públicos nos debemos a ellos.

Y, para finalizar, permíteme que te haga, desde el mayor de los respetos, una apreciación sobre tus palabras respecto a Pilar Ruiz y Maite Pagazaurtundúa. Sé que tu cariño hacia ellas es sincero, y que tu respeto personal también lo es. Pero verás, Juan Carlos, no se trata de que esas dos mujeres hayan sufrido mucho y por tanto puedan decir lo que dicen y más. No es cariño lo que demandan con sus palabras. No es compasión lo que piden: es justicia. Justicia, que no venganza. Son mujeres que han sufrido, sí. Pero sus juicios son políticos. Analizan los hechos, extraen conclusiones, critican lo que no les gusta, advierten sobre las consecuencias políticas de determinadas decisiones que se están tomando. Cuando Pilar se presentó ante el hotel en el que se reunían Otegi y López no era una madre llorosa y desesperada. Era una ciudadana digna que ejercía como tal; y que como ciudadana reclamaba justicia y decencia política. Y verdad. Son ciudadanas, Juan Carlos, no tienen suspendidos sus derechos, el terror no las ha convertido en minusválidas políticas.

Bueno, pues acabo. Sabes que siempre he procurado que en mi trabajo político existiera la menor distancia entre los principios que se defienden en privado y las actitudes y los discursos que se hacen en público. El PSOE es mi partido desde que tengo uso de razón. Y creo que el mejor servicio que se le puede hacer a sus siglas y a su historia es defender con coherencia, honradez y firmeza los compromisos que asumimos cuando pedimos a los ciudadanos que nos otorguen su confianza. Siempre pensé que sobre esta cuestión también estábamos de acuerdo.

Un fuerte abrazo.

Para su mejor comprensión, adjunto el artículo publicado por Juan Carlos Rodríguez Ibarra tras mi denuncia sobre la posición del PSOE y del Gobierno de Zapatero de llevar el «proceso de paz» al Parlamento Europeo y al que da respuesta mi artículo.

Carta abierta a Rosa Díez
Por Juan Carlos Rodríguez Ibarra
ABC, 27 de octubre de 2006

Querida Rosa:

La madre de Joseba Pagazaurtundúa tiene derecho a decir lo que dice, y mucho más. Una madre a la que asesinaron a su hijo tiene todas las venias para expresar lo que siente, sea esto racional o menos, nos duela mucho o nos duela poco. Nadie puede compensar la pena de una madre a la que le arrebatan a su hijo. Nada puede consolarla, ni siquiera su diatriba contra Javier Arzalluz, cuando, a raíz del asesinato de su hijo y armada con sus gafas de miope y su bolso colgando de su brazo, arrinconó, como nadie lo había hecho antes, al presidente del EBB del PNV. Los demás podemos comprender su pena, su tristeza, su dolor, su ira, pero no podemos sentirla en igual medida, ni siquiera los que estuvisteis tan cerca de Joseba cuando ejercía su profesión en el País Vasco o cuando anunciaba su asesinato sin que se hiciera lo suficiente para evitarlo.

Su hermana Maite, con el mismo derecho que su madre, cuenta en su libro *Los Pagaza. Historia de una familia vasca*, en homenaje a su hermano, cómo Joseba no tuvo la oportunidad de defender sus enmiendas, en el seno del PSE-PSOE, para que fueran incorporadas a las enmiendas socialistas vascas para el 35.º congreso federal de los socialistas españoles (julio de 2000), porque la dirección del socialismo vasco de entonces, con Nico Redondo a la cabeza, se lo impidió, marginándole y evitando que fuera de delegado socialista vasco a ese congreso al que Pagazaurtundúa quería ir. Puesto que sus enmiendas, en las que se atacaba al nacionalismo vasco ferozmente, no fueron merecedoras de ser incluidas en las que presentaría la delegación vasca, Joseba decidió enviárselas, para que las hiciera suyas, a algún socialista de fuera de Euskadi. Fui el elegido por Joseba. Tengo la carta que me envió y las enmiendas que, efectivamente, hice mías y las presenté en el 35.º congreso federal. En la carta, Pagazaurtundúa se quejaba amargamente de la negativa a enfrentarse al PNV por parte de tanto «sociolisto» (sic) como, decía él, había en el PSE-PSOE. Tú, Rosa, recuerdas también esa anécdota en tu libro *Porque tengo hijos*, que presentamos hace unos meses en Badajoz. Jamás se me ocurrió pedir cuentas a Nico Redondo por la marginación de Joseba en el PSE. Jamás puse en duda la política del PSE-PSOE, y menos sospeché que fuerais cómplices de la política tibia del PNV con respecto a ETA, la cual, más tarde, asesinó a Joseba tras la crónica de una muerte anunciada.

Después de ese abominable asesinato, siempre respeté a Maite y a su madre. En un acto en Cáceres, con motivo del Día Internacional de la Mujer, hice un homenaje a doña Pilar, delante de José Luis Rodríguez Zapatero. Al salir del acto, José Luis me dijo: «Vengaremos algún día el dolor de esa mujer y las lágrimas que he visto en la cara de las mujeres extremeñas mientras hablabas de la dignidad de doña Pilar. ¡Conseguiremos acabar con esos canallas!».

Y en eso estamos, querida Rosa. No te puedo pedir serenidad en tus análisis y manifestaciones porque la serenidad sabes guardarla para las ocasiones donde hace falta mantenerla. Nunca olvidaré tu cara cuando, de pie, al lado del féretro que contenía los restos mortales de nuestro querido Fernando Buesa, me acerqué a saludarte. Tu figura, tu cara y lo que me dijiste en dos palabras eran la serenidad y la dignidad personificadas. Verte me llenó de orgullo por ser tu amigo y tu compañero. No te puedo pedir serenidad, pero sí me atrevo a pedirte coherencia y confianza.

Sabes, querida Rosa, que estoy en la Comisión Ejecutiva Federal del PSOE, y sabes que mantengo algunas diferencias con otros miembros de esa dirección, como no podía ser de otra forma en un partido de izquierdas, donde no nos unen intereses bastardos, sino ideales para que los ciudadanos podamos ser más iguales y más felices. Llegar a la igualdad y aspirar a la felicidad es un camino con muchas bifurcaciones. Por eso discutimos y discrepamos. Así fue siempre, con Pablo Iglesias, con Largo, con Prieto, con Llopis, con Felipe y, ahora, con José Luis.

Sabes, porque me conoces, que, si yo tuviera la más mínima duda de que Zapatero pretendiera traicionar la memoria de las víctimas del terrorismo o entregar a ETA alguna conquista política, dejaría de pertenecer a la dirección federal de nuestro partido. Pero no me cabe la menor duda y, por eso, ni pregunto ni interpelo a José Luis sobre sus intenciones. Sé de la limpieza de su objetivo y, por eso, no creo, ni remotamente, las insinuaciones y acusaciones que el PP está lanzando, con una frescura denunciable, contra nosotros.

Te equivocas cuando pones atención a lo que dice Otegi o cualquiera de sus miserables amigos. Te equivocas cuando haces caso a Acebes, Zaplana o, últimamente, a García Escudero. Como ha dicho ese magnífico hombre que es Eduardo Madina, al que tú conoces tan bien, «cuando ETA mató a Joseba, los socialistas vascos no estaban hablando con ETA, estaban llorando».

Es cierto que nadie puede ponerse en la piel de otro. Yo no tengo tus vivencias en el País Vasco y, por ello, no puedo sentir como tú, pero puedo comprender casi todo lo que sientes, lo que piensas y lo que dices. Pero, querida Rosa, no puedo entender tus dudas respecto a las intenciones del Gobierno de España y del partido que lo sustenta. Sin quererlo, nos ofendes a todos, y las ofensas de uno de los nuestros duelen infinitamente más que las ofensas que el PP se ha propuesto infligirnos semanalmente.

Sé que no vas a dejar de ser socialista, ni militante socialista, ni quiero que dejes de serlo. Tu voz es importante y tus reflexiones también. Tirar desde el lado opuesto de la cuerda es un ejercicio difícil, pero noble, porque, si no, todo el peso se desplaza del lado contrario. No abandones, pues, nunca. Pero, querida Rosa, si lo que diga Otegi o el PP te provoca dudas sinceras respecto a las intenciones del Gobierno y del PSOE, si el debate en el Parlamento Europeo te parece una traición, sin que dijeras nada cuando Aznar internacionalizó el conflicto con ETA acudiendo al Consejo de Seguridad de la ONU después del 11M, debes renunciar a tu acta de eurodiputada que esa dirección socialista puso en tus manos. Yo no estaría ni un minuto en un cargo donde me hubiera situado una dirección a la que pido explicaciones sobre su conducta mientras mataban a Joseba Pagazaurtundúa.

Un fuerte abrazo.

Los límites se llaman Carlos Alonso y Diego Armando
El Mundo, 2 de enero de 2007

Desde que ETA declaró el alto el fuego en marzo pasado se han venido produciendo multitud de hechos que desmentían la supuesta voluntad de la banda de abandonar definitivamente la violencia. A pesar de que el Gobierno nos hizo saber que tenía todas las garantías de que «esta vez» ETA iba en serio, lo cierto es que cuando el presidente compareció ante los periodistas, el 29 de junio pasado, para anunciar «el inicio del diálogo con ETA», no se cumplía ninguna de las condiciones impuestas por la resolución aprobada en mayo de 2005 en el Congreso de los Diputados para que ese paso pudiera darse. De hecho, desde el 22 de marzo en el que ETA hizo pública su pomposa declaración de alto el fuego hasta ese 29 de junio, lo único que había quedado ampliamente verificado es que la banda había decidido no renunciar al uso de la violencia para conseguir sus objetivos políticos.

De que esto era así hubo pistas claras e inmediatas: el 13 de abril, empresarios navarros denunciaron cartas de extorsión de ETA posteriores al alto el fuego, y el día 22 de ese mismo mes el comercio de José Antonio Mendibe, concejal de UPN en Barañáin (Navarra), sufrió un atentado terrorista que lo destruyó por completo. Desde entonces y hasta hoy, los atentados terroristas, las cartas de extorsión, la quema de autobuses, de cajeros, los ataques a instituciones públicas, a sedes de partidos políticos, las exhibiciones de prepotencia de la banda, etcétera, han sido constantes. Por más voluntad que uno pusiera en obviar la realidad, ETA ha demostrado en estos nueve meses que considera útil el uso de la violencia y que en modo alguno ha tomado la decisión de abandonarla.

ETA ha mantenido e incrementado su actividad terrorista a pesar de los gestos de benevolencia, complacencia y apaciguamiento con que esta era respondida por los dirigentes del Partido Socialista y del propio Gobierno. Recuérdese a Patxi López declarando «interlocutor imprescindible» a Batasuna-ETA y reuniéndose con ellos en un céntrico hotel guipuzcoano sin que los terroristas hubieran condenado la violencia. O al presidente refiriéndose a Otegi como un hombre de paz; o afirmando, en pleno desarrollo del juicio contra él, que De Juana Chaos estaba «en el proceso».

Desde aquel 29 de junio en que el presidente anunció el inicio del diálogo con ETA, hemos vivido una situación surrealista. Mientras la banda confirmaba día a día —con sus comunicados y con sus actos— que no renunciaba a nada —ni a sus objetivos ni a su estrategia para lograrlos—, los portavoces de la verdad oficial se empeñaban en negar la realidad. El robo de pistolas, los disparos de Oiartzun, la quema de autobuses, los duros comunicados de ETA, las amenazas del Zutabe, las exigencias de que la democracia se declarara en tregua…, todo era considerado como gestos para la galería. Y quienes veíamos en todo ello la expresión totalitaria de la organización terrorista y sus verdaderas intenciones éramos inmediatamente calificados como «enemigos del proceso».

Durante este tiempo hemos hablado en más de una ocasión de los límites. Límites morales, democráticos, éticos. Límites que van más allá —o están más acá— de los límites políticos establecidos por la resolución de mayo de 2005, ampliamente superados por el Gobierno; eso hoy no lo cuestiona nadie. Incluso se ha llegado a teorizar positivamente la superación de esos límites en función de los posibles resultados. Desde esa perspectiva utilitaria se justificaba, por ejemplo, la reunión oficial entre el Gobierno y ETA el pasado mes de diciembre: había que obtener garantías de la banda de que se mantenía la tregua.

Atrás quedaban todas las proclamas de que no se hablaría con ETA mientras su «voluntad pacifista» no estuviera acreditada. Y es que hace tiempo que los portavoces de la verdad oficial decidieron que lo importante era justificar los fines; hace tiempo que olvidaron que en democracia también es necesario justificar los métodos. Por eso, casi todo valía para mantener la ficción de que el proceso de paz seguía adelante. No podía consentirse que la realidad nos estropeara un hermoso sueño.

Pero yo quería hablar de otros límites, de los límites prepolíticos; de los que se traspasaron desde el mismo día en que se empezó a minimizar la importancia de los actos de terrorismo callejero; de los que se violaron desde el mismo momento en que se empezaron a relativizar las amenazas de ETA; desde el mismo momento en que se declararon interlocutores políticos del proceso a los terroristas. Yo quiero hablar de los límites morales, de los límites democráticos; de esos que se pusieron en riesgo cuando algunos quisieron negar la capacidad política de las víctimas; de los que empezaron a peligrar cuando se llevó a Estrasburgo un debate sobre el proceso de paz, generando una enorme confusión entre los europeos, escenificando una división entre los demócratas españoles y colocando a ETA y al Gobierno como dos actores para la resolución del conflicto.

Durante estos meses hemos dicho en más de una ocasión que existían algunas líneas rojas que jamás se debieran traspasar. Frente a aquellos que hablaban de «nuevos tiempos» para justificar el olvido, hemos sostenido que nunca sería posible construir un verdadero espacio de libertad olvidando lo que no hay que olvidar. Durante estos meses hemos escuchado afirmar de algunas víctimas que «son unos fachas», o «no se han adaptado», o «les tocó la lotería cuando asesinaron a sus familiares»… Algunos han tratado de cuestionar —utilizando las palabras adecuadas— la inocencia de las víctimas del terrorismo. Hemos dicho que esos comportamientos eran inaceptables. Hemos denunciado que la línea roja estaba siendo traspasada. Hemos proclamado que la inocencia de las víctimas es intocable. Y hemos sentido que se estaban violando los límites. Pero el proceso seguía adelante. Se nos recordaban detalladamente los días que ETA llevaba sin matar. Y se obviaba la enorme trascendencia que estaba teniendo la utilización de ese lenguaje perverso que devolvía la esperanza a los terroristas y sembraba de desconcierto y de inquietud a muchos ciudadanos, particularmente a muchas de las víctimas de ETA.

Así hemos llegado hasta aquí, hasta el 30 de diciembre de 2006, día en el que ETA hizo estallar una potentísima bomba que acabó con la esperanza y la vida de dos seres humanos, Carlos Alonso Palate y Diego Armando Estacio. Conmocionada, como todos, tras las imágenes y las noticias sobre el atentado y los desaparecidos, me senté a escuchar la rueda de prensa del presidente del Gobierno, buscando en sus palabras una respuesta clara. No la he encontrado. A pesar de la evidencia

—qué mayor evidencia que el crimen para quien lleva dos años y medio hablando de que ETA no mata—, todos hemos percibido que el presidente ha decretado una pausa, pero no ha dado por roto el espejismo.

Me asusta la situación. No sé qué más tiene que pasar para que el Gobierno comprenda que su estrategia de apaciguamiento frente a ETA ha fracasado. No sé qué más tiene que pasar para que el Gobierno deje de sostener la ficción de que se puede seguir adelante —con los mismos presupuestos y con los mismos socios—, como si nada hubiera ocurrido. ETA nunca decidió dejar la violencia, como se desprende de su actividad en estos nueve meses; pero el día 30 rompió mortalmente la tregua. No caben disimulos ante esa verdad incuestionable. Pero el Gobierno no parece percibirlo así; su reacción me recuerda a la que tuvo Ibarretxe cuando ETA rompió la tregua en enero de 2000, asesinando en Madrid al teniente coronel Blanco: condenó solemnemente el atentado y siguió gobernando con el apoyo de Ternera. Las dramáticas consecuencias de aquella reacción —escapista, equivocada e insuficiente desde la perspectiva democrática— las conocemos todos.

Presidente, ETA ha roto la tregua. ETA se ha saltado todos los límites tolerables para seguir adelante con una política gubernamental que pretenda el final dialogado. Presidente, usted optó por explorar una vía diferente a la contemplada en el Pacto por las Libertades y contra el Terrorismo; más allá de la opinión que esa opción nos pueda merecer, estaba usted en su derecho y tenía toda la legitimidad para hacerlo. Pero resulta evidente que sustituir al socio de la firmeza por un acuerdo con aquellos que nunca quisieron la derrota de ETA, que siempre quisieron negociar con ella —cuando mataba y cuando no—, no ha dado los resultados que usted apetecía. Presidente, esa opción política ha fracasado. Presidente, ha de sustituir sin demora la política del «diálogo con» por la de la «derrota de».

Presidente, los límites traspasados exigen que ponga en marcha todos los instrumentos del Estado de derecho para derrotar a ETA. Presidente, los límites traspasados, intocables, irrecuperables, tienen nombre propio. Se llaman Carlos Alonso Palate y Diego Armando Estacio. Presidente, vuelva usted al pacto.

Por un pacto de Estado contra ETA
El Mundo, 22 de enero de 2007

La propuesta de hacer un Pacto por las Libertades y contra el Terrorismo fue, sin duda ninguna, el mayor acierto político de José Luis Rodríguez Zapatero en su etapa como secretario general del PSOE y líder de la oposición.

La necesidad del pacto venía avalada por la ruptura de la tregua pactada en 1998 entre el PNV y ETA. Fracasada aquella iniciativa del PNV —adoptada de espaldas al PSOE y al PP, a pesar de que durante el tiempo en que se gestó nacionalistas y socialistas gobernábamos juntos en el País Vasco y el PP gobernaba en España con apoyo parlamentario del PNV—, se hacía necesario diseñar una nueva estrategia que nos permitiera enfrentarnos con mayor garantía de éxito a la organización terrorista ETA.

Había otra circunstancia que marcó la redacción final del documento: a pesar de haberse roto la tregua —y a pesar de que la opinión pública conoció los compromisos que el Partido Nacionalista Vasco había suscrito con ETA cuando esta hizo públicas las actas firmadas en las que se comprometía a excluir de la vida política y social a los no nacionalistas en el País Vasco—, el PNV seguía manteniendo la vigencia del Pacto de Lizarra. Por eso, en el preámbulo del acuerdo, se establece este compromiso: que no habrá acuerdos con los nacionalistas del PNV ni EA en tanto estos no rompan sus alianzas con los terroristas.

Pero lo singular del acuerdo es que se trata de un pacto de Estado. Hagamos un ejercicio de clarificación. En primer lugar, ¿es lo mismo «un acuerdo mayoritario de las fuerzas políticas y sociales» en pro de una determinada política que el pacto de Estado? Pues no; la característica sustancial de un pacto de Estado es que ha de estar suscrito entre las fuerzas políticas que pueden formar el Gobierno de la nación. Lo genuino de ese tipo de pactos reside en que, precisamente por estar suscritos entre quienes pueden gobernar, la política que se acuerda —en este caso antiterrorista— no se verá sometida a la incertidumbre temporal derivada de la alternancia política. El acuerdo mayoritario garantiza la aprobación de determinadas iniciativas; el pacto de Estado garantiza la estabilidad de la política. En un pacto de Estado no sobra nadie; pero no puede faltar ninguno de los partidos que pueden formar el Gobierno de la nación.

Un pacto de Estado no tiene por qué estar cerrado a la incorporación de otras fuerzas políticas; como no lo estuvo nunca el Acuerdo por las Libertades y contra el Terrorismo. De hecho, ese acuerdo fue suscrito por Coalición Canaria y el Partido Andalucista. Nadie estaba vetado, salvo los que mantenían un acuerdo con ETA para excluir a los no nacionalistas. En ese sentido, el preámbulo del pacto dice así: «El abandono definitivo, mediante ruptura formal, del Pacto de Estella y de los organismos creados por este, por parte de ambos partidos, PNV y EA, constituye una condición evidente y necesaria para la reincorporación de estas fuerzas políticas al marco de unidad de los partidos democráticos para combatir el terrorismo. La recuperación plena de esa unidad para luchar contra el terrorismo debe llevarse a cabo en torno a la Constitución y el Estatuto de Guernica, espacio de encuentro de la gran mayoría de ciudadanos vascos».

Si las fuerzas políticas no afectadas por pacto alguno con ETA no lo suscribieron, fue porque no compartían la filosofía del pacto. ¿Cuál era esa filosofía? Era, como se dice también en su preámbulo, que «desde el acuerdo en el diagnóstico y en las consecuencias políticas que del mismo se derivan, el PP y el PSOE queremos hacer explícita, ante el pueblo español, nuestra firme resolución de derrotar la estrategia terrorista, utilizando para ello todos los medios que el Estado de derecho pone a nuestra disposición».

El pacto tiene diez puntos. El último de ellos dice lo siguiente: «Con la firma del presente acuerdo PP y PSOE queremos ratificar públicamente nuestro compromiso firme de trabajo en común, para la defensa del derecho a la vida y a la libertad de todos los ciudadanos españoles. Ambas formaciones políticas coincidimos en los principios que deben inspirar la lucha antiterrorista y, en los términos aquí recogidos, en la política que debe desarrollarse. Queremos, finalmente, convocar a las demás fuerzas democráticas a compartir estos principios y esta política, convencidos como estamos de que son un cauce adecuado para expresar su voluntad de colaboración en el objetivo de erradicar la lacra del terrorismo».

Bien, hasta aquí los principios y los objetivos del acuerdo. Hasta aquí también alguna aclaración que he considerado necesaria ante el «bombardeo» de declaraciones que contraponen la «unidad democrática» a «un acuerdo cerrado entre PP y PSOE». Si se trata de hacer política de Estado para abordar uno de los problemas más importantes de España, la fórmula está inventada. Si se trata de buscar el máximo consenso para hacer una política de Estado, nada impide que a ese nuevo pacto de Estado se incorporen el resto de las fuerzas políticas que compartan una política definida entre los dos agentes fundamentales que representan a más del 80 por ciento de los ciudadanos.

Una política de Estado seria solo se soporta si vincula a los partidos que pueden asumir la responsabilidad de formar gobierno. Una política de Estado ha de estar protegida de vaivenes electorales; ha de tener garantía de estabilidad temporal. Una política de Estado ha de tener credibilidad; y no hay nada más contrario a la credibilidad que la incertidumbre sobre el futuro. Esto es así en cualquier tema de Estado que se quiera abordar con éxito; piénsese en la política exterior, de inmigración, de defensa… Ningún país serio permite que esas cuestiones estén sometidas al riesgo de ser revisadas cada cuatro años; saben que pagarían un alto precio por ello. En el caso que nos ocupa se da además la circunstancia de que esa garantía de que no se cambiará la política aunque se cambie el Gobierno es lo único que hará que ETA pierda la esperanza de intentar el chantaje al Estado cada vez que se produzca un cambio en el Ejecutivo.

Todo esto viene a cuento de que hay altos dirigentes del PSOE y del Gobierno que consideran que el Pacto Antiterrorista «funcionó, pero hoy ya no es válido», porque hay partes del mismo que ya no tienen sentido. Yo quisiera saber qué artículo consideran que ya no es válido. ¿El que se refiere al Pacto de Estella? Eso no sería ningún problema, ya que, si no existe el Pacto de Estella, aquellos que estaban excluidos por el hecho de mantener un pacto antidemocrático ya no se ven afectados.

Incluso se puede proponer la eliminación o reformulación del párrafo. ¿Qué más no es de aplicación? Es muy necesario que se nos diga qué aspectos del pacto han quedado obsoletos a criterio del Gobierno para combatir al terrorismo; si se refiere a lo que recoge sobre la necesidad de pactar las leyes, a la política penitenciaria, a lo que se afirma sobre las víctimas, a la necesidad de comprometer a la sociedad civil...

No resulta fácil de entender qué es lo que ha cambiado desde que el PSOE se presentó a las elecciones de marzo de 2004 llevando en su programa electoral el Acuerdo por las Libertades y contra el Terrorismo, comprometiéndonos a defenderlo y pidiendo apoyo para ello a los españoles. Esto es lo que decía el programa electoral del PSOE en su página 46: «Nos comprometemos al cumplimiento escrupuloso y estricto del Pacto de Estado por la Libertad y contra el Terrorismo suscrito entre el PSOE, el PP y el Gobierno de la nación y, en especial, a renunciar a la utilización política del terrorismo; nos comprometernos a mantenerlo vivo y en vigor hasta la derrota total de ETA o su disolución efectiva».

No resulta fácil de entender —yo al menos no lo entiendo— que durante el tiempo que ha estado roto *de facto* este acuerdo el Partido Socialista y el Ejecutivo hayan insistido en que estaba vigente, recordando de forma permanente que fue Rodríguez Zapatero quien lo propuso; y ahora que se ha roto la tregua y la inmensa mayoría de los ciudadanos piden la vuelta del Gobierno a la política definida en ese pacto, se diga que ya no sirve.

Resulta urgente determinar si el Gobierno que preside José Luis Rodríguez Zapatero quiere en estos momentos suscribir un pacto de Estado para definir la política antiterrorista o no. Eso es lo fundamental. Porque si se quiere un pacto de Estado tendrá que hacerlo con el PP. Como lo hizo el 8 de diciembre del año 2000. Y llamar al consenso al resto de las fuerzas políticas, estando abiertos a sus propuestas. Pero todo a partir de un acuerdo firme entre PSOE y PP. Lo demás —el consenso, la unidad, el diálogo...— es otra cosa. Y la política que se haga a partir de una u otra opción también será diferente. Y los instrumentos que se utilicen también lo serán. Y aunque el Estado de derecho sigue funcionando y se producen fallos en los tribunales que son verdaderos aciertos, no creo que podamos permitirnos el lujo de mantener esta incertidumbre y este desconcierto durante mucho tiempo más.

Organizar la coartada
ABC, 9 de enero de 2007

Leyendo la prensa de ayer he tenido la impresión de que desde los aledaños del Gobierno —quizá desde el propio Ejecutivo— se ha empezado a organizar la coartada. Así, se nos da cuenta de que «el optimismo» del presidente en su comparecencia del 29 de diciembre pasado estaba basado en que en la reunión mantenida a mediados de diciembre —esa que *El País* denomina «primera reunión oficial» y que según reconoce ese mismo diario se produjo incumpliendo las condiciones establecidas en la resolución de mayo de 2005 que exigían la constatación de la «ausencia de violencia»— quedaron para volverse a ver.

Quizá haya quien se «tranquilice» ante tal tipo de información. A mí me produce una inmensa desazón, porque vendría a confirmar que el presidente del Gobierno tiene más confianza en lo que le dice Ternera a sus interlocutores de Ankara —cuando repasas los nombres de quienes aparecen como interlocutores gubernamentales te echas las manos a la cabeza— que en la información suministrada por las fuerzas y cuerpos de seguridad del Estado. Si con tales «datos» publicados ahora —una nueva reunión— se pretende justificar el optimismo del presidente, vamos dados. Lo que hacen es poner en evidencia a un Gobierno que prefirió fiarse de lo que los terroristas le decían a sus enviados antes que confiar en la información que le suministraban sus propios Cuerpos y Fuerzas de Seguridad. Y eso que *El País* decía desde hacía días que Ternera no mandaba en ETA desde el mes de agosto.

Por si fuera poco preocupante pensar que el Ejecutivo podía estar desoyendo las voces de sus propios cuerpos de seguridad, el mismo periódico publicaba el día 31 de diciembre un reportaje firmado por José Luis Barbería titulado «París atribuye a ETA plena capacidad operativa», en el que se explicaba detalladamente cómo se había ido organizando la banda terrorista durante estos nueve meses y cómo la policía francesa y la española se estaban movilizando para frenar un nuevo despliegue de la banda armada. En su artículo, Barbería insiste en que los responsables antiterroristas franceses perciben en ETA una actitud desafiante. ¿Cómo, con todos esos datos conocidos, se puede pretender ahora justificar el optimismo presidencial?

Por eso, porque no creo que haya cabeza normal en la que quepa pensar que el optimismo era una respuesta lógica a lo que estaba ocurriendo, no puedo por menos de pensar que todo lo que estamos leyendo y escuchando en los dos últimos días desde los entornos del poder responde a una estrategia destinada a organizar una coartada.

Una coartada para justificar lo que se hizo y por qué se hizo. No me parece la táctica más correcta para rectificar los errores; pero lo que verdaderamente me preocupa —y por eso escribo lo que estoy escribiendo— es que la coartada se esté organizando para justificar lo que se pueda querer hacer.

El presidente declaró a los periodistas el día de la Pascua Militar que se ha llegado a un «punto y final» en relación con el diálogo con ETA; pero a la vez afirmó que «no ha habido ningún elemento o argumento que permita decir que ha habido un error». Reconozco que esas palabras, junto a la hoja de ruta que empiezo a percibir, retazo a retazo, me llenan de desconfianza. Me explico. Publicaba ese diario que «el Ejecutivo considera básica la relación con el PNV para lograr la unidad política frente a ETA». Y como un eco de esas palabras, reaparece el mismo domingo a mediodía Patxi López (*missing* desde el atentado terrorista del día 30) para explicar que «el PSE asistirá a la convocatoria de manifestación de Ibarretxe». En los periódicos de ese mismo día aparecían distintos dirigentes del Partido Socialista de Euskadi diciendo justamente lo contrario.

Entonces empiezo a temer que lo que el PSOE está gestando es eso que los nacionalistas y los defensores del «final dialogado» llaman «la unidad de los partidos». Una unidad para la que resulta básica la relación con el PNV. Por eso López no escucha las sabias palabras de Zubizarreta, quien fuera asesor de Ardanza e impulsor del Pacto de Ajuria Enea, que advierte en *El Correo* del domingo mismo que la convocatoria del lehendakari se parece demasiado a aquella manifestación que organizó a mayor gloria de él mismo tras el asesinato de Fernando Buesa.

Por eso López no escucha la advertencia de Zubizarreta que insiste en que los efectos de esta manifestación serán que «Batasuna, en vez de verse forzada a ahondar en sus contradicciones, contemplará aliviada el paso de una multitud manipulada en sus sentimientos más íntimos». Todo me hace temer que los dirigentes socialistas no escuchan las voces sensatas de aquellos que aun viniendo del mundo nacionalista han aprendido de nuestra propia historia, porque han decidido volver a las andadas; o mejor dicho, no salir del lodazal en el que se han metido.

Por eso no puedo por menos de pensar que la coartada respecto del pasado más reciente —esa tendente a demostrar que todo se hizo bien, que había «argumentos» para justificar lo injustificable— en realidad tiene como objetivo construir una coartada para repetir la historia. Y eso es algo que no nos podemos permitir. Hemos de exigir claridad al Ejecutivo y al PSOE. Hemos de exigirles que opten. Tienen que tener claro que no vamos a dejarnos engañar, aunque para encubrir lo que parecen dispuestos a hacer —insistir en el error— utilicen esas palabras de significado taumatúrgico como son diálogo, paz o acuerdo. No nos vamos a dejar engañar por las palabras; conocemos bien su significado. No es lo mismo apostar por «el final dialogado de la violencia» que diseñar una estrategia para derrotar a ETA. Ni es lo mismo «la unidad de los partidos» que «un pacto de Estado» contra el terrorismo. El pacto de Estado requiere del acuerdo entre el partido que gobierna y el partido que es su alternativa. El pacto de Estado tiene esa condición imprescindible, la única que garantiza que la alternancia en el Gobierno no modificará la política pactada. Los demás partidos se pueden sumar a cualquier pacto de Estado; es lo deseable. Pero imprescindibles solo son los dos únicos partidos que pueden formar el Gobierno de España.

Tal y como están las cosas, mucho me temo que el PSOE y el Gobierno hayan optado por mantener la estrategia que nos ha llevado a la situación actual. Les oigo hablar mucho de unidad; pero no les he oído decir nada sobre la necesidad de reeditar el pacto con el Partido Popular.

Han dicho que es básico pactar con el PNV; pero no han dicho que es imprescindible el acuerdo con el PP. Concepción Arenal proclamó —a propósito de la alergia de los políticos a asumir responsabilidades por sus actos— que «cuando la culpa es de todos, la culpa no es de nadie». Aquí y ahora hay culpables y responsables. El único culpable del terror y del dolor causado es ETA. Pero la responsabilidad de que el pacto se haya roto en pro de otra estrategia para buscar un «final dialogado» es del Gobierno. Fue una opción personal tomada, en el ejercicio de sus competencias y con entera libertad, por el presidente del Gobierno. Sabemos a dónde nos ha conducido: la sociedad en su conjunto, los partidos políticos, las asociaciones cívicas, las asociaciones de víctimas… Todo está hoy mucho más dividido y más debilitado que en marzo de 2004. Y ETA está psicológica y organizativamente mucho más fuerte. Esta es la pura realidad.

La respuesta ante esta situación no puede ser una llamada genérica a la unidad. Ni una reafirmación en los principios democráticos. No tengo la menor duda de que el presidente, según sus propias palabras, piensa seguir poniendo lo mejor de él mismo para «ganar la paz». Dijo el sábado en la Pascua Militar que «es una tarea muy arriesgada en términos políticos, pero es mi decisión». No entiendo bien; no sé por qué el presidente piensa que debe asumir más riesgos que los estrictamente necesarios. Una cosa es que la tarea sea difícil, sobrehumana incluso. Y que, a pesar de ello, esté dispuesto a asumirla. Pero en cuanto al riesgo, es evidente que la tarea será más o menos arriesgada según como se acometa. No hay por qué correr riesgos innecesarios. Y a la vista de lo ocurrido cualquiera puede entender que correría un riesgo innecesario quien volviera a tratar de convencer a unos terroristas de que dejen de serlo cuando ellos aún no sienten esa necesidad. Lo arriesgado sería seguir creyendo que los gestos amables y las buenas maneras van a ser interpretados por los terroristas como algo distinto a la debilidad. Lo arriesgado sería partir de cero, como si nada hubiera ocurrido, como si ahora mismo —y en un pasado no tan lejano— no se hubieran intentado políticas de apaciguamiento hacia el terror que culminaron en fracasos. Lo arriesgado fue romper un pacto de Estado con el partido llamado a ser alternativa, para optar por un acuerdo con los partidos minoritarios y nacionalistas que nunca tendrán la responsabilidad de formar gobierno en España y que siempre defendieron la negociación política con ETA. Convendría reconocerlo.

Lo arriesgado, lo suicida diría yo, sería que a la vista de lo ocurrido se volviera a repetir la opción. Persistir en la estrategia que ha devuelto a ETA la esperanza no tiene ninguna justificación. Ni hay coartada que pueda disimularla. Ni el mejor Hitchcock podría inventar un McGuffin suficientemente convincente. No nos vamos a distraer, presidente. El día 15 comparecerá usted en el Congreso de los Diputados. Estaremos atentos. Tiene usted que optar: o el pacto de Estado para derrotar a ETA o el mantenimiento del acuerdo con los nacionalistas para insistir en el final dialogado. No hay excusa, McGuffin o coartada que valga.

Las líneas rojas que nunca debieron ser traspasadas
El Mundo, 28 de febrero de 2007

Hace mucho tiempo que empezamos a hablar de dónde debiéramos situar las líneas rojas; esas líneas que bajo ningún concepto ni apelando a ningún objetivo pueden ser traspasadas en democracia. Esas líneas que marcan la diferencia entre el honor, el deber y el cálculo, la política y la demoscopia, el uso del poder o el ejercicio de la responsabilidad.

La primera vez que leí una entrevista del secretario general del Partido Socialista de Euskadi, Patxi López, en *Gara*, en la que no descartaba una alianza poselectoral con Batasuna —o su nueva marca—, escribí un artículo titulado «Lo más sagrado». Era noviembre de 2005; muchos dirigentes del PSOE afearon mi denuncia; nadie se ocupó de estudiar los hechos denunciados: el inicio de una deriva de los dirigentes del partido que les ha llevado, indefectiblemente, a identificar, pública e institucionalmente, el sufrimiento de las víctimas con el de sus verdugos.

Decía López en aquella entrevista que «si todos los vascos nos ponemos de acuerdo, no habrá muros de contención insalvables», haciendo suyo el lenguaje acuñado por los nacionalistas, así como su filosofía.

Como si la democracia no fuera una suerte de reglas, de «muros», establecidos precisamente para poner coto a las reivindicaciones ilegítimas de individuos o de colectivos. El típico «qué hay de malo en ello», tantas veces reiterado por el lehendakari Ibarretxe para defender su plan exclusivista, había sido incorporado al lenguaje socialista.

En esa entrevista, López fue preguntado sobre futuros acuerdos de gobierno, incluso con Batasuna. Su respuesta fue: «Democracia es, entre otras cosas, libertad de pactos. Que cada cual lo interprete como quiera…». Nadie desde la dirección del PSOE desautorizó formalmente sus palabras. Yo pensé entonces —y lo denuncié— que estábamos traspasando una de las líneas rojas.

Tres meses después, en febrero de 2006, José Antonio Pastor, portavoz de los socialistas en el Parlamento vasco, concedió una entrevista al mismo diario proetarra. Siguiendo la senda de su jefe, avanzó algunas posiciones. Me parecieron tan graves algunas de sus aseveraciones, que me vi obligada a escribir una carta abierta al presidente del Gobierno.

En aquella entrevista, Pastor respondía a una pregunta sobre las posibles medidas de flexibilización en la situación de los presos de esta manera:

> La situación política vasca tiene dos momentos importantes: uno, el momento en el que se puede iniciar el proceso de paz, pero, evidentemente, hay un día después. Y ese día después, ese proceso de reconciliación, no va a ser fácil, necesita del concurso de las más de mil víctimas del terrorismo y necesita también de ejercicios de generosidad y de flexibilidad por parte de todos. Hay que atender el criterio de las víctimas, que básicamente piden que se les reconozca el daño causado y se les pida perdón; pero, por otra parte, también hay que pedirles una cierta dosis de generosidad a ambos sectores que, si se quiere, los personalizaremos en las víctimas y en los presos de la banda terrorista ETA, que, de una forma u otra, en función de las circunstancias de cada uno y a lo largo del tiempo, deberán de ir reintegrándose con cierta normalidad a la vida política. Claro que es muy difícil conjugar dos mundos que han estado tan apartados y en el que unos han sido víctimas y otros básicamente verdugos, y eso va a exigir muchas dosis de diplomacia,

generosidad, mano izquierda y sentido común. Es cierto que a las víctimas hay que escucharlas y tenerlas en cuenta a la hora de aplicar estas políticas, pero no pueden convertirse en un agente político activo en un proceso de paz; no lo han sido en ningún proceso del mundo.

Era la primera vez, que yo recuerde, que un dirigente del Partido Socialista equiparaba públicamente a las víctimas con los verdugos; la primera vez en que se pedía «generosidad» a las víctimas, como si ellas tuvieran parte de la responsabilidad de ser lo que son: víctimas del terror; era la primera vez que un dirigente socialista se atrevía a decir que «en esos dos mundos que han estado tan apartados» —como si la culpa de estar apartados los terroristas y sus víctimas fuera achacable por igual a unos y a otras— , unos «han sido víctimas y otros básicamente verdugos».

Pensé entonces que estábamos traspasando una de las líneas rojas. La única respuesta de la dirección del PSOE a mi denuncia fue mi destitución fulminante de la Comisión de Libertades. Nadie vio nada democráticamente anómalo en los hechos denunciados.

Después vendría un documento del Comité Nacional del PSE en el que se denomina a los asesinos como «aquellos que la justicia determinó que eran los asesinos», mientras que las víctimas pasan a ser «quienes tienen la consideración de víctimas». También eso nos hizo pensar que habíamos traspasado las líneas rojas de la decencia y de la dignidad. Pero nadie hizo nada; y el proceso de degeneración democrática siguió su curso.

Y como era de esperar en este ambiente de relativismo absoluto, de oscuridad y de confusión, en el que el enemigo de los socialistas parece ser el Partido Popular y el adversario es Batasuna, se ha culminado el despropósito, proclamando en el Parlamento vasco el derecho de los presos terroristas a recibir ayudas públicas. «Nos parece un derecho que se mantengan y se hagan cumplir esas ayudas», dijo el portavoz del PSE, modificando la posición histórica del partido que siempre había sostenido —la última vez, en diciembre de 2007, cuando apoyó los presupuestos de Ibarretxe, pero se «opuso» a esa partida—: que las ayudas a terroristas no eran un derecho, sino «una opción política».

Para arreglarlo, solicitó ayudas también para «los amenazados que necesiten un respiro en otra comunidad autónoma e incluso a quienes han resultado damnificados por ETA y viven ahora en otros lugares de España». Obsérvese el lenguaje: «Quienes tienen la consideración de víctimas», según el documento del Comité Nacional, son ya damnificados. «Hemos reconocido que sufren los familiares de las víctimas del terrorismo y que sufren los asesinos y las madres…», siguió diciendo el portavoz. Y matizó después, para terminar de arreglarlo: «Aunque no es lo mismo la cárcel que el cementerio…».

Esa actitud de equidistancia, ese posibilismo, esa equiparación entre víctimas y verdugos que empezó a vislumbrarse cuando López no descartó tajantemente la posibilidad de gobernar con nuestros asesinos, está llevando al Partido Socialista a situarse al otro lado de la raya. Esa raya que separa a los demócratas de los totalitarios; esa raya que niega cualquier causa que justifique el terror; esa raya que proclama que la inocencia de las víctimas es intocable; esa raya que establece la diferencia insalvable y radical entre víctimas y verdugos: las primeras todas inocentes; los segundos, todos culpables.

Hemos traspasado la raya roja. Y me pregunto, con todo dolor y llena de incertidumbre, si quienes hasta ahora nos hemos limitado a denunciarlo —algunos, pocos, en público; muchos, en privado— no podemos hacer algo más que lo que hacemos para evitar esta degeneración, esta regresión moral y ética que se está produciendo. Me pregunto si no ha llegado ya la hora de que demos un paso adelante.

¿No creéis que ya ha llegado la hora?
El Mundo, 26 de abril de 2007

Me dirijo a mis compañeros y compañeras del Partido Socialista: a todos los cargos públicos, dirigentes provinciales o regionales, miembros del Congreso o del Senado, alcaldes, barones o exbarones que dicen estar esperando la hora. Me dirijo también a aquellos de los que se dice están esperando su hora.

Me dirijo a todos mis compañeros que en privado dicen que no pueden aguantar más esta situación; me dirijo a todos aquellos que me llaman o me escriben para darme ánimos, que me dicen que ellos no se atreven a hablar, que temen el vacío interno, que temen que les acusen «de ser del PP», que temen hacerle daño electoral al PSOE..., pero que están de acuerdo conmigo; o que no están totalmente de acuerdo conmigo, pero que están completamente en contra y asustados por la deriva que lleva la política dirigida por José Luis Rodríguez Zapatero.

Me dirijo a todos aquellos que, con muchas dudas, le dieron una oportunidad al Gobierno cuando decidió romper el Pacto por las Libertades y contra el Terrorismo para iniciar un proceso de diálogo con ETA, apoyándose para ello en las fuerzas nacionalistas y en Izquierda Unida.

Me dirijo a todos aquellos que, una vez fracasada esa opción, dicen por activa y por pasiva —siempre en privado o en semipúblico— que hay que desandar el camino, que hay que rectificar, que hay que volver al plan B, que este no puede ser otro que recuperar la política de firmeza contra ETA y volver a revitalizar el pacto con el PP.

Me dirijo a todos aquellos que desde las filas del Partido Socialista se sintieron abrumados cuando el Gobierno decidió ceder al chantaje de Ignacio de Juana Chaos; me dirijo a todos aquellos que se sintieron abochornados, aunque callaron, cuando el Gobierno empezó a dar explicaciones contradictorias y titubeantes para enmascarar la cesión.

Me dirijo a todos aquellos militantes socialistas que se sintieron humillados cuando la Fiscalía retiró la acusación contra Otegi, permitiéndole volver a su casa después de haber sido conducido ante el Tribunal de la Audiencia Nacional en un avión de las Fuerzas Armadas.

Me dirijo a todos aquellos militantes socialistas que han sentido vergüenza ajena cuando han sabido que el terrorista De Juana Chaos sale del hospital con su novia, pasea, va al homeópata, va de compras o se desplaza sin esposas por el recinto hospitalario. A todos aquellos que han escuchado estupefactos al ministro de Justicia explicar que es bueno que el terrorista ingresado en un hospital «salga a curarse».

Me dirijo a todos aquellos militantes y dirigentes socialistas que siempre se sintieron orgullosos de lo que supuso la Transición española; y a todos aquellos que no quieren mirar hacia atrás, y a los que defienden que el Partido Socialista ha de seguir siendo un partido nacional, que vertebra España, que no renuncia a serlo, que no se conforma —como ahora— con conseguir mayorías sumando sus escaños a los de los nacionalistas y los partidos marginales.

Me dirijo a todos los militantes socialistas que quieren que el modelo de Estado no dependa de los votos de quienes nunca creyeron en la nación española, de quienes aspiran a constituir una nación independiente, de quienes mercadean con sus votos para vaciar de competencias al Estado español y convertirlo en algo residual. Me dirijo a todos los socialistas que saben que por ese camino emprendido llegaremos a un Estado inviable, en el que la desigualdad de derechos entre españoles hará estallar el sistema.

Me dirijo a todos los militantes y dirigentes socialistas que observan con preocupación y estupor toda esta ceremonia de confusión alrededor de las candidaturas de ETA a las elecciones locales y forales del País Vasco y Navarra. Me dirijo a todos aquellos que no quieren pensar, que prefieren quedarse con el mantra repetido por el Gobierno y por el PSOE de que «se cumplirá la ley», pero que no pueden evitar comprobar que se repite la historia de las elecciones al Parlamento vasco, cuando surgió la candidatura del Partido Comunista de las Tierras Vascas y desde Moncloa se le dejó pasar.

Me dirijo a los socialistas que preferirían engañarse, que preferirían pensar que es verdad que el Gobierno va a hacer cumplir la ley, que preferirían, incluso, pensar que no pasa nada porque ETA vuelva a las instituciones, disfrazada ahora de ANV. Me dirijo a los que se sienten incómodos cuando se les interpela con esta realidad, a los que tienen conciencia, a los que mirarían hacia otra parte para no tener que pronunciarse, pero temen no poder hacerlo si les llega nuestra voz.

A todos ellos les pregunto que si no creen que ya ha llegado la hora de hablar. A todos ellos les digo que tienen responsabilidad en lo que está pasando. ¿A qué esperáis? ¿Sois conscientes de que han detenido a un terrorista, miembro del Comando Donosti, que estaba a sueldo del Partido Comunista de las Tierras Vascas? ¿Sois conscientes de que el fiscal general del Estado se ha negado a iniciar un proceso de ilegalización de ese partido que subvenciona a los terroristas? ¿Sois conscientes de que el PSOE y el Gobierno han rechazado en el Congreso de los Diputados iniciar el proceso de ilegalización? ¿Sois conscientes de que quienes han permitido que se le preste apoyo logístico y económico serían responsables políticos si ese terrorista detenido por la Guardia Civil hubiera cumplido con su objetivo criminal? ¿Sois conscientes de que quienes calláis sois cómplices de aquellos que no cumplen con su deber de proteger a los ciudadanos?

A todos os quiero decir que lo que se está preparando es lo más grave de toda nuestra reciente historia democrática. A todos os digo que lo vais a tener muy complicado para mirar para otra parte. A todos os digo que vamos a hacer lo posible para que no podáis lavar vuestra conciencia. Porque si ETA vuelve a las instituciones, vestida de lo que sea, será porque el Gobierno se lo ha permitido. Si permite que las candidaturas de ANV, trufadas de Batasuna, continuadoras de Batasuna, sustitutas de ETA, se cuelen en los ayuntamientos y diputaciones vascos y navarros, el Gobierno estará consintiendo que ETA obtenga dinero, infraestructura y logística para preparar con mayor comodidad sus crímenes.

Es así de duro y así de claro. Desde los ayuntamientos y desde el Parlamento vasco, ETA preparó en el pasado sus crímenes; desde los propios ayuntamientos vascos —como se ha sabido después, una vez detenidos algunos de los terroristas que ejercían como concejales— se suministraba información de las horas y las rutas utilizadas por concejales socialistas y populares. Y desde ellos también —con dinero público—, organizaron la persecución y el asesinato de algunos de nuestros compañeros.

¿Vais a seguir callando si esto ocurre? ¿No vais a hablar para evitar que ocurra? ¿Vais a esperar a que haya un nuevo atentado, a que declare en la Audiencia Nacional el criminal, a que explique cómo seguía a su víctima desde el cómodo cargo de concejal? ¿Podréis seguir durmiendo bien por las noches? Yo creo que ya ha llegado la hora de hablar. Os pido que lo hagáis antes de que sea demasiado tarde.

Que se aplique la ley sin adjetivos
ABC, 29 de abril de 2007

«Los que no deben estar no van a estar. Otra cuestión es que haya quien interprete la ley en sentido drástico, probablemente incompatible con el Estado de derecho». Mariano Fernández Bermejo, ministro de Justicia del reino de España.

> *Drástico.* Acepción 2 del Diccionario de la Lengua: riguroso, enérgico, radical, draconiano.

Cuando el ministro de Justicia proclama que la exigencia de aplicar la ley con todo rigor y energía es incompatible con el Estado de derecho, es para echarse a temblar; o para darse por jodidos, si me disculpan por utilizar esta palabra; pero es la que mejor explica la situación en la que quedaremos si los que tienen la obligación de defender a los ciudadanos utilizan su poder para buscar atajos legales que permitan a ETA volver a las instituciones.

Todos sabíamos que este ministro era radicalmente contrario a la Ley de Partidos, pilar fundamental de la lucha contra ETA y contra la impunidad de todos sus cómplices. Su posición contraria a ese instrumento de protección de nuestros derechos no fue testimonial; su oposición fue *radical y enérgica*, aunque *no* fuera *rigurosa*, tal y como ha quedado demostrado por la sentencia del Constitucional y de los tribunales europeos. Por eso la llegada de Bermejo al Ministerio de Justicia no presagiaba nada bueno. Pero siempre le queda a una la esperanza de que se cumpla ese viejo dicho de que «el hábito hace al monje», y que una vez investido de ministro se tomara en serio su función. Se la ha tomado tan en serio como el fiscal general del Estado; si este ejerce con mucha más eficacia de defensor que de perseguidor de los terroristas —no hay más que recordar la presteza con que retira los cargos contra

Otegi y su resistencia *draconiana* a incoar expediente de ilegalidad a los que le pagan el sueldo a los terroristas del Comando Donosti—, Bermejo no le va a la zaga.

Asusta que cuanto más evidente es que ETA está reorganizando sus estructuras para matar y señalando objetivos con toda claridad, más laxitud se perciba en el Gobierno y el PSOE. Llega una a pensar que si por estos fuera, en Alemania se permitiría al partido nazi presentarse a las elecciones. Y harían alegatos a favor de la reconciliación y en defensa del diálogo. Suerte que el final de la Segunda Guerra Mundial no dependió de quienes así pensaban; lo que hizo Chamberlain con Hitler hubiera sido una broma comparado con lo lejos que pueden estar dispuestos a llegar algunos para no tener que ir a un funeral. Aunque la dignidad y la democracia quede sepultada en el camino. Como muy bien decía Fernando Savater en el artículo publicado en la página de Basta Ya:

> A fin de cuentas, lo que importa de la leyenda de las Termópilas es otra lección, que tiene poco que ver con la Esparta histórica y con el Jerjes mejor documentado. Es un ejemplo moral: el de que la libertad de los muchos, perezosos o seducidos por la tiranía, se salva casi siempre por la determinación indomable de unos pocos que pelean contra lo que parece irremediable, contra lo verosímil predicado por los acomodaticios, contra lo que la prudencia sobornada por el dominio aconseja como más recomendable. Hay muchas Termópilas: tantas como ocasiones en que los derechos de las personas deben ser defendidos contra los pueblos unánimes y las masas aborregadas de los obedientes por naturaleza. Y la nobleza de estas empresas no depende de su éxito final, sino del empeño con que son acometidas. Lo dijo mejor que nadie Kavafis en sus versos conmemorativos:

> > *Honor a aquellos que en su vida*
> > *fijaron y defendieron unas Termópilas…*
> > *Y más honor aún se les debe*
> > *cuando prevén (y muchos son los que prevén)*
> > *que al fin llegará Efialtes*
> > *y los medos por fin pasarán…*

¡Que nos lo digan a quienes en el País Vasco pusimos nuestras Termó-
pilas en la defensa de la legalidad constitucional y de España como Estado
de derecho de todos y para todos!

Esta gente que nos gobierna ni siquiera se da cuenta de que, si nos
abandonan, si nos expulsan de nuestra tierra, ellos quedarán desprote-
gidos; porque nosotros somos sus verdaderos escudos políticos. Y los
terroristas irán después a por ellos. Como fueron los nazis a por Polonia
después de conseguir los Sudetes. Y a por Francia. Y a por Inglaterra.
Y a por Rusia. Pero sé que esta apelación histórica es inútil; porque
aquellos que serían los destinatarios de la reflexión probablemente
piensan que ETA nada tiene que ver con el totalitarismo nazi; o ni
siquiera con el totalitarismo a secas. Ellos están más bien en la filosofía
del «conflicto». Y para eso les va mejor adoptar la actitud del pacifismo
chamberliano en vez de aplicar la ley de forma *rigurosa, enérgica, radical y draconianamente.* Vamos, de forma *drástica,* que es como se deben
aplicar las leyes que tienen por objeto defender principios y valores
fundamentales.

Insisto en que están montando la trampa y extendiendo la tela
de araña. A pesar de todo lo que ETA anuncia; a pesar de las nuevas
cartas de chantaje; a pesar de que los detenidos en Inglaterra estuvieran preparando atentados. O quizá precisamente por eso. Voy a pensar
que tiene razón mi amigo Nicolás Gutiérrez cuando insinúa que solo
les mueve la obsesión por llegar a las elecciones del 27 de mayo sin
atentados. Y después, Dios dirá. Es demasiado duro para creérselo. Pero
conviene empezar a pensar en ello. Porque solo así se explica tanta des-
fachatez y tanta irresponsabilidad como la que se observa en las actitudes
del Ministerio Fiscal y del de Justicia.

Verán como ahora se amparan en el auto dictado por el juez Garzón en el que establece que «ANV, sin perjuicio de lo que pueda resultar
de ulteriores investigaciones, al día de hoy, no es un instrumento de
ETA-Batasuna…». Convienen destacar que el hecho de que el dictamen
de Garzón —elaborado tomando como base un informe en el que la
policía y la Guardia Civil ponen de manifiesto el escaso tiempo que

han tenido para elaborarlo «lo que implica limitaciones de análisis»— no impediría que la Fiscalía actuara de oficio y abriera un expediente de ilegalización contra ANV para que los tribunales se pudieran pronunciar con más tiempo y más elementos de juicio. Pero eso sería aplicar la ley con rigor y energía. Y ya se sabe que no es eso lo que quiere el ministro de Justicia. Por eso el fiscal se pondrá de perfil detrás del juez.

Pero merece la pena que estemos atentos para ver cuáles son los argumentos que esgrimen para no actuar contra cada una de las listas de ANV. Atentos, porque merece la pena ver cómo se exprimen el cerebro para permitir que ETA se vuelva a colar en las instituciones. Y atentos a ver cómo lo cuentan quienes, como *El País*, ya han adelantado que el 88 por ciento de las candidaturas de ANV están contaminadas.

Dirán que son casualidades, meras casualidades. Verán cómo se amparan en eso para ni siquiera iniciar el procedimiento de ilegalización de ANV. Como si las fuerzas y cuerpos de seguridad pudieran sustituir a los tribunales de justicia; como si un solo juez pudiera sustituir a la sala. Ya lo ha dicho la vicepresidenta: «Hay que tener certezas». Aplicando esa lógica nunca se iniciarían procedimientos penales en España; y si alguien —juez, Gobierno, policía— tuviera certezas de delito, pues no harían falta juicios… Dios, qué despropósitos. ¿Todo para que pase el 27 sin atentados? Es mejor no pensar en ello. O quizá hay que pensar en ello…

¿Qué miembro del Gobierno iría al funeral?
El Mundo, 5 de mayo de 2007

Eso se preguntaba hace unos días el concejal socialista Niko Gutiérrez en un artículo publicado en la página de Basta Ya y en el periódico *El Mundo*. A la vista de la información firmada por José Luis Barbería que pudimos leer en *El País* el pasado 29 de abril, se diría que es una pregunta completamente pertinente.

Barbería informaba de que «la policía francesa está convencida de que ETA cuenta actualmente con otros terroristas de similar perfil a los liberados —a sueldo de la banda— que dirigían el Comando Donosti, recientemente desarticulado. Según fuentes del país vecino, una treintena de activistas asentados habitualmente en Francia estarían dispuestos a cruzar la frontera o se encontrarían preparando acciones programadas por la dirección de ETA».

Los cuerpos de seguridad franceses creen que la organización terrorista tratará de atentar en España tras las elecciones municipales del 27 de mayo, e incluso no descartan que llegue a hacerlo antes de esa fecha, en función de si las candidaturas de Batasuna (ASB o ANV) son o no masivamente anuladas por los tribunales. O sea, piensan lo mismo que la Guardia Civil y la Policía Nacional, y que el común de los ciudadanos españoles no sometido a la disciplina partidaria —prohibido pensar— o a la ceguera autoimpuesta para dormir tranquilos.

Esta nueva ETA que nos amenaza es la resultante de la reestructuración y regeneración organizativa emprendida durante el alto el fuego permanente declarado el 22 de marzo del pasado año. De hecho, tras los robos en Francia de armas, explosivos, matrículas y papel y películas plásticas que les permiten falsificar, con sus correspondientes hologramas, todo tipo de documentos, ETA parece encontrarse perfectamente abastecida. Su único punto débil es el dinero. Por eso intensifican la extorsión a empresarios; por eso incrementan las amenazas al Gobierno español: porque necesitan volver a las instituciones democráticas para financiar sus crímenes con nuestros impuestos.

Según fuentes policiales francesas, buena parte del dinero que llega a las manos de ETA ha circulado previamente por una vía de despachos de abogados y de personas de conocida ideología nacionalista, no necesariamente vinculados a Batasuna. «Esos pagos, que permiten lucrarse a no pocos intermediarios, se efectúan en el mismo País Vasco, tal y como se puso de manifiesto con la desarticulación de la trama del bar Faisán, de Irún». Una de las consecuencias más nefastas de cuarenta años de este terrorismo de ETA, que ha compartido tiempo y espacio con un nacionalismo que nunca defendió la legitimidad democrática del Estado español y de sus instituciones, es que ha convertido en mafiosa a una importante parte de nuestra sociedad.

En la medida en que la reestructuración de ETA ha hecho inoperante buena parte de los puntos de vigilancia establecidos en los últimos años, la policía francesa se ha visto obligada en no pocos casos a reiniciar la investigación desde cero. «Nosotros no habríamos acometido en 2004 el desmantelamiento general de los aparatos de ETA si hubiéramos sabido que el Gobierno español se proponía negociar con ellos y que iba a declararse una tregua, con el consiguiente relajamiento de la presión», sostiene un responsable policial. «Entonces fuimos a por todo y les dejamos muy en precario, con una infraestructura mínima de reserva. Estaban asfixiados y ahora tienen oxígeno para años», subraya.

En opinión de estos investigadores, ETA se encuentra actualmente muy cómoda en la posición que ha adoptado de proclamar su disposición negociadora y, al mismo tiempo, fortalecerse como organización terrorista. «Como ya no volverán a ser la potente organización que fueron en el pasado, esta posición de tregua ficticia les permite economizar esfuerzos y jugar con la amenaza y el chantaje al Gobierno español, al tiempo que mantienen a la gente de Batasuna reagrupada y movilizada en torno al proceso», indican.

Los expertos antiterroristas franceses nos miran perplejos. La verdad es que hoy sabemos que nos han mirado perplejos desde que José Luis Rodríguez Zapatero llegó al Gobierno y decidió liquidar la política antiterrorista más exitosa que ha conocido nuestra historia. Como nos miraron incrédulos y escandalizados cuando el Ejecutivo y el PSOE cometieron la irresponsabilidad de llevar al Parlamento Europeo una propuesta de acuerdo sobre el «proceso de paz en España»; un hecho sin precedentes que sirvió para que ETA recibiera un respaldo internacional que ha pretendido a lo largo de toda su historia. Y que la dirección del PSOE y Zapatero le regalaron sin ningún tipo de pudor. Y como nos miran ahora, estupefactos, al observar que el Gobierno de España deja colarse en las instituciones democráticas a aquellos que conseguimos incorporar, con la inestimable ayuda de Francia, a la Lista Europea de Organizaciones Terroristas. La cooperación ha dejado paso a la desconfianza. Y esto se pagará muy caro.

Pero me temo que nada de eso va a hacer cambiar de posición a nuestro Gobierno. Ni siquiera el hecho de que el último terrorista detenido, el que organizaba las candidaturas de ANV en Navarra, haya resultado ser —como miembro del Comando Donosti— un asalariado del PCTV. Ninguno de esos datos ha logrado que el fiscal general del Estado cumpla con su obligación de instar la ilegalización del PCTV y de ANV. Ninguno de esos datos ha conseguido que el Ejecutivo tome conciencia de que con sus decisiones y con su laxitud a la hora de poner coto a los terroristas están facilitando que ETA solucione su punto débil: la falta de dinero. Parecen dispuestos incluso a ayudarles en otro de sus problemas: van a devolverles la legitimidad institucional y la impunidad que les arrebatamos cuando les expulsamos de las instituciones. Al permitirles que vuelvan, les van a ayudar a protegerse mejor y les van a dar instrumentos para perseguirnos con mayor comodidad y eficacia. Así de duro y así de claro.

A la vista está que el Gobierno ha optado por apaciguar a los verdugos en vez de utilizar todos los instrumentos del Estado de derecho para proteger a las posibles futuras víctimas. El Ejecutivo permitirá que los terroristas se inserten, como garrapatas que esperan a su presa, en nuestras instituciones democráticas. Y a partir del 27 de mayo nos esperarán, nos vigilarán y nos controlarán desde dentro de ellas.

No siempre se supo que había que elegir entre apaciguar a la bestia o proteger a los ciudadanos inocentes. Pero hoy sabemos que así es. No siempre estuvo claro que apaciguar con caricias a los monstruos no dejaba de ser un sueño imposible; pero hoy ya lo sabemos. No recuerdo quién dijo aquello de que «hay una forma infalible de apaciguar a un tigre: dejar que te devore». ¿Será esa la estrategia, dejar que la bestia devore a los que aún seguimos aquí?

Habrá quien piense que esto que digo es muy fuerte. Lo es; pero no es ninguna presunción. Son conclusiones que parten del análisis de los hechos. Lo que afirmo está basado en nuestra propia experiencia. Ya intentamos en el pasado apaciguar con medidas «generosas» a los terroristas; ya intentamos tenerles en las instituciones para ver si así se les pegaba algo de la democracia. Ya sabemos cuál fue el resultado: se rearmaron desde dentro de las instituciones democráticas, se financiaron con nuestros impuestos y utilizaron el paraguas institucional para organizar sus crímenes con mayor impunidad y eficacia.

Por eso denuncio la laxitud del Gobierno ante esta situación. ¿O no es actuar con laxitud por parte del Ejecutivo el permitir que se presenten la mitad de las listas de ANV? ¿O no es una actitud laxa decidir que ni siquiera se iniciará un procedimiento de ilegalidad contra el partido ANV, impidiendo así de hecho que los tribunales puedan juzgarlo y pronunciarse? ¿O no es un doloroso sarcasmo anunciar que no se va a impugnar la totalidad de las listas de ANV para evitar que «la izquierda *abertzale*» (manda narices los adjetivos que ahora se utilizan para denominar a los terroristas) haga «victimismo»?

¿Cómo se le puede llamar a esa ocurrencia de la Fiscalía y la Abogacía del Estado de impugnar solo las listas de ANV que tengan dos o más conocidos militantes de Batasuna? ¿Qué criterio objetivo es ese? ¿Por qué dos o más? ¿Por qué no uno? ¿Por qué no se aplica el espíritu y la letra de la Ley de Partidos y la sentencia del Supremo de 2003 y se inicia el procedimiento de ilegalización de ANV por considerar que se está utilizando para sustituir a Batasuna y otras marcas ya ilegalizadas? ¿Cómo un mismo partido puede ser continuidad de ETA en Ermua y no en Oyarzun, por poner un ejemplo? ¿Cómo es posible que para impugnar las candidaturas de ASB se utilice el criterio de la Ley de Partidos —no siendo ASB un partido— y con las listas de ANV —que sí lo es— se busque la contaminación individual? ¿No estarán buscando la Fiscalía y el Ejecutivo que el Supremo o el Constitucional desestimen esta fórmula confusa y contradictoria de aplicar la legislación y la jurisprudencia en vigor? ¿Por qué el fiscal no aplicó ese criterio estrambótico de «dos o más» para impugnar las listas del PCTV? ¿Porque hubieran caído todas? ¿De dónde se lo ha sacado? ¿No será todo una argucia para que pasen los terroristas en sus feudos o donde se barruntan pactos postelectorales con el propio Partido Socialista? Y, por último, ¿sabían de antemano los que elaboraban las listas de Batasuna/ANV —o sea, Otegi y compañía— que el criterio de la Fiscalía iba a ser este?

Fuentes de la Fiscalía han señalado que «impugnar todas las listas» (de ANV) «sería una decisión política». Claro, tan política como la que han tomado; solo que la primera hubiera sido una decisión política decente. Sin embargo, el Gobierno ha optado por darles una oportunidad a los terroristas y quitarnos a los ciudadanos perseguidos una posibilidad de seguir recuperando espacios de libertad. La decisión política tomada parece estar basada en la convicción de que, si dejan que se cuelen los suficientes, la bestia no dará el zarpazo antes de tiempo... Es como si prefirieran arriesgarse a que haya víctimas cuyos atentados se preparen desde dentro de las instituciones antes que enfrentarse al victimismo de los terroristas... Solo que no son ellos, los que toman las decisiones, quienes se arriesgan. Alguien ha debido calcular que las víctimas son más amortizables, menos molestas que los verdugos. Y, así planteado, razón no les falta: las víctimas nunca amenazan, nunca chantajean, nunca atentan contra la democracia.

Por eso la pregunta que encabeza el texto es pertinente: ¿quién de los miembros del Gobierno y de la cúpula del PSOE iría a ese posible futuro funeral consecuencia de un crimen organizado desde dentro de las instituciones democráticas vascas? Por si acaso, yo recomendaría deje escritas sus últimas voluntades. No vaya a ser que los mismos que facilitan a los terroristas el camino de regreso a las instituciones pretendan organizarnos el funeral.

En todo caso, ojalá nadie deba recordar nunca a nadie que, para organizar un seguimiento, para pasar información, para pasar datos de los amigos, la familia, las salidas, las costumbres de un demócrata, no hacen falta tres terroristas. Para matar a un inocente, para pegarle un tiro en la nuca a un hombre o una mujer libre, un terrorista y una pistola son suficientes.

ETA asesinó a nueve personas después de que este artículo fuera publicado. Y los miembros del Gobierno y del PSOE fueron, con toda desvergüenza, a los funerales.

Recapitulemos

El Mundo, 26 de mayo de 2007

Ayer terminó una de las campañas municipales más broncas de nuestra democracia. Realmente, ha tenido muy poco de municipal o autonómica. No recuerdo ninguna en la que el debate haya estado más alejado de aquello que formalmente se sometía a votación. Se suele decir que el debate local mueve a los ciudadanos mucho más que el debate sobre política general; los ciudadanos se motivan más por las cosas concretas, por las más cercanas: el modelo de servicios sociales, las propuestas sobre proyectos sociales, culturales o educativos, la ordenación urbana o del medio rural, el modelo de ciudad, las alternativas de empleo, el alcantarillado, las aceras, las plazas de aparcamiento, el ruido… En fin, por las cosas cotidianas que nos incomodan en cuanto pones el pie en la calle a primera hora de la mañana.

Nada de eso ha estado en la primera línea de la agenda política de esta larga campaña. Por eso, los partidos, fundamentalmente el PSOE, se muestran preocupados por la posible abstención y sus efectos electorales. Por supuesto, a ninguna de los dos grandes formaciones se le ha ocurrido pensar en las causas de esa abstención y se limitan a temer las consecuencias en términos de cuota de poder. El Partido Socialista ha sido el que con mayor énfasis ha alentado estos últimos días la participación; es consciente de que el electorado del Partido Popular está más motivado, y teme que una alta abstención merme las posibilidades de éxito de las candidaturas socialistas.

Yo me arriesgo a predecir que el índice de participación va a situarse en parámetros similares a los de otros procesos electorales. Porque si bien es cierto que los asuntos considerados más cercanos para los ciudadanos han estado al margen de la campaña, no es menos cierto que el debate político centrado en la situación que se vive en el País Vasco —y, por ende, en toda España—, como consecuencia de la política antiterrorista del Gobierno de Zapatero, será capaz de movilizar a una parte importante de los ciudadanos. Al menos, en eso confío.

Es verdad que hay hartazgo; es verdad que mucha gente está cansada del mismo debate, de la eterna confrontación; es verdad que a mucha gente le desalienta que se desaproveche esta oportunidad electoral para saber de verdad lo que quiere hacer el candidato a alcalde que nos pide el voto. Pero también es verdad que ese debate municipal hace tiempo que ha perdido una parte de su interés, sobre todo teniendo en cuenta que la tendencia mayoritaria del voto termina no teniendo nada que ver con el Gobierno que se constituye a partir del día siguiente de las votaciones. Los ciudadanos somos conscientes de que la incidencia del voto en la conformación de las mayorías de gobierno de un ayuntamiento o región es cada vez menor. Salvo que una formación consiga mayoría absoluta, los pactos entre los minoritarios sustituyen ya de una forma alarmantemente cotidiana el designio de la mayoría. Por supuesto que es democrático, pero no es lógico que ocurra así por norma. Carece de sentido democrático profundo que una candidata o candidato a alcalde llegue a obtener la mitad menos uno de los votos para regir los destinos del ayuntamiento y termine siendo alcalde o alcaldesa alguien que obtuvo menos de la mitad de esos apoyos. Esto tendría arreglo si los alcaldes fueran elegidos directamente. Esa es una cuestión sobre la que convendrá reflexionar en el futuro.

Por eso de que estamos en día de reflexión, quiero llamar la atención sobre la evolución del debate de esta campaña: dónde estamos y cómo y por qué hemos llegado hasta aquí. Porque no hemos llegado a esta situación de crispación y violencia por generación espontánea o sin poderlo evitar. El clima de violencia que hemos sufrido tiene culpables y también tiene responsables políticos.

Esta campaña empezó a tener este sesgo preocupante hace mucho tiempo, justo cuando empezamos a temer que el Gobierno iba a permitir que ETA se colara en las instituciones. Pero el terreno estaba preparado desde antes, justo desde que todos comprendimos que el gran pacto de Estado sobre política antiterrorista para derrotar a ETA había sido sustituido por un acuerdo entre el PSOE y los nacionalistas e IU para favorecer un final dialogado con ETA. A partir de ese momento, todas las piezas del puzle del proceso de paz empezaron a encajar, aunque hiciera falta cambiar sobre la marcha el dibujo final. Lo importante era «salvar el proceso». Por eso, el zulo era un «proyecto de zulo»; el robo de armas en Francia, «una acción puntual»; los tiros en Aritxulegi, «una mascarada para su gente»; las cartas de extorsión a empresarios «no se podían verificar»; el atentado contra la ferretería de un concejal de UPN, «un asunto personal», y el atentado de la T-4, «un accidente».

En ese ambiente de constatable permisividad hacia ETA —no hace falta que recuerde los episodios de Otegi o De Juana Chaos—, se empezó a extender el temor de que el Gobierno iba a permitir que, de alguna manera, ETA volviera a las instituciones democráticas. Si repasáramos todo lo que ha ocurrido desde las primeras declaraciones del Ejecutivo asegurando que eso no ocurriría hasta el día de hoy, concluiríamos en que se ha producido un enorme fraude a la verdad y a la ley, que ha tenido como protagonistas principales a la Fiscalía General del Estado, al Gobierno y a la dirección del PSOE.

Sería imposible en este espacio repasar todas las declaraciones de los miembros del Gobierno y de la dirección del PSOE —desde el presidente hacia abajo— afirmando cada vez con mayor contundencia que, si Batasuna quería presentarse a las elecciones, tendría que cumplir la ley. Al principio decían: «Y condenar la violencia». Después, retiraron ese apartado para quedarse solo con el cumplimiento de la ley porque, como luego se ha demostrado, la Fiscalía utiliza la ley como un chicle y ahí cabe lo que el Gobierno quiere que quepa. Cuando más contundente era la declaración, más se relajaba la exigencia de cumplimiento de la norma. Cada declaración del Ejecutivo o del PSOE provocaba un nuevo gesto de chulería de Batasuna; cada nuevo órdago de Batasuna era respondido por el Ejecutivo y el PSOE con una rebaja en las exigencias.

Y así llegamos a la esperpéntica situación en que Fiscalía y Abogacía del Estado impugnaron solo una parte de las listas de ANV, permitiendo que se presenten en sus feudos tradicionales, declinando iniciar la ilegalización de ANV e impidiendo al Supremo y al Constitucional pronunciarse sobre el conjunto de las listas etarras y del nuevo partido que lo sustenta.

Pero las cesiones no acabaron ahí. A partir de que los etarras se garantizaron esa presencia, la escalada de presiones ha ido en aumento. No me refiero en este momento a las presiones ejercidas sobre los candidatos constitucionalistas; me refiero a los chantajes a que han seguido sometiendo al Ejecutivo. ¿Que dice el fiscal en *El País* que si piden el voto para ANV desde Batasuna habrá motivos para actuar contra el conjunto del partido? Pues al día siguiente Barrena pide el voto, el fiscal se la traga, y los portavoces del PSOE y del PSE dicen que lo que diga un dirigente de Batasuna es una opinión particular. ¿Que el ministro de Justicia va de mitin al País Vasco? Pues los proetarras intentan boicotearlo, y el ministro arremete contra el PP y dice que los batasunos de ANV hacen campaña como el resto de las fuerzas políticas democráticas. ¿Conoce el señor Bermejo a algún militante del PSOE que salga por las noches por el País Vasco, Alcalá de Henares o Granollers a pegar a los candidatos del PP o a quemar sus sedes? ¿Que le ponen un artefacto explosivo al coche del candidato socialista Josean Elola? Pues el secretario de Organización del PSOE dice que aún no sabe si es un atentado terrorista o un acto de *kale borroka*, que es, según él, «matizadamente diferente». ¿Que no hay respuesta ni del Gobierno ni del PSOE hacia lo que publican todos los diarios respecto de los contactos entre los socialistas y ETA en los últimos meses, a los pactos sobre Navarra, sobre la mesa de partidos, a los ruegos de que no hubiera atentados durante la campaña…? Pues la mesa de Batasuna al completo pide el voto para ANV. Y la Fiscalía, la Abogacía del Estado, el ministro de Justicia y todo el equipo, mutis por el foro.

Y así hemos llegado hasta hoy, el día de reflexión. Soportando una de las campañas más duras que yo recuerde. Y no es que no hayamos vivido otras en que no hayamos tenido que soportar una presión de los terroristas similar o mayor que en esta; la diferencia es que ahora los demócratas estamos radicalmente divididos y por eso el daño que nos hacen es mucho mayor. Lo dramático es que ellos están crecidos por los errores que ha cometido quien tiene la obligación de defender el Estado de derecho y no por sus propios méritos; lo más desolador es que ellos perciben que es la primera vez en nuestra historia democrática que los responsables de proteger los derechos de los ciudadanos, los que tienen la obligación y los instrumentos para hacerlo, responden a sus chantajes con esa especie de comprensión cobarde que lo único que hace es alimentar a la bestia.

No es que no hayamos soportado en el pasado tanta presión, tanto chantaje y tanta persecución como ahora. Es la respuesta la que es diferente. Antes todos nos sentíamos escudados por la Constitución y por la ley. Antes sabíamos que el Estado respondería protegiéndonos. Ahora son los más altos representantes del Estado quienes descalifican las leyes que nos protegen, estirándolas para permitir que ETA se beneficie de ellas o calificándolas de «Guantánamo electoral», que es tanto como darles la razón a los terroristas. Por eso hoy, día de reflexión, la recapitulación de la situación en que nos encontramos no puede ser más amarga ni más desconsolada.

Pero también es más necesaria que nunca. Porque sabemos que esto no ha acabado; todo lo contrario: si a partir de mañana mismo no hay un giro en la política antiterrorista, lo peor está por llegar. Los terroristas le han tomado la medida al Gobierno y al PSOE. Y a partir del lunes, estarán en las instituciones. ¿Quién va a frenar entonces esto? ¿Quién va a sostener los escudos para defendernos a todos y para defender el Estado de derecho en Euskadi y en toda España?

ETA culpable, Gobierno responsable
El Mundo, 8 de junio de 2007

En febrero del año 2003, pocos días después del asesinato de Joseba Pagazaurtundúa, Basta Ya convocó una concentración delante de Ajuria Enea, sede de la presidencia del Gobierno Vasco. Llevábamos una pancarta y un lema: «ETA culpable, Gobierno Vasco responsable». Allí, junto a Fernando Savater, María San Gil y todos nosotros, estaban Nicolás Redondo, Javier Rojo, Alfonso Alonso, Mario Onaindia, Ramón Rabanera, Ramón Jáuregui… Y junto a ellos, centenares de ciudadanos defensores del constitucionalismo en el País Vasco. A partir de ese día, todos juntos, como un clamor, empezamos a exigir al Gobierno Vasco que asumiera su responsabilidad por haber desarrollado —de espaldas a todos nosotros y rompiendo los consensos básicos— una política que se había mostrado errónea para combatir eficazmente al terrorismo.

Ante nuestra exigencia cívica, de primer curso de democracia, hubo voces —la prensa y los voceros oficiales del nacionalismo vasco— que trataron de demonizarnos por «criticar al Gobierno Vasco en vez de ir en contra de ETA». Dirigentes del PNV dijeron que algunos de nosotros «solo estábamos cómodos cuando ETA mataba». Otros líderes nacionalistas dijeron que teníamos «más interés en que el PNV perdiera las elecciones que en derrotar a ETA». Y otros nos dijeron que «no era el momento de las críticas, sino el de la unidad».

A todos les explicamos que sabíamos bien distinguir entre la culpabilidad y la responsabilidad. Que naturalmente ETA es la culpable en exclusiva de los crímenes, de las extorsiones, de las persecuciones, de las amenazas. Pero que el Gobierno es el responsable de la política que se aplica en la lucha contra el terrorismo y de sus consecuencias. Y que era doblemente responsable en la medida en que había roto un consenso mínimo, el Pacto de Ajuria Enea, y por estar en contra del Acuerdo por las Libertades y contra el Terrorismo, pacto que se había convertido en el instrumento más útil para combatir y derrotar a ETA.

A todos les explicamos que la asunción de responsabilidades por parte de los gobernantes es el abecé de la democracia, y la exigencia de que las asuman, el abecé de la ciudadanía.

A todos les dijimos que la unidad y el consenso que se nos exigía requiere de una premisa fundamental: que hemos de ponernos de acuerdo sobre lo que queremos hacer juntos. Y que mientras el Gobierno de Ibarretxe no quisiera comprometerse a derrotar a ETA sin ningún tipo de paliativo, mientras creyera que la respuesta a los chantajes había de ser el diálogo, mientras creyera en la política de apaciguamiento con los terroristas, mientras no estuviera dispuesto a aplicar la ley sin ningún tipo de componenda circunstancial, era imposible que camináramos juntos.

Todo eso ocurría en febrero de 2003. Todo eso ocurría en Euskadi. Hoy, salvadas las distancias, podríamos decir que se repite la historia.

ETA ha roto la tregua y amenaza con actuar en todos los frentes. Y se escuchan (sintetizando) dos discursos. Uno es el que dice: «La única responsable es ETA. Lo que hay que hacer es apoyar al Gobierno». El otro dice: «El Gobierno debe hacer autocrítica por su política antiterrorista. Para que volvamos a caminar juntos debe fijar su objetivo en la derrota de ETA».

Los defensores del Ejecutivo ponen el grito en el cielo ante el segundo discurso. Acusan a quienes lo hacen (lo hacemos) de tener «más interés en derrotar al Gobierno que a ETA». Y nos recuerdan que «la única responsable es ETA». Parece que la historia siempre se repite, aunque cambien algunos protagonistas. Así que voy a hacer un esfuerzo por resumir y repetir algunos argumentos que nos sirvieron para hacer pedagogía democrática en 2003, cuando tuvimos la osadía de exigir responsabilidades al Gobierno Vasco.

La culpable, que no responsable, de romper la tregua es ETA, única y exclusivamente ETA. Pero el Gobierno es enteramente responsable de que esta ruptura se produzca en una situación en la que los movimientos cívicos están mucho más débiles que hace tres años y las instituciones democráticas mucho más fragilizadas —por mor del papelón que han jugado durante todo el proceso desde la Fiscalía a los tribunales y la Abogacía del Estado—, y de que ETA esté mucho más fuerte, más y mejor organizada, con más recursos económicos y humanos, con más comandos operativos y con presencia dentro de las instituciones democráticas.

Es la política del Gobierno la que ha tenido estas consecuencias negativas para los demócratas y positivas para los terroristas. Fue el Gobierno quien optó por cambiar una política antiterrorista que estaba resultando exitosa y que contaba con el apoyo de la inmensa mayoría de los españoles. Fue el Gobierno quien decidió romper un pacto que sumaba a más del 80 por ciento del arco parlamentario y sustituirlo por otro que aglutinaba a poco más del 50 por ciento. Fue el Gobierno quien decidió romper con una política apoyada por la mayoría de los movimientos cívicos y las asociaciones de víctimas para buscar el aplauso de aquellos que nunca quisieron derrotar a ETA o que incluso piensan que «ETA tiene sus razones». Fue el Gobierno quien decidió explorar la vía del «final dialogado de la violencia», abandonando el compromiso de la firmeza para la derrota de ETA. Y de la misma manera que nunca he cuestionado la legitimidad del Gobierno de José Luis Rodríguez Zapatero para cambiar de política antiterrorista, si creía que con una diferente iba a conseguir mejores resultados, tenemos el derecho a exigirle que asuma su responsabilidad por el fracaso de la misma. Esto es tan obvio, tan de primero de democracia, que resulta verdaderamente preocupante que haya que explicarlo.

ETA está hoy en mejores condiciones para atentar que hace tres años. Todos los españoles saben —los diferentes medios de comunicación han publicado los informes de los expertos franceses y españoles— que ha aprovechado esta tregua para reorganizarse, para financiarse, para preparar nuevos comandos, para organizar con mayor precisión nuevos atentados. Todo el mundo sabe que durante estos tres últimos años ETA ha pasado de haber perdido la esperanza —recuerden el comunicado desde la cárcel, poco después de que el PSOE ganara las elecciones, de algunos de los presos terroristas más sanguinarios en el que le pedían a la banda que abandonara la violencia «porque ya no iba a ser eficaz»— a permitirse chantajear al Estado. Todo el mundo sabe que el Partido Comunista de las Tierras Vascas y ANV están en las instituciones como consecuencia de esa política de apaciguamiento por la que Zapatero optó. Y todo el mundo sabe que ambos grupos son parte del entramado de ETA. Todos sabemos que la negativa de los responsables del Gobierno a aceptar la existencia de extorsiones y la gravedad de los actos de terrorismo callejero, su empeño en minimizar la importancia de los robos de armas, de los zulos, de la concentración de Aritxulegi con disparos al aire y *goras* a ETA y el reconocimiento como interlocutores a los dirigentes de Batasuna-ETA, ha dado cobertura social a los cómplices de la banda y les ha permitido reorganizarse con mayor impunidad.

Siempre critiqué la decisión del presidente del Gobierno de cambiar la política antiterrorista. Siempre me pareció un enorme error su insistencia en repetir viejas recetas que ya se habían demostrado fracasadas. Siempre rechacé su decisión de romper con una política que estaba teniendo un enorme éxito para embarcarse en una aventura con más que dudosas expectativas. Aunque nunca pude comprender en qué basaba su expectativa de éxito —que como se ha demostrado era completamente falsa—, no dudo de que el presidente creyera que con su apuesta personal iba a conseguir que ETA desapareciera. No me meteré ahora en más disquisiciones sobre el diferente significado del final dialogado de la violencia y de la derrota de ETA, porque no es ahí a donde hoy quiero llegar. Pero de la misma manera que presupongo la mejor de las voluntades a quien tiene la responsabilidad de dirigir la política antiterrorista, ni quiero ni puedo obviar mi derecho a exigir la asunción de responsabilidades ante el fracaso de esa opción. Así que dejémonos ya de palabras huecas, de fabulaciones, de llamadas vacías al consenso. El nuevo consenso requiere rectificación. Si esta no se produce, la apelación al mismo es sencillamente una llamada retórica cuyo único objetivo es cubrirse las espaldas ante los ciudadanos y afear la conducta a quienes no estemos dispuestos a decir «amén».

Yo quiero apoyar la política antiterrorista del Gobierno, pero no una que ha provocado esta situación de debilidad democrática y de enorme incertidumbre. Yo quiero apoyar la política antiterrorista del Gobierno, pero no una que le ha servido a ETA para fortalecerse y para volver a las instituciones. Yo quiero apoyar una política antiterrorista que esté basada en un pacto de Estado para derrotar a ETA, pero no apoyaré nunca una que exija cesiones «a unos y otros», como si víctimas y verdugos pudieran ser homologables. Yo quiero apoyar una política antiterrorista que busque la complicidad de los movimientos cívicos, que acredite a las víctimas, que sea implacable con los verdugos y con sus entornos, que proteja social y emocionalmente a los perseguidos. O sea, quiero apoyar al Gobierno, pero no lo apoyaré para que haga lo que ha venido haciendo hasta ahora en esta materia.

Dejémonos de milongas y de frases huecas o políticamente correctas y llamemos a las cosas por su nombre. Quien crea que la política del Gobierno era la correcta, aunque no haya tenido éxito, que lo diga, pero sepa que no va a encontrar mi apoyo para seguir aplicando esa misma política: con un experimento ya hemos tenido más que suficiente. Porque conviene que los aficionados al diseño político comprendan que detrás de cada decisión fracasada existe un rostro y un drama humano. Y puedo asegurarles que hoy en el País Vasco hay muchos más niños con miedo por sus padres que hace tres años. Pero si el Gobierno y el PSOE son capaces de rectificar, de hacer autocrítica de fondo, que sepan que estaré la primera para echar una mano. Pero para disimular y repetir la historia, conmigo que no cuenten. La exigencia de autocrítica y rectificación no está derivada de ningún tipo de prurito: en nuestro caso es pura necesidad de supervivencia. Porque solo si rectifican seremos capaces de reorganizarnos para defendernos del enemigo en las mejores condiciones. No creo que haya que esperar a encontrarse en un funeral.

Derrotar a ETA
ABC, 17 de junio de 2007

Tras la ruptura oficial de la tregua de ETA el presidente del Gobierno ha empezado a utilizar palabras más claras a la hora de referirse a la política antiterrorista. Es cierto que tardó unos pocos días en hacerlo, pues en su primera comparecencia mantuvo su lenguaje evanescente y nos sorprendió a todos afirmando que «el futuro de los vascos depende y dependerá de ellos mismos, en el marco de la ley y de la democracia» y que «la fuerza de la democracia y de la palabra siempre derrotará el delirio totalitario». Lo primero no es cierto —el futuro de los vascos afecta a todos los españoles— y lo segundo no deja de ser un brindis al sol.

Pero yo quería hablar hoy de las consecuencias —en términos de acción política— del nuevo discurso. El presidente ha dicho tras la entrevista con Rajoy que será «implacable» contra ETA. Pero, para demostrar que no estamos ante un nuevo discurso sino ante un giro estratégico en la política antiterrorista, el Gobierno ha de hacer algo más que declaraciones de firmeza. Porque ser implacables con ETA no puede ser otra cosa que trabajar para la derrota de ETA, por mucho que esa palabra aún no se la hayamos escuchado ni al presidente del Gobierno ni a ningún dirigente *homologado* del PSOE. Necesitamos de una vez por todas que los discursos del Ejecutivo acompañen a la acción del Gobierno; o viceversa.

Los primeros signos externos no son tranquilizadores, qué quieren que les diga. Ya ha aparecido en escena el ministro de Justicia para insultar al Partido Popular. Su actitud es una prueba palpable de que este ministro fue nombrado por Zapatero para la confrontación con el Partido Popular; fuera de esa tarea está anulado, no sabe qué hacer. Pero sus palabras serían solo una desagradable anécdota si no vinieran de la mano de la reiterada actitud del Partido Socialista y del Gobierno de negarse a iniciar un procedimiento de ilegalización contra ANV, esa segunda marca de ETA que hoy está considerada como tal incluso por aquellos dirigentes del Gobierno —léase a la vicepresidenta María Teresa Fernández de la Vega— que argumentaban que era un partido «completa y perfectamente legal» para dejarles presentarse a las elecciones. Esos mismos dirigentes previenen hoy contra pactos con ellos, dando la razón a quienes siempre hemos sabido que se les dejó presentarse no solo conociendo quiénes eran, sino precisamente porque se sabía que formaban parte del entramado de ETA. Por eso digo que este primer signo externo desmiente la firmeza del Gobierno y su voluntad de ser «implacables» con ETA; la permisividad que se sigue practicando con ANV es incompatible con el compromiso de ser «implacable» con la banda.

Pero lo que resulta políticamente más grave es la creciente sensación de que el PSOE está dispuesto a arrebatarle el gobierno de Navarra a UPN pactando con Nafarroa Bai. La cuestión es clave, es la prueba del nueve sobre la sinceridad de Zapatero. Durante todos estos meses los socialistas, con el presidente del Gobierno a la cabeza, les han asegurado a los navarros que Navarra nunca sería otra cosa que lo que ellos quisieran ser; y ahora resulta que después de que han ido a las urnas —con una notable participación, por cierto— van a ser lo que quiera Zapatero. Porque se pongan como se pongan los compañeros del Partido Socialista de Navarra, los ciudadanos no han elegido que Puras sea presidente. Los navarros han votado pluralidad, sí; pero a Puras le han colocado en el tercer puesto en el escalafón de mando. O sea que con un sistema como el francés —¡qué envidia!— ni siquiera hubiera pasado a la segunda vuelta.

Pero la gravedad de la decisión de Zapatero de expulsar del Gobierno a UPN no radica solo en que se produzca una vulneración clara del deseo que los ciudadanos expresaron en las urnas. (Por cierto, que la vicepresidenta acaba de decir que los deseos de los electores los interpretan los cargos electos, con lo cual estoy esperando una llamada de Ferraz para disculparse conmigo por mi empeño en defender la voluntad de los ciudadanos por encima de las instrucciones del partido, máxime cuando en mi caso me limito a defender el programa electoral con el que les pedimos el voto). No, la gravedad de la decisión de Zapatero —que se escudaría en la autonomía de Puras para no enfrentarse directamente con su responsabilidad— estriba en que para arrebatarle la presidencia a UPN van a pactar con Nafarroa Bai. Me explico.

Nafarroa Bai es un conglomerado nacionalista liderado por Aralar. Patxi Zabaleta es el líder de Aralar. Patxi Zabaleta es un antiguo militante de ETA que condena la violencia y apuesta por métodos democráticos. Hasta ahí, todo bien. Pero como no estamos hablando de acogerles en las instituciones sino de formar con ellos el Gobierno de una comunidad autónoma sometida desde siempre al chantaje de los terroristas, conviene que pongamos las cosas en su sitio. Y que recordemos quién es quién. Y qué significa derrotar a ETA.

Aralar es un partido político que defiende la anexión de Navarra al País Vasco. Aralar es un partido político que acaba de decidir que cederá a ANV sus concejales en los lugares en que este grupo filoterrorista no ha podido presentar su candidatura. Patxi Zabaleta emplea en su despacho a uno de los asesinos de Ulayar, Vicente Nazabal; un criminal que nunca se ha arrepentido ni ha pedido perdón a la familia de Salvador Ulayar. Este es el partido con el que Zapatero quiere contar para hacer presidente a Puras. Un partido que deslegitima las decisiones de las instituciones democráticas «cediendo» sus concejales a ANV. Una fuerza política que coincide con ETA en sus objetivos, entre ellos la anexión de Navarra. Gobernar con ellos es incompatible con el discurso de firmeza frente a ETA. Porque derrotar a ETA es algo más que detener comandos; derrotar a ETA es deslegitimar toda su historia, todos sus objetivos; derrotar a ETA es hacer imposible que se cumpla ninguna de las reivindicaciones en nombre de las cuales instituyeron víctimas. Y Navarra es una de ellas. Mientras estén vivas sus víctimas, pactar gobiernos con quienes defienden los objetivos por los que ETA ha asesinado es una traición a los principios democráticos.

Hay gente interesada en diferenciar la formación del Gobierno de Navarra de los compromisos en la política antiterrorista. Pero no se pueden separar ambas políticas, al menos en tanto que ese futuro Gobierno dependa de la alianza del Partido Socialista con una fuerza política que está más de acuerdo con los objetivos de ETA —aunque deplore hoy sus métodos— que con el marco constitucional que nos hemos dado todos los españoles. No se puede derrotar a ETA si se apoya en Navarra a un partido que deslegitima las instituciones democráticas, que emplea a terroristas no arrepentidos, que cede sus concejales a otros terroristas. Las ansias de poder debieran tener un límite moral. En todo caso, la estrategia de derrotar a ETA sí que está delimitada por la credibilidad y por la eficacia: la credibilidad del discurso y la coherencia de las políticas. Pactar el Gobierno de Navarra con quienes comparten y defienden los objetivos de ETA supone enviar a los terroristas un mensaje de esperanza. Y nunca derrotaremos a ETA mientras le permitamos mantener la esperanza.

La perversión de la política
El Mundo, 21 de junio de 2007

Pervertir (del lat. *pervertere*). 1. tr. Viciar con malas doctrinas o ejemplos las costumbres, la fe, el gusto, etc. 2. tr. Perturbar el orden o estado de las cosas.

Para explicar lo que está ocurriendo en España desde hace al menos tres años sirven las dos acepciones que el Diccionario de la Lengua de la Real Academia aplica a la palabra pervertir. En España se está pervirtiendo la política desde el mismo momento en que se empezó a pervertir el lenguaje gubernamental, «para llamar a las cosas por los nombres que no son», en feliz y nunca suficientemente ponderada definición de Pilar Ruiz Albizu.

Todo empezó cuando se rompió el Acuerdo por las Libertades y contra el Terrorismo para derrotar a ETA, y al acuerdo para negociar las cesiones con ETA se le llamó pacto para el final dialogado de la violencia. Luego llegaría la denominación del tinglado como proceso de paz, forma eufemística de llamar al proceso de reconocimiento a ETA como interlocutor político del Gobierno.

Al robo de armas en Francia se le calificó como «incidente aislado». A los terroristas desplegados y disparando tiros al aire en Aritxulegi —la primera vez que ETA toma territorio— se le llamó «payasada». Al zulo encontrado en Amorebieta, «proyecto de zulo». Al atentado terrorista de Barañáin, «enfrentamientos personales entre vecinos». A la aplicación de la ley de partidos, «Guantánamo electoral». A ceder al chantaje planteado por De Juana Chaos, «cumplir la ley». A retirar la acusación contra Otegi, «favorecer el proceso». A mantener en secreto las negociaciones con ETA tras el atentado de la T-4 de Barajas, «dar por roto el proceso». A permitir que ETA vuelva a las instituciones vascas, «cumplir rigurosamente la ley».

No soy capaz de hacer un relato exhaustivo; no terminaría a tiempo este artículo. Baste decir que la perversión del lenguaje ha tenido un objetivo: pervertir la realidad y, a partir de ahí, la política. Pervertirla en el sentido más amplio del término: viciar con malos ejemplos las costumbres, la fe, el gusto, etcétera, y perturbar el orden y el estado de las cosas. Ese ha sido el objetivo perseguido. Por el nivel de atonía con que reacciona la sociedad española, diría que lo han conseguido. Han decidido pervertirlo todo, hasta el extremo de cambiar nuestra propia historia. Y ya que no pueden invisibilizar a las víctimas, han decidido invisibilizar a los verdugos. Por eso hoy los llaman izquierda *abertzale* —otra muestra de perversión del lenguaje—. El Gobierno y el PSOE no parecen tener otro objetivo que convertir a los monstruos en personas honorables; al fin y al cabo, hasta este Ejecutivo sabe que más pronto que tarde todos sabremos que están negociando con ellos; y han decidido convertirles en honorables para evitar que los ciudadanos perciban que su deshonor les ha contaminado definitivamente.

Nada de lo que se dice desde el Gobierno o desde los portavoces del PSOE se corresponde con la verdad. Las pruebas de la falsedad de sus afirmaciones suelen llegar en apenas unos días; primero, a través de los medios de comunicación no adscritos a la disciplina gubernamental; después desde *El País.*

Uno de los ejemplos más elocuentes de esto que afirmo fue la información publicada en el diario de Prisa en la que se contaban, con todo lujo de detalles, las negociaciones iniciadas en 2001 entre el Partido Socialista, el Gobierno, Batasuna y ETA. O sea, entre la rama política y gubernamental de la democracia española y de la banda fascista y totalitaria. Cada uno se sentaba con los suyos, con los más próximos al interés de su negociado. *ABC* y *El Mundo* llevaban muchos meses publicando la información. El Gobierno siempre lo desmintió, solemnemente. Hasta que lo publicó el diario oficial del PSOE y lo firmó el periodista de cabecera del presidente del Gobierno.

Ahora toca desmentir las informaciones aparecidas en *Gara.* Y sacan pecho acusándonos de dar crédito a lo que dice ETA a través de su diario oficial. Pues claro que hemos de creer a ETA; la banda es una organización criminal, no se presenta a elecciones; no tiene que mentir para proteger su honor y para garantizar su permanencia en el poder.

Claro que, para desmentir la información de *Gara,* la vicepresidenta del Gobierno ha dicho que «ETA no ha conseguido nunca ni uno solo de los objetivos. No lo ha logrado tras cuarenta años empleando la violencia y no lo va a conseguir. Eso es todo». Sus palabras añaden un nuevo elemento de preocupación: o el Gobierno cree que la sociedad española no es digna de respeto o cree que lo cedido hasta el momento presente no es nada. O ambas cosas a la vez.

Nunca en la historia de la democracia los terroristas habían conseguido de ningún Gobierno lo que han logrado —en tan poco tiempo, además— del de Zapatero. Nunca, ni siquiera cuando asesinaban cada semana, cuando estábamos en plena Transición hacia el proceso de consolidación de la democracia; nunca, ni siquiera cuando ETA atentaba a la vez que se producía ruido en los cuarteles. Siempre los Gobiernos tuvieron más dignidad que miedo; más sentido de Estado que soberbia.

Nunca un Gobierno democrático había legitimado la negociación política con los terroristas. Nunca había aceptado hablar de política con ETA. Nunca se había accedido a la exigencia de ETA de formar dos mesas, una política para negociar el nuevo marco y otra entre el Gobierno y la banda. Nunca se llevó el refrendo de la interlocución a las instancias europeas. Nunca se mintió a la sociedad española para proteger las negociaciones, con falsedades que convirtieron al Gobierno en rehén y a la banda criminal en la dueña de la agenda; de la agenda y del calendario.

Ya nadie puede creer a este Gobierno y a esta dirección del PSOE, salvo que las palabras vengan acompañadas de los hechos. Dentro de unos días, lo que hoy cuenta *Gara* lo explicará —convenientemente ordenado por fechas y horas— *El País*. O se lo reconocerá Zapatero a Gabilondo. Aparecerá ante las cámaras presentándose como víctima; hablará de lo que hizo con gesto sombrío y quejumbroso; minimizará cada una de las cesiones al chantaje terrorista aplicando adjetivos diminutivos: hablaron de la mesa, pero por encima; se vieron, pero poco; hablaron de Navarra, pero apenas…

Ya nadie les puede creer si sus palabras no se corresponden con sus hechos; salvo aquellos que funcionan por obediencia debida o por odio a los demás. Por supuesto, los demás somos nosotros, no son los terroristas. Los odiados somos los discrepantes, los de las filas de la izquierda y los de las filas del PP; los movimientos cívicos; las víctimas; los otros somos nosotros, los que representamos al pasado, los que nos empeñamos en mantener viva la voz y la palabra. Los que nos empeñamos en ser su hemeroteca. Y su conciencia.

Ya nadie les puede creer si cambian el discurso, pero mantienen la política. Porque nos han venido engañando al menos desde hace tres años. Según *El País*, desde el año 2001, mientras enterrábamos compañeros. Nos han engañado mientras arriesgábamos nuestras vidas, mientras convivíamos con el miedo de nuestros hijos; nos han engañado porque asumíamos el riesgo y el dolor en su nombre; creíamos que ellos defenderían la libertad; pero se fueron a negociarla con ETA.

Han pervertido la política. Pero lo más dramático es que esto no ha acabado aún. El sábado se escribieron varios capítulos de nuevas entregas, de nuevas cesiones. ETA ha tomado posesión de las concejalías que el Gobierno de España le entregó. Las imágenes desmienten que en este país haya democracia. Pero el Ministerio Fiscal —o sea, Conde Pumpido— no parece haberlo percibido; y el ministro Bermejo tampoco. Y portavoces del PSOE calificaron las coacciones de «incidentes aislados». ¿Por qué no vendrán los de la Ejecutiva Federal a vivir a Ondárroa o a Hernani? ¿Por qué no matricularán aquí a sus hijos? Es insoportable que minimicen nuestra inseguridad, nuestro miedo y nuestra falta de libertad.

Nafarroa Bai, el socio preferido del PSOE y de Zapatero, ha dejado vacantes las concejalías que reclama ETA para no molestarla. Y Blanco dice que si se pacta con Nafarroa Bai no será para la anexión con el País Vasco. Y le llama a eso, a un pacto con la derecha independentista y nacionalista vasca, un «gobierno de centro izquierda». No lo entiendo; salvo que crea que por ser Aralar una escisión de una banda criminal es de izquierdas, de la «izquierda *abertzale*», esto que tanto les gusta decir para justificar sus devaneos con ellos. Los nacionalismos —lo saben hasta los niños chicos— son siempre de derechas. Y Aralar es antes que nada una organización nacionalista. Que además comparte los mismos objetivos de ETA. O quizá Blanco piense que es por su profundo sentido social por lo que Patxi Zabaleta tiene contratados en su despacho a Vicente Nazabal, uno de los asesinos, nunca arrepentido, de Salvador Ulayar, y a Gonzalo Boye, que cumplió diez años de cárcel por el secuestro de Revilla y que es hoy el abogado defensor del último Comando Donosti.

Pues ni será un pacto de izquierdas ni existirá jamás garantía alguna de que no trabajen para la anexión con el País Vasco. En unos, días el periódico oficial publicará lo que otros ya han publicado, que Zapatero ofreció a ETA la creación de un órgano común para que no rompieran la tregua. Poco importa que no llegaran a un acuerdo. El paso ya está dado y la banda criminal parte desde esa posición.

Si alcanzan un acuerdo en Navarra, que vulnerará la voluntad de los ciudadanos expresada en las urnas, será un pacto para intentar apaciguar a la bestia; para seguir con el proceso en marcha. Hay que juzgar a los políticos por lo que hacen, no por lo que dicen. Y no les podemos creer cuando dicen defender una cosa y practican la contraria. ¿No dijo Puras, candidato del PSN, que él nunca sería presidente de Navarra si quedaba el tercero en las urnas? ¿Cómo vamos a creer ahora lo que digan los socialistas navarros? Han quedado los terceros y dicen —otro ejemplo de perversión del lenguaje— que los ciudadanos han votado contra UPN y por el cambio. Pues menos mal que han votado por el cambio; por eso UPN tiene más votos y más apoyo porcentual que hace cuatro años y el PSN ha pasado a ser el tercero. Ese es el cambio que han votado los navarros: Puras no hubiera ni siquiera pasado a la segunda vuelta en un sistema como el francés. Pero claro, no pueden permitir que la verdad les estropee un eslogan.

La degradación democrática no ha tocado fondo aún. Mañana habrá más noticias. Veremos más cosas que nos escandalizarán y nos humillarán como ciudadanos. Dentro de nada sabremos quién era cada uno de los que se sentaron en las mesas en las que se aceptó negociar sobre nuestra libertad. Quienes no nos dedicamos a calcular los réditos electorales de esa negociación siniestra sabemos bien que importa poco que no se alcanzara el acuerdo; ETA ya ha cobrado pieza. Y lo único cierto es que tras estos tres años de Gobierno de Zapatero hoy somos menos libres. Y que de nuestra falta de libertad existen culpables, aquellos que han de ser objetivo de la acción de la policía y de la justicia. Pero la responsabilidad política les corresponde al Gobierno y al Partido Socialista Obrero Español.

Defender los símbolos es defender el Estado
El Mundo, 10 de septiembre de 2007

Ayer pudimos volver a ver en todos los diarios y televisiones el rostro sereno de Regina Otaola mientras era insultada y amenazada por los proetarras que se concentraron a la entrada y salida de la ermita de Lizartza cuando asistía a la misa de las fiestas patronales del pueblo del que es alcaldesa. Las imágenes de las gentes del pueblo blandiendo ikurriñas con gesto amenazante contra la alcaldesa del Partido Popular, la alcaldesa constitucionalista, la nuestra, contrastan con las de la policía que escoltaba a Regina Otaola. Los proetarras amenazan con la cara descubierta, sin miedo. Los policías ocultan el rostro mientras protegen a quienes cumplen la ley y defienden el orden constitucional. Somos un país enfermo de cobardía. Mientras los policías se oculten y los cómplices de los terroristas alardeen de serlo, aquí no habrá libertad.

Lo sorprendente es que los dirigentes del PSOE presuman de que gracias a su política hayamos vuelto a los tiempos de las cavernas, aquellos en los que los terroristas campaban a sus anchas por las tierras de Euskadi. Lo ha dicho en una entrevista publicada en *El Mundo* Óscar Rodríguez, secretario del Grupo Parlamentario del PSE: «El PSE cambió de rumbo tras las elecciones de 2001 y contribuyó a cambiar el rumbo de la historia de Euskadi dándole estabilidad institucional».

Los socialistas del PSOE le llaman estabilidad institucional a haber permitido que los terroristas vuelvan a las instituciones vascas y navarras; le llaman estabilidad institucional a aprobar los presupuestos de Ibarretxe, esos presupuestos con los que se financia a los presos terroristas. Los socialistas del PSOE le llaman estabilidad institucional a la decisión del alcalde socialista de Vitoria de no poner la bandera de España en el ayuntamiento para no molestar a los nacionalistas de todo signo, aunque con ello incumplan las leyes y su obligación de defender los símbolos constitucionales.

Dice Óscar Rodríguez que a partir de 2001 contribuyeron (los socialistas) a cambiar el rumbo de la historia de Euskadi; tiene razón: solo el PSOE es responsable de que ETA haya vuelto a los ayuntamientos vascos; solo el PSOE es responsable de que se haya roto el consenso entre demócratas, el gran pacto de Estado que quitó a ETA la esperanza; solo el PSOE es responsable de que hayamos vuelto a ver imágenes como las que eran habituales antes del asesinato de Miguel Ángel Blanco. Todos recordarán una imagen de aquellos días: un *ertzaina* se quitaba el verduguillo para mostrar su rostro, avergonzado por llevarlo tapado entre tanta gente que gritaba libertad.

El pacto entre demócratas —que el PSOE rompió «para cambiar la historia de Euskadi»— les quitó la impunidad a los malos y devolvió parcelas de libertad a los garantes de la ley y a los ciudadanos todos. La política del PSOE ha vuelto a poner el verduguillo a los policías; y lo más triste es que presumen de ello.

También José Blanco ha hablado del partido que promovemos desde la Plataforma Pro:

> *Pregunta:* ¿Teme que el nuevo partido, al que se ha sumado Rosa Díez, les haga mella?
>
> *Respuesta:* El PSOE se ha sentido aliviado con la salida de ese partido. Y me consta que ahora la preocupación la tiene el PP. Llevamos demasiado tiempo escuchando a algunos miembros que conformaron esta opción hablando en los mismos términos que la derecha.

A los dirigentes del PSOE les traiciona el subconsciente, sí. Porque, aunque se han envuelto en la bandera de España (veintisiete veces pronunció el presidente la palabra España en su última entrevista en *El País* frente a cero veces en la anterior, tras el atentado de la T-4), siguen acusándonos de hablar «en los mismos términos que la derecha» a quienes hemos denunciado que el PSOE ha modificado el modelo de Estado a través de un pacto con los partidos que no creen en el Estado, o sea, con los nacionalistas. Nos acusan de hablar en los mismos términos que la derecha a quienes hemos denunciado que el PSOE pactó una política antiterrorista con los partidos que nunca buscaron la derrota de ETA. Por eso digo que les traiciona el subconsciente. Porque, en el fondo, los dirigentes del PSOE de hoy creen que defender España es ser de derechas.

La dirección del PSOE ha decidido maquillar su cara antes de las elecciones; y creen que con hacer un logo calcado del de Alemania y decir «España» donde antes decían «el Estado» ya han hecho suficiente gesto de patriotismo. Pues no, amigos: el engaño no cuela. Defender el

Estado, su unidad y sus símbolos, no es ser ni de derechas ni de izquierdas; defender el Estado es propio de los partidos (y de las personas) con sentido de la responsabilidad; y con sentido de Estado. Justo lo que no tienen los actuales dirigentes del Partido Socialista Obrero Español.

Los dirigentes del PSOE han optado por ir configurando con los nacionalistas (el Estatuto de Cataluña es el mejor de los ejemplos) un modelo confederal de España, que es inviable e inconstitucional, pues rompe la igualdad entre los españoles. Esa es la España que ya se está rompiendo por la deriva del PSOE: la España que garantiza la igualdad de los ciudadanos.

Los dirigentes del PSOE no defienden los símbolos de la nación porque no creen en la nación, término que al presidente del Gobierno le parece «discutido y discutible». Los dirigentes del PSOE creen tanto en la propaganda (mucho más que en la política) que piensan que pueden liquidar con eslóganes a esta nueva fuerza política. Se equivocan; como se equivocan cuando piensan que los votos de los ciudadanos son propiedad de los partidos políticos. Porque esta nueva opción política que surge desde la izquierda y que acoge en su seno a todo aquel que quiera defender sin complejos una España más igualitaria, con un mismo modelo para todos y cada uno de sus territorios, que tiene vocación de transversalidad, que apuesta por regenerar la democracia, que va desde la izquierda liberal hasta la derecha de progreso, va a dejar sin efecto la estrategia partidaria que más éxito ha tenido en esta legislatura: el discurso socialista que ha cuestionado la legitimidad democrática del PP. Porque esta nueva fuerza romperá la estrategia del PSOE de hacer un «cinturón sanitario» contra el Partido Popular. Porque una fuerza política que defienda España sin complejos y sin hipotecas romperá con la irresponsable estrategia de esta nueva dirección del PSOE, empeñada en expulsar a la derecha española del sistema.

La dirección del PSOE sabe que, si una nueva fuerza política inequívocamente nacional irrumpe en el Congreso de los Diputados, se acabarán las operaciones como la del Tinell; o el regateo con los nacionalistas; o las *galescolas*; o el confederalismo sin consulta; o la repetición de operaciones como el malhadado proceso de paz.

La dirección del PSOE sabe que, si una fuerza política de las características de esta que verá próximamente la luz hubiera existido en la pasada legislatura, nada de lo que han hecho (desde la ruptura del consenso sobre el modelo de Estado hasta la ruptura del Acuerdo por las Libertades y contra el Terrorismo) hubiera sido posible. Todo hubiera ido mucho mejor para los españoles. No fue posible en el pasado; esperemos que sea posible en el futuro. El Estado necesita más de un partido que lo defienda. Y nosotros estamos dispuestos a intentarlo.

Hay motivos
El Mundo, 17 de noviembre de 2007

Allí estuvimos, en las calles de Madrid: juntos para derrotar a ETA. Convocados por un lema y un objetivo que son los nuestros. Reivindicando la unidad, el pacto de Estado para derrotar a ETA. Salimos a las calles de Madrid porque hay motivos; porque no todos quieren la derrota de ETA; porque hay quien espera que se den las condiciones para volver a dialogar. Porque quien puede hacerlo, quien tiene los instrumentos del Estado en su mano, no ha hecho lo que debe para sacar a ANV y PCTV de las instituciones democráticas Por eso, porque nosotros no podemos hacerlo, salimos a la calle para exigir algo tan elemental como que el Gobierno haga lo que debe para protegernos. Y proteger a los ciudadanos requiere sacar a los terroristas de nuestras instituciones.

Allí estuvimos, reivindicando la derrota de ETA; su derrota, que es mucho más que detener los comandos terroristas y ponerlos a disposición de la justicia, por muy necesario que ello sea. Derrotar a ETA es deslegitimar toda su historia, todos sus objetivos, a todos sus cómplices. Derrotar a ETA es repudiar no solo los métodos que utiliza: es deslegitimar radicalmente todo aquello que requirió de la instauración de víctimas para ser alcanzado por la banda. Derrotar a ETA es convenir entre todos los demócratas que los terroristas no conseguirán nada de lo que pretendieron asesinando, extorsionando, amenazando, quitándonos la libertad presente y la vida futura. Derrotar a ETA es situarla ante la historia como lo que es, como una organización de fanáticos totalitarios que no tiene fin legítimo alguno. Derrotar a ETA es dejar establecido de una vez y para siempre que todos sus objetivos son ilegítimos puesto que no pueden alcanzarse por vías democráticas y requieren del uso del terror. Por eso hemos de acordar que ninguna democracia podrá ofrecérselos: ni mientras maten ni cuando dejen de matar. Derrotar a ETA requiere que estemos dispuestos a reflexionar sobre la oportunidad de que algunos de los actos terroristas puedan ser considerados crímenes de lesa humanidad y pasen a formar parte por tanto de las competencias atribuidas a la Corte Penal Internacional, según se puede establecer en la revisión del Tratado de Roma. Solo así se evitará su prescripción; y solo así la historia juzgará esos actos con el rigor que se merecen. De la misma manera que el juicio de Núremberg no se limitó únicamente a condenar a los criminales nazis, sino que dictó un veredicto de condena absoluta sobre el propio nazismo. Para que nadie pudiera reivindicarlo en el futuro como una opción política condenable en sus métodos, pero homologable en sus fines con otras opciones democráticas. Para que la humanidad lo condenara sin paliativos; para que la historia no se repitiera.

Por eso y para eso hace falta un pacto de Estado; que no es lo mismo que «el más alto consenso», que es de lo que habla el Partido Socialista y el Gobierno de Rodríguez Zapatero. Un consenso amplio puede permitir aprobar leyes o resoluciones en el Congreso de los Diputados. Pero solo un pacto de Estado le da continuidad y estabilidad a la política pactada; solo un pacto de Estado garantiza que la política acordada se situará al margen de los avatares electorales; por eso el pacto de Estado requiere el acuerdo entre el partido que gobierna y el que es alternativa; el acuerdo con los demás partidos es recomendable; pero el pacto entre quien gobierna y quien está llamado a sustituirle es imprescindible. Un pacto de Estado representa al país entero; porque garantiza la eficacia y la estabilidad de la política pactada. Los Gobiernos serios hacen pactos de Estado sobre todas las cuestiones que son de interés general; los Gobiernos serios saben que solo así serán tomados en cuenta por sus ciudadanos y por aquellos interlocutores a los que va dirigida la política pactada: ya sea económica, internacional, de inmigración, sobre el modelo de Estado o antiterrorista. Las democracias serias que tienen problemas de terrorismo —y hoy los tenemos, de una u otra manera, todas— saben que la única manera de combatirlo y derrotarlo es haciéndoles perder la esperanza a los terroristas. Los Gobiernos serios saben que un país solo conseguirá que los terroristas que lo amenazan pierdan la esperanza cuando comprendan que la política antiterrorista está —como lo estuvo en España hasta que el PSOE rompió el Pacto por las Libertades y contra el Terrorismo— protegida de avatares electorales. Un Gobierno serio sabe que solo el pacto de Estado hará comprender a ETA que el partido que gobierna está protegido de sus chantajes. Solo el pacto de Estado evitará que ETA tenga la iniciativa. Un pacto de Estado es incompatible con un Gobierno que deje su mayoría parlamentaria en manos de aquellos partidos que nunca quisieron la derrota de ETA. Como lo ha hecho el Gobierno actual.

Por eso, para evitar que las cosas sigan así, salimos el sábado a manifestarnos con miles de ciudadanos por las calles de Madrid; por eso, muchos de nosotros llevamos años reivindicando la vuelta al pacto de Estado para derrotar a ETA. Porque no nos conformamos con menos que su derrota. Porque sabemos que hay centenares de familias a las que ETA ha arrebatado la vida de sus seres queridos; miles de personas a las que ETA ha dejado una herencia de muerte, de sufrimiento, de mutilaciones físicas y emocionales para el resto de sus días. Y también porque no olvidamos que ETA sigue golpeando nuestras vidas cada día; porque sabemos que no hace falta que te quiten la vida a ti mismo o a alguien de tu familia para que seas víctima del terror y del fanatismo de ETA; porque hay centenares de víctimas que viven cada día en el País Vasco privadas de libertad. Son víctimas vivas de la barbarie; son víctimas que sufren cada día, en su vida cotidiana, la presencia de ETA, su amenaza, su presión. Son víctimas que no pueden ver a sus hijos en público, que se saben amenazadas, que no tienen una vida civil por el hecho de haber expresado públicamente su compromiso político, por haber ido en una lista electoral de un partido constitucionalista, por concursar en unas obras saboteadas por ETA, por resistir y querer seguir viviendo en nuestra tierra. Estuvimos también para reivindicar a los resistentes que viven en el País Vasco, víctimas vivas de la barbarie terrorista, auténtico cinturón contra el fanatismo que amenaza toda España. Las víctimas de las que nadie habla porque aún no han sido asesinadas; las víctimas del terror que no están aún en las estadísticas. Estuvimos allí porque nos sentimos víctimas también; porque sabemos que todas esas víctimas requieren de un pacto que las proteja, que no las convierta en cifras, que no las obligue a marcharse como tantas otras; también por eso —por todas ellas— estuvimos el sábado 24 en las calles de Madrid. Porque el pacto de Estado es necesario no solo para garantizar dignidad, memoria y justicia a las víctimas muertas; porque sabemos que el pacto de Estado hace falta para salvar la vida de los resistentes, para que sigan resistiendo, para protegerles, para que todos ellos puedan vivir en libertad.

Estuvimos en las calles de Madrid para exigir al Gobierno que ponga en marcha la ilegalización de ANV y del PCTV. Porque solo el Gobierno puede evitar que los terroristas campen a sus anchas por las instituciones democráticas; porque solo el Gobierno puede evitar que desde los ayuntamientos en los que los terroristas tienen mayoría se financien los caprichos de los asesinos. Porque solo el Gobierno puede evitar que nuestros hijos crezcan viendo cómo los terroristas ocupan el espacio reservado a la democracia. Porque solo el Gobierno puede protegernos. Y porque es este mismo Gobierno que hoy se niega a iniciar un procedimiento de ilegalización contra los terroristas el que los permitió volver a las instituciones para garantizarse un periodo de cloroformo colectivo antes de las últimas elecciones municipales. Y porque tenemos derecho a exigirle que impida que los terroristas lleguen al Congreso de los Diputados. ¿Les parece que hay pocos motivos para manifestarse? Lástima que quienes tienen el deber de estar en la vanguardia para derrotar al terror prefieran seguir manejando estadísticas de muertos; lástima que se amparen en ellas para olvidar la dramática realidad cotidiana de aquellos que resisten el fanatismo para defender la libertad de quienes les niegan el reconocimiento y quieren convertirnos a todos en transparentes. Mientras esto siga así, sobran motivos.

El valor de la palabra
El Mundo, 10 de diciembre de 2007

Hace unos días visitó España uno de los «expertos internacionales» captados por el PSOE para ayudarles a hacer el programa electoral con el que concurrirán en las próximas elecciones generales. No he tenido tiempo de comentar el hecho, insólito en sí mismo, de que un partido político busque expertos extranjeros para que le ayuden a resolver los problemas que tenemos los ciudadanos españoles… Como ya nada nos sorprende hemos dejado pasar, como algo que cabe dentro de lo normal, el hecho de que se busque el diagnóstico y la opinión de «sabios mundiales» que admiten, de entrada, no conocer apenas ni a España ni a los españoles.

Pero dejemos de lado la reflexión general. Yo les quería hablar hoy del pronunciamiento de uno de esos sabios, George Lakoff, en su visita a España una vez investido como «experto afín» por el PSOE. Lakoff, que admitió que apenas conoce al inquilino de la Moncloa, aclaró que él es un teórico y que desde esa perspectiva tratará de explicar a *«mister Caldera»* la forma idónea de «vender los conceptos de nación, inmigración y terrorismo». Lakoff explicó, como profesor que es, asesor de los demócratas en Estados Unidos, que: «La reiterada repetición de los mensajes modifican el cerebro del receptor, de modo que lo que moviliza a los votantes es el pensamiento inconsciente». Para concluir su diagnóstico previo, Lakoff definió al grupo de «los catorce asesores extranjeros» como «expertos en la gente».

Bueno, yo creo que el tema se comenta por sí mismo. Como ven, ya no se trata de utilizar las técnicas de comunicación para ayudar a que una idea llegue con mayor nitidez y claridad al ciudadano: se trata de asumir, directamente, que lo mejor que se puede hacer es manipular el cerebro de los ciudadanos y provocar su voto «inconsciente». Muerte al pensamiento crítico; muerte al voto reflexivo. Manipulemos el cerebro reiterando los mensajes clave, utilizando de la forma apropiada las palabras clave. Lo de menos es el significado del concepto: aquí lo importante es provocar el «voto inconsciente». Ya no se trata de utilizar bien la técnica para transmitir mejor una idea; se trata de renunciar a la idea y utilizar la técnica de comunicación para engañar al ciudadano.

Bueno, pues en eso yo creo que Lakoff tiene poco que enseñar al PSOE y al Gobierno. Esta ha sido la legislatura de la perversión del lenguaje; quizá les «refine» un poco: pero la manipulación de los términos al servicio de la manipulación de la política ha sido el mayor —el único— éxito de toda esta legislatura de Zapatero. Si supiera dónde enviárselo, le pasaría algunos apuntes de estos «alumnos aventajados» que tiene en España:

— A revisar la Transición lo llamaron «ampliar el consenso».

—A revisar el modelo de Estado, pactándolo con los partidos que no creen en el Estado, lo llamaron «incorporar a los nacionalistas».

—A los terroristas les llamaron «violentos».

—A los batasunos les llamaron «hombres de paz».

—A lo que los etarras laman «proceso de resolución» (porque es negociar con ellos cuestiones políticas, que es lo que hicieron) lo llamaron «proceso de paz».

—A mandar a casa (al hospital con vistas y novia incluida) a De Juana Chaos, «cumplir la ley».

—A permitir que ETA/ANV volviera a las instituciones, «cumplir escrupulosamente la ley».

—Al zulo encontrado en Amorebieta (este que estaba preparando el Comando Vizcaya, del que es miembro integrante y dirigente la terrorista detenida ahora en Francia tras haber asesinado a los dos compañeros de la Guardia Civil) el ministro del Interior lo llamó «proyecto de zulo».

—Al robo de armas en Francia y secuestro de tres ciudadanos mientras este robo se perpetraba (como estábamos en vísperas de que llevaran al Parlamento Europeo el apoyo al «proceso de paz» de Zapatero) lo llamaron «aprovisionamiento».

—A cumplir la Ley de Partidos el fiscal general del Estado lo llamó «Guantánamo electoral».

—Al hecho de que sesenta y siete concejales no tomaran posesión en municipios del País Vasco tras las últimas elecciones municipales forzados por el miedo y/o las amenazas, el ministro de Justicia lo llamó «normalidad»…

Podríamos seguir poniendo ejemplos hasta aburrirnos. Ejemplos de la estrategia de pervertir el lenguaje ejercida hasta la saciedad, sin límite, y con una táctica perfectamente definida, para provocar el adormecimiento de los ciudadanos y la aceptación como bueno o inevitable de todo aquello que estaba ocurriendo por la mera voluntad de sometimiento a los nacionalistas y a ETA del Gobierno de Zapatero; un gobernante que decidió sustituir la voluntad de derrotar a ETA por la de llegar a un final dialogado con la banda; un final dialogado en el que la banda adquirió la consideración de «interlocutor político imprescindible» (Blanco, López, Fernández de la Vega *dixit*); un interlocutor con el que se empezó a negociar sobre nuestra democracia. No hay mayor ejemplo de «rendición» que esa aceptación explícita de hablar de democracia con los terroristas. Pero como el lenguaje está tan pervertido, todavía hay quien se atreve a decir que el hecho de que no llegaran a ningún acuerdo significa que no han cedido…

En el mismo momento que el Gobierno empieza a hablar de las instituciones democráticas con la banda, ya han cedido, ya se han rendido. En ese mismo momento, ya hemos perdido los demócratas. Aceptar a una banda terrorista como interlocutor político, hablar con ellos de la democracia, es algo que ningún Gobierno hizo antes que este. Cuando se apela a la «memoria» para justificar lo injustificable, cuando se pone como ejemplo que «otros lo intentaron antes», de Argel (con Felipe González) o Suiza (con Aznar), se oculta lo principal: nuestros Gobiernos, en ambos casos, nunca hablaron de política con la banda. Quiero recordarles a todos que González levantó aquellas reuniones en el mismo momento en el que la banda exigió una mesa de partidos en la que estuvieran todos para hablar de política. Y lo que hizo el Gobierno de Aznar en Suiza ya lo contó, además del propio Gobierno, que nunca ocultó las reuniones, la propia ETA: cuando quisieron hablar de política, se levantó la reunión. O sea, antes no se hizo esa cesión; y ahora tampoco hay que consentir que se haga.

Bueno, todo esto venía a cuento de Lakoff, que pretende enseñarles a los socialistas y al Gobierno de Zapatero cómo han de hacer para manipular a los ciudadanos y a sus cerebros y cómo conseguir el «voto inconsciente». El experto norteamericano tiene en el PSOE y el Gobierno Zapatero unos alumnos aventajados. Quizá ellos le puedan enseñar a él.

La infamia y la hipocresía
ABC, 31 de enero de 2008

Las consecuencias de la política de permisividad practicada por Zapatero se hacen notar dolorosamente en nuestras vidas.

Gracias al «invento» del «proceso», ETA volvió a las instituciones a embolsarse unos siete millones de euros al año, que son destinados a facilitar la comisión de atentados contra los demócratas.

Gracias al relativismo presidencial, la banda terrorista —que estaba en las últimas— recuperó la esperanza y volvió a salir a la calle; y el terrorismo callejero, que era al inicio de la legislatura un recuerdo del pasado, se convirtió en cotidiano.

Gracias al relativismo presidencial, al sometimiento del sistema judicial al poder político, la Ley de Partidos dejó de aplicarse para proteger a la democracia de sus enemigos; y el fiscal general del Estado la calificó como «una especie de Guantánamo electoral».

Gracias a la debilidad de Zapatero y del PSOE —empeñados en convertir en enemigos de la democracia al PP y a todos los que no nos conformamos con menos que la derrota de ETA—, los socios del Gobierno de España se subieron a las barbas del sistema y pasaron de ser autonomistas a reivindicar formalmente la secesión.

Ahora que se acercan las elecciones, el Gobierno de Zapatero, el mismo que cuestiona la nación, se viste de «Gobierno de España». Y pronuncian los discursos más duros contra ETA. Después de haber violentado las leyes para posibilitar que ANV/ETA volviera a las instituciones, dicen que están encontrando pruebas para ilegalizar a esos terroristas que ellos mismos seleccionaron. Recuerden el criterio que utilizaron para «aplacar a la bestia»: por debajo de tres terroristas, la lista es legal. ¡Qué vergüenza!

Ahora se ponen duros contra ETA y ponen «morritos» contra los discursos infames del PNV y del Gobierno Vasco, esos en los que los gobernantes nacionalistas equiparan a los terroristas con los que sufren las consecuencias del terror.

No se dejen engañar por el gesto adusto de Ares, López, Rubalcaba, la vicepresidenta... Todo forma parte del juego. Son los socialistas —que llamaron «hombres de paz» a los terroristas e «interlocutores imprescindibles» a los dirigentes de ETA— los que han provocado que el PNV suba el listón de sus reivindicaciones e incremente sus descalificaciones hacia la democracia. En el PNV ha cuajado la idea de que ellos han de ir tan lejos como fue el propio Zapatero; no se van a dejar «pillar» otra vez, como en la etapa de Imaz. Recuerden que las negociaciones de Aránzazu se rompieron cuando la delegación presidida por Imaz se levantó de la mesa mientras los socialistas seguían sentados.

Y el lehendakari no va a ser quien se levante de la mesa; el PNV tramontano no consentirá que los socialistas vuelvan a estar más cerca de los batasunos etarras que ellos mismos. Además, y aquí está el otro quid de la cuestión, los nacionalistas saben que con los socialistas pueden permitirse cualquier lujo. Pueden aguantar que Ares, o López, o Pastor critiquen su complacencia para con los terroristas; porque saben que no tienen más que tirar de hemeroteca para encontrar declaraciones de los dirigentes socialistas en las que estos muestran grados de comprensión hacia los terroristas comparables a las suyas. Como ejemplo, vean esta parte de una entrevista de José Antonio Pastor publicada en *Gara* el 5 de febrero de 2006:

> *Pregunta.* El Comité Nacional de este sábado abordaba que si va a haber medidas de flexibilización en la situación de los presos, que se consulte con las víctimas...
>
> *Respuesta.* Es una reflexión (...) ese proceso de reconciliación que no va a ser fácil, necesita del concurso de las más de mil víctimas del terrorismo

y necesita también de ejercicios de generosidad y de flexibilidad por parte de todos.

Hay que atender el criterio de las víctimas, que básicamente piden que se les reconozca el daño causado y se les pida perdón; pero, por otra parte, también hay que pedirles una cierta dosis de generosidad, a ambos sectores que, si se quiere, los personalizamos en las víctimas y en los presos de la banda terrorista ETA que, de una forma u otra, en función de las circunstancias de cada uno y a lo largo del tiempo, deberán ir reintegrándose con cierta normalidad a la vida política.

O estas declaraciones de Patxi López, hechas también al diario proetarra *Gara* el 31 de mayo de 2006:

Patxi López afirmó anoche que «es necesario pasar de los contactos actualmente existentes a una fase de negociaciones incluyentes tendentes a construir un diálogo multipartito en Euskadi que permita ampliar los consensos políticos, asentar la convivencia y alcanzar acuerdos sólidos sobre la construcción del futuro de nuestro país superando así los conflictos del pasado». Para ello, aseguró que, una vez que Zapatero comparezca ante el Parlamento, intensificarán los contactos con las fuerzas políticas vascas. En ese camino, anunció una próxima reunión con la izquierda *abertzale*, un «interlocutor necesario» cuya legalidad estima necesaria.

Además, los socialistas están pillados: el PNV les votó el presupuesto en Madrid y el PSE hizo lo mismo en el País Vasco. Ese presupuesto en el que se incluye una partida para el Banco Público vasco; y otra para la Seguridad Social vasca. Ahí es nada. Al fin y al cabo, entre pillos anda el juego.

La perversión de la política, la perversión de las instituciones, el fariseísmo, está nuevamente servido. Mucho discurso de condena para la galería (o sea, para los votantes, a los que el PSOE sigue sin querer tratar como a ciudadanos mayores de edad), pero los acuerdos políticos se hacen con los que quieren la secesión y con los que comparan a las víctimas con los terroristas; los acuerdos con quienes queman en

San Mamés —ante el complaciente silencio del lehendakari, del vicepresidente del Gobierno de Cataluña, de miembros del Gobierno de Galicia— los símbolos del orden constitucional…

Para que nadie tenga ninguna duda, ya lo ha dicho el presidente Zapatero: si gana las elecciones del 9 de marzo volverá a pactar con los nacionalistas. Que nadie se deje pues confundir por las soflamas de condena. Que nadie olvide que si existen dificultades para echar a ANV de las instituciones es porque Zapatero les cedió gustosamente el paso como parte del pago a la banda. Que nadie olvide que quien hoy se viste de bombero ha sido el pirómano ayer.

No sé lo que es peor, si la infamia o la hipocresía; ambas me resultan vomitivas. Juzguen ustedes. En todo caso, que nadie se olvide de quién es quién y de qué hizo cada cual en cada momento. Recordar es un deber.

3

SEGUNDA LEGISLATURA DE ZAPATERO

Ruina económica y crisis política

Dice mucho de los españoles el hecho de que tras una primera legislatura en la que Zapatero traicionó el espíritu y la letra de todas las normas democráticas que habíamos acordado y que nos permitieron construir la democracia, el PSOE volviera a ganar las elecciones en marzo de 2008.

Zapatero aprovechó su segunda legislatura para afianzar todo el proceso de ruptura y de confrontación entre españoles que inició durante su primera etapa al frente del Gobierno. En los artículos que conforman este capítulo —escritos durante la etapa en la que yo era portavoz y única diputada nacional de UPyD en el Congreso de los Diputados— se pueden apreciar las alarmas ante la crisis política e institucional derivada de las políticas que ya se habían puesto en marcha, desde la opacidad a que Zapatero sometía a las instituciones o el desprecio por las leyes —el «acato pero no cumplo» que tanto juego había dado a los nacionalistas históricamente y que el PSOE asumía como posición propia— hasta la injerencia en los órganos de la justicia para someterlos a su táctica política y que actuaran «según aconseje la jugada». También encontrarán llamamientos a los diputados para que ejerzan su libre albedrío y frenen tamaño desvarío. Como verán, todo lo que hoy ocurre tuvo sus antecedentes con Zapatero. Nos descuidamos…, y pasó.

Una serie de artículos advierten sobre la urgente necesidad de regenerar la democracia y garantizar una justicia independiente y sobre las negativas consecuencias que supone para el sistema democrático el mantenimiento de una ley electoral profundamente injusta que pervierte el derecho de los ciudadanos a elegir y ser elegidos en igualdad de condiciones y que, curiosamente, era el único pacto que se mantenía entre PP y PSOE, «lo que les une».

En unos cuantos artículos se denuncia cómo Zapatero aprovechaba su segunda legislatura para rematar su traición a las víctimas y sellar sus pactos con ETA, reconocida ya como un actor político en cuya compañía el PSOE se sentía mucho más cómodo que con el Partido Popular. Verán la alarma que provocaba el hecho de que hubiera ayuntamientos gobernados por terroristas o la claudicación de Zapatero ante ETA al aceptar la vieja demanda de la banda terrorista y apadrinar una conferencia internacional con relator incluido, iniciativa que años más tarde formaría parte de las exigencias de los golpistas catalanes para hacer presidente a Sánchez. O la alerta ante las negociaciones para conceder una amnistía a ETA que Zapatero negaba entonces y hoy ha reconocido.

Y también dan fe de la buena noticia para la democracia española de la resolución del Tribunal Europeo de Derechos Humanos sobre Batasuna y todas las marcas de ETA proclamando la legalidad de su disolución y el derecho y el deber de España de defenderse de los enemigos de la democracia. Una resolución que dice expresamente que «España tiene no solo el derecho, sino también el deber de defender la democracia de sus enemigos» y que Zapatero y el PSOE decidieron desoír y burlar.

Encontrarán llamadas de atención sobre las consecuencias de un sistema educativo ineficiente y sobre la persecución a que estaban sometidos ya entonces los ciudadanos que exigían poder ejercer su derecho a relacionarse con la administración y a estudiar en la lengua común. También sobre la necesidad de denunciar ante Europa las leyes catalanas que se estaban aprobando y que anticipaban el golpe contra la democracia que se consumaría el 1 de octubre de 2017. O sobre la primera traición del PSOE a los saharauis y su sometimiento a Marruecos. Aquellas alarmas señalaban los problemas que hoy, enquistados, están arruinando nuestro presente y poniendo en riesgo nuestro futuro como nación. De aquellos polvos, estos lodos.

Ante las consecuencias de una crisis económica mundial cuya existencia negó reiteradamente, que no supo enfrentar y que se fue agravando hasta hacer insostenible su Gobierno, Zapatero se vio obligado a disolver las Cortes en noviembre de 2011. Y perdió las elecciones. Quizá la enseñanza que debemos extraer para el tiempo presente es que Zapatero no perdió las elecciones por el mayor daño que había hecho a los españoles —perpetrado durante su primera legislatura y respondiendo a su propia estrategia—, sino por una crisis de origen exógeno de la que no era el único culpable. Lo peor había pasado durante su primera legislatura; pero los españoles que le perdonaron la traición a las víctimas de ETA y a la democracia, la ruptura de todos los vínculos de ciudadanía, el fomento de la división y del odio entre españoles… no le perdonaron que por sus malas decisiones la crisis económica pusiera en riesgo su nivel de vida. No sé si se estará repitiendo la historia…

El último artículo que recoge este capítulo fue publicado el 6 de diciembre de 2011 y es un alegato a favor de la palabra, a favor de la memoria y de la dignidad. Es de tal actualidad que podría publicarse ahora mismo sin apenas modificar una coma…

(…) no callaré en nombre de los más de trescientos crímenes de ETA que aún no han sido juzgados; no callaré en nombre de todos los que siempre creímos que con ETA no cabe negociación política alguna, que si se empieza a hablar con la banda terrorista de una sola de las reivindicaciones en cuyo nombre instauraron la primera víctima ya se ha traicionado a la democracia; no callaré en nombre de los que nos negábamos a creer que el PSOE pudiera caer tan bajo; no callaré en nombre de tantos compañeros y amigos que fueron asesinados por ETA mientras la banda hablaba con sus jefes de filas; no callaré en nombre de tantos hombres y mujeres buenos que vinieron desde pueblos remotos de España a recoger a sus hijos muertos, a sus maridos asesinados, a sus hermanos, a sus padres…; no callaré en nombre de todos esos nombres propios que no conocemos, de todas esas fotos de carné en blanco y negro que nos recuerdan cada día que hay asesinos vivos que aún no han sido juzgados, que aún no han pagado por sus crímenes.

A veces duele más el silencio que la traición. A veces sería mucho más reconfortante haberse equivocado en el diagnóstico. Pero esto es lo que hay.

Nos descuidamos… y pasó

Con todas las de la ley
El Mundo, 5 de mayo de 2008

Desde que ETA declaró *formalmente* rota la última tregua —meses después del atentado que costó la vida a los ciudadanos Estacio y Palate—, el Gobierno de José Luis Rodríguez Zapatero empezó a hacer gestos en sentido contrario a los realizados a lo largo de toda la legislatura en política terrorista. Aquellos que desde el mismo momento en que el PSOE ganó las elecciones se convirtieron en sus «interlocutores imprescindibles» (palabras de Patxi López cuando justificó su reunión con Otegi y el resto de los líderes de ETA hoy encarcelados) empezaron a ser sometidos a escrutinio. Se acabaron las fotos de los dirigentes socialistas con los líderes de ETA en amable francachela; y comenzaron a desempolvarse los informes elaborados por la Guardia Civil y la Policía Nacional. Los documentos que habían realizado los cuerpos y fuerzas de seguridad y que venían a demostrar que las listas municipales y forales de ANV estaban trufadas de terroristas comenzaron a utilizarse como pruebas de cargo contra esos mismos otrora proclamados por el Gobierno como personas y partidos que «cumplen escrupulosamente la ley» (recuérdense las palabras de la vicepresidenta del Gobierno, María Teresa Fernández de la Vega, cuando respondía a las interpelaciones sobre ANV).

El miércoles, como dando una vuelta de tuerca más en esa nueva táctica antiterrorista, la Fiscalía solicitó auto de prisión sin fianza contra la alcaldesa de Mondragón; y el juez Baltasar Garzón lo dictó. E Inocencia Galparsoro pasó de presidir una institución democrática a estar entre rejas, donde les corresponde estar a los terroristas. No tengo espacio aquí para analizar una vez más el bochornoso e indisimulado sometimiento de la justicia a la estrategia política. Tiempo habrá para insistir en la necesidad de cambiar las leyes para garantizar la independencia del sistema judicial; tiempo habrá —dentro de muy poco— para que cada cual se retrate en el Congreso de los Diputados cuando planteemos las reformas precisas para que el sistema de elección del fiscal general garantice que este lo sea del Estado y no del Gobierno, como ahora.

Creo que ya es hora de que vayamos a por todas. No encuentro motivo alguno para que el Gobierno, con el auxilio de jueces y fiscales, esté devolviéndonos, píldora a píldora, nuestra libertad. Porque esa es la cuestión que hemos de denunciar: que mientras el Gobierno no utilice todos los instrumentos que el Estado de derecho pone en su mano para protegernos, cientos de terroristas militantes de ANV estarán usurpando los espacios que les corresponden a los demócratas en las instituciones. No se puede consentir que, en una estrategia de diseño propagandístico, según «aconseje la jugada», que diría el confirmado ministro de Justicia, el Gobierno apriete o afloje la presión sobre el entramado del terror. Hoy en día, ANV mantiene en el País Vasco y Navarra cuatrocientos treinta y siete concejales y treinta y tres alcaldías. Todos ellos están ahí porque la estrategia del Gobierno de Zapatero pasaba, cuando se celebraron las elecciones locales y forales de mayo de 2007, por dejarlos entrar. Por eso ni la Fiscalía ni la Abogacía del Estado impugnaron una serie de candidaturas presentadas por ANV; no es que se les pasaran: es que habían decidido dejarles volver al lugar reservado a los demócratas. Esos centenares de cargos públicos —junto con los parlamentarios vascos del PCTV—, además de ocupar el espacio democrático que no les corresponde a los terroristas, reciben al año unos seis millones de euros, dinero utilizado para mantener su infraestructura del terror y para tener más a tiro a los demócratas.

No nos conformaremos con esta ceremonia en la que el Gobierno pretende lavar su cara a plazos, como si no quisiera romper todos los puentes con ese mundo del terror. No nos conformaremos con «mociones éticas», única coartada en la que parecen ponerse de acuerdo quienes tienen la responsabilidad del Gobierno de España y del País Vasco. Por eso anuncio que Unión Progreso presentará inmediatamente en el Congreso de los Diputados una iniciativa instando al Gobierno a que proceda a la disolución de los órganos de las corporaciones locales gobernadas por esa franquicia de ETA llamada Acción Nacionalista Vasca. Los ciudadanos deben saber que el Gobierno tiene en su mano la competencia para evitarnos esta situación de indignidad y de riesgo continuado. Exigiremos que se aplique el artículo 61 de la Ley de Bases del Régimen Local, que dice expresamente que «el Consejo de Ministros, previo acuerdo del Senado, podrá proceder mediante real decreto a la disolución de los órganos de las corporaciones locales que den cobertura o apoyo, expreso o tácito, de forma reiterada y grave, al terrorismo o a quienes participen en su ejecución, lo enaltezcan o justifiquen, y los que menosprecien o humillen a las víctimas o a sus familiares».

Este es un país con muy poca memoria. La demoscopia ha sustituido a la política; y la propaganda suplanta en demasiadas ocasiones a la realidad. Los ciudadanos, en general, prefieren que se les den buenas noticias y que les dejen tranquilos. Por eso hay quien —incluso compartiendo la reflexión crítica— reacciona negativamente contra quienes no nos conformamos con esta política de cálculo mediático que el Gobierno parece querer alargar hasta las próximas elecciones autonómicas en el País Vasco. Pues asumiremos el riesgo de resultar molestos. Porque aquí lo que está en juego no es que los socialistas quieran lavar su cara y todos debamos ayudarles; lo que está en juego —y lo único que a mí me importa— es la credibilidad de las instituciones democráticas. Y la vida de muchos ciudadanos que, merced a la presencia de los terroristas en las instituciones, están mucho más a descubierto. El Estado tiene el deber de proteger la democracia y de garantizar la libertad y la seguridad de sus ciudadanos. No hay disculpa alguna para que el Gobierno de José Luis Rodríguez Zapatero no utilice todos los instrumentos que tiene en su mano para expulsar de las instituciones democráticas a los terroristas. El artículo 61 de la Ley de Bases de Régimen Local está ahí para que se pueda utilizar en defensa del interés general. Dejémonos de mociones éticas o de declaraciones grandilocuentes. Utilicemos la ley que nosotros mismos nos hemos dado. Solo así contribuiremos a que los ciudadanos recuperen la confianza en la política y en las instituciones democráticas.

Veamos si conseguimos que el Gobierno actúe de una vez *con todas las de la ley*. Por nosotros no va a quedar.

Ayuntamientos gobernados por terroristas
El Mundo, 28 de mayo de 2008

Han pasado ocho años desde que ETA asesinara en Andoain a José Luis López de Lacalle. El alcalde de entonces se llamaba José Antonio Barandiaran. Él y su partido, la franquicia de turno de ETA, se negaron a condenar el atentado. Lo calificaron como un «lamentable incidente».

Han pasado cinco años desde que Joseba Pagazaurtundúa fue asesinado por ETA en Andoain. El alcalde de entonces se llamaba José Antonio Barandiaran. Él y su partido se negaron a condenar el atentado. El PNV rechazó votar una moción de censura contra él, y el alcalde siguió gobernando hasta el final de la legislatura.

José Antonio Barandiaran dejó su posición de alcalde en el año 2003. La lista de la que formaba parte fue anulada por los tribunales de justicia en aplicación de la Ley de Partidos. La Ley de Partidos, hecha en tiempos en los que funcionaba el Pacto por las Libertades y contra el Terrorismo, impidió que los terroristas siguieran gobernando las instituciones democráticas del País Vasco y Navarra. La Ley de Partidos expulsó a los enemigos de la democracia de las instituciones desde las que nos tienen a tiro, desde las que reciben dinero e información para perseguir con mayor eficacia a los demócratas.

En el año 2004, el Gobierno socialista de José Luis Rodríguez Zapatero dio instrucciones a la Fiscalía General del Estado y a la Abogacía del Estado para que no recurrieran todas las candidaturas en las que la nueva franquicia de ETA (ANV) se presentaba en todo el País Vasco y en Navarra. Las candidaturas no recurridas no pudieron ser suspendidas por el Tribunal Supremo. Los terroristas volvieron a estar presentes en las instituciones democráticas; los terroristas volvieron a recibir dinero e información para preparar con más eficacia los crímenes.

Hemos solicitado al Gobierno que aplique todos los instrumentos del Estado de derecho para expulsar de las instituciones democráticas a los enemigos de la democracia. Hemos solicitado al Gobierno que aplique el artículo 61 de la Ley de Bases de Régimen Local y disuelva los ayuntamientos gobernados por ANV, a la que, por fin, incluso el fiscal general del Estado considera que forma parte del entramado de ETA. ¿A qué espera el Gobierno para aprobar ese real decreto que le permitirá expulsar a ETA de las instituciones? ¿Hemos de esperar ocho o cinco años para que sean detenidos por pertenecer a ETA quienes hoy gobiernan las instituciones vascas y/o navarras? ¿Acaso hemos de esperar a que sean cometidos más crímenes para cargarnos de razón?

Aquel aciago día que ETA asesinó a Joseba Pagaza un grupo de ¡Basta ya! fuimos al pleno del ayuntamiento de Andoain en el que se iba a debatir la propuesta de condena y la moción de censura. El alcalde, del que Joseba siempre sospechó, se negó a condenar el crimen. Le llamamos asesino. Y gritamos: «¡¡Libertad!!». Algunos nos llamaron radicales; incluso ha habido algún medio de comunicación —de esos que están en la nómina de la progresía oficial— que ha mostrado recientemente esas imágenes para justificar los ataques contra políticos en las universidades españolas… Ahora resulta que los increpados eran culpables. Pero hubieron de pasar varios años y hubo de aplicarse una ley hoy denostada por este Gobierno para que quienes tratan de esconderse bajo siglas cambiantes, que no son otra cosa que franquicias de ETA, dejaran de tener ventajas para perseguir a los demócratas. Y ahora, a gentes como ellos, los han vuelto a dejar entrar. ¿A qué esperan para echarles? Insisto: ¿cuánta gente más ha de ser asesinada con información y recursos obtenidos por y desde quienes están dentro de las instituciones democráticas?

Señor presidente: no espere más y aplique la ley contra ETA. Toda la ley. El artículo 61 de la Ley de Bases de Régimen Local también.

Que el Gobierno actúe ya contra la impunidad
El Mundo, 4 de agosto de 2008

Quiero compartir con ustedes la desazón que me produjo la concentración convocada por Dignidad y Justicia en Alderdi Eder, en San Sebastián, el sábado último. Éramos muy pocos, para qué lo vamos a negar. Teniendo en cuenta la infamia, la enorme ofensa que se ha infligido a las víctimas, es difícil de explicar la soledad. Eran muchos más los que salieron a recibir al asesino que los que nos acercamos a honrar la memoria y la dignidad de todos, de las víctimas en primer lugar.

La gente de bien estaba a sus cosas: en la carrera ciclista que justo salía de allí mismo (costaba llegar a la cita, porque todo estaba cortado); ocupados en su paseo soleado; en su terraza tomando el aperitivo; paseando lánguidamente y mirando escaparates; caminando frente al magnífico mar y observando a los bañistas que abarrotaban las playas del centro de la ciudad… Pilar Elías, Pilar Ruiz, Estíbaliz Garmendia, Cristina Cuesta o Rubén Múgica solo merecieron el acompañamiento de no más de veinte o treinta ciudadanos que no podían tolerar que ese asesino volviera impune ante la pasividad de la sociedad. Yo sabía que iba a ser un acto testimonial, pero nunca pensé que tanto. Los ciudadanos no aprobamos ayer el mínimo test de ciudadanía, compromiso y solidaridad activa con las víctimas de ETA.

Asumido esto, quiero poner el foco en lo que le corresponde hacer al Gobierno. No me pararé a analizar su posible responsabilidad en el «cúmulo de chapuzas» —como bien ha dicho Maite Pagazaurtundúa— que ha llevado a este terrorista a salir de prisión. Lo que me interesa es evitar que se escuden —para no actuar— en falsos debates sobre la necesidad de aplicar las leyes, como si fuera eso lo que hoy está en cuestión.

Desde que se vio como inevitable que José Ignacio de Juana Chaos saliera de prisión y se fuera a vivir a San Sebastián, hemos escuchado a distintos miembros del Gobierno expresar la «repugnancia» (María Teresa Fernández de la Vega) o el «desprecio» (José Luis Rodríguez Zapatero) que sienten hacia el terrorista, a la vez que nos explican compungidamente

—lo hizo el presidente— que la grandeza del Estado de derecho reside en el cumplimiento de las leyes. Huelga explicarle que el objetivo de las leyes es la administración de la justicia; y que una democracia es más grande cuanto más justas sean las leyes que aplica. De la misma manera que huelga explicar que, ni ahora ni nunca, se trata de hacer leyes «que respondan a la sensibilidad ciudadana», como ha propuesto el PP (María Dolores de Cospedal); que de lo que se trata es de revisar aquellas leyes que, aun siendo democráticas, no producen el objetivo de la justicia para la que fueron promovidas. O sea, que terminan siendo injustas.

Al coro de miembros del Gobierno queriendo tranquilizar a los ciudadanos se sumó el ministro del Interior, Alfredo Pérez Rubalcaba, quien llegó a afirmar que a De Juana «no le iban a pasar ni una». Bueno, pues ya se están retrasando. Porque el terrorista mandó una carta a quienes le esperaban para recibirle en San Sebastián —publicada íntegramente en *Gara*— que, inexcusablemente, merece la actuación urgente de la Fiscalía.

Esa carta, escrita con un lenguaje alambicado y cuidadoso, es toda una exaltación de ETA y una precisa y orgullosa reivindicación de su pertenencia a ETA. En ella utiliza la expresión *errepresaliatu politikoak* para dar vivas a los presos de ETA, término que ha sido acuñado desde hace muchísimo tiempo en *Gara* y en todos los *zutabes* —boletines internos— de ETA. Por si alguien tuviera alguna duda, en la propia crónica de *Gara* se denomina a De Juana «represaliado político». Y es porque desde hace muchísimo tiempo a los delincuentes de ETA (o sea, a los terroristas) en su mundo les llaman represaliados o presos políticos.

¿A qué espera la Fiscalía para actuar? ¿A qué espera el Gobierno para dar instrucciones a la Fiscalía General del Estado? ¿A esto le llama el Gobierno de José Luis Rodríguez Zapatero «no dejarle pasar ni una» a De Juana Chaos? ¿No le parece que es exaltación del terrorismo (exaltar a los terroristas es exaltar a la banda) dar vivas de forma explícita a quienes están presos por ser criminales terroristas?

De la exaltación a la apología hay un paso. Vitorear a quienes han hecho de la destrucción de la democracia y del asesinato de los demócratas su forma de vida bien merece una reacción por parte de los poderes del Estado. Hay cosas que podemos y debemos hacer los ciudadanos, aunque, como dije antes, no siempre estemos a la altura de las circunstancias. Pero esto solo lo puede hacer el Gobierno y los poderes del Estado. A ellos les increpo: ¿a qué esperan para actuar?

No es la lengua, son los ciudadanos
El Mundo, 27 de octubre de 2008

Proliferan en los últimos tiempos las llamadas en defensa del castellano. Me parece importante que este tema haya dejado de ser tabú y haya pasado de la denuncia privada a la demanda pública, pero me gustaría hacer algunas precisiones.

No todos los que denunciamos la situación que atraviesa la lengua española enfocamos la cuestión de la misma manera. A mi partido, Unión Progreso y Democracia (UPyD), lo mismo que a quienes impulsaron el Manifiesto por la Lengua Común, no le preocupa la situación del castellano ni su futuro. No nos preocupa el futuro de la lengua española porque sabemos que el nuestro es un idioma poderoso, rico y culto, que hablan más de cuatrocientos millones de ciudadanos en todo el mundo y cuyo conocimiento y estudio se expande de forma acelerada en países tan importantes como Brasil o Estados Unidos.

La utilización rigurosa del lenguaje se convierte en este caso en algo mucho más importante que una cuestión de forma; es el fondo lo que hay que definir con exactitud para librar la batalla contra el verdadero adversario y para defender a quien verdaderamente está siendo atacado. No es el idioma el que está siendo atacado por los partidos políticos que llaman normalización lingüística a la exclusión de la lengua castellana del espacio público. El idioma es el instrumento que utilizan esos partidos políticos para discriminar a los ciudadanos que se niegan a normalizarse y a asumir las consignas de los nacionalistas o de sus asimilados en los Gobiernos autonómicos o en el Gobierno de la nación.

Hablar de los ataques al español es caer en la trampa de quienes plantean la cuestión como una batalla entre idiomas y nos quieren convencer de que tratan de proteger al más débil de ellos. Los idiomas no tienen derechos; por tanto, no deben ser protegidos por nadie. Los idiomas son instrumentos de comunicación y expresiones culturales y sociales de un tiempo. A lo largo de la historia de la humanidad han aparecido y desaparecido centenares de ellos, sin que nadie haya osado calificar de genocidio lingüístico la sustitución de ninguna de esas lenguas por otras asumidas por los ciudadanos como parte de la evolución de la sociedad.

Esto que afirmo no es incompatible con que las instituciones —y los particulares— decidan impulsar medidas para conservar una lengua minoritaria en el conjunto del Estado y/o en una comunidad autónoma en la que es lengua cooficial. Pero una cosa es movilizar recursos públicos para mantener un idioma y otra muy distinta tratar de imponer el uso exclusivo del mismo en el espacio público. Una cosa es garantizar la enseñanza de la lengua cooficial y otra bien distinta salir a la calle a buscar hablantes de la misma.

Lo que está ocurriendo en nuestro país es que los nacionalistas han impuesto una dictadura lingüística en las comunidades que gobiernan o en las que se han convertido en clave para que gobierne el PSOE o el PP. Esta dictadura lingüística solo genera discriminación de los derechos individuales de los ciudadanos y empobrecimiento colectivo de la propia comunidad. Podríamos decir que esta política no favorece a nadie; lo que sería cierto, si no tomáramos en consideración que ya ha cumplido su objetivo: que se sepa quién manda. Y que, para estar a bien con el cacique, todo el mundo termine transigiendo ante lo que son verdaderos abusos contra los derechos ciudadanos y la inteligencia colectiva de la sociedad.

La Constitución española establece en su artículo 3.1: «El castellano es la lengua española oficial del Estado. Todos los españoles tienen el deber de conocerla y el derecho a usarla». Este es un derecho de los ciudadanos —que no de la lengua— que está siendo vulnerado permanentemente en Cataluña, País Vasco, Galicia, Comunidad Autónoma Valenciana y en las Islas Baleares, con el impulso de las instituciones autonómicas y con el consentimiento y apoyo del Gobierno de la nación.

Nuestra Constitución establece también, en su artículo 14: «Los españoles son iguales ante la ley, sin que pueda prevalecer discriminación alguna por razón de nacimiento, raza, sexo, religión, opinión o cualquier otra condición o circunstancia personal o social». La experiencia demuestra que una lengua materna distinta a la dominante en una comunidad autónoma bilingüe, y sobre todo el dominio o el desconocimiento de alguna lengua cooficial en estas, son algunas de esas circunstancias personales o sociales que están dando origen a la discriminación que la Constitución prohíbe.

La llamada normalización lingüística pretende convertir en normal la supresión de derechos constitucionales, con la consecuencia de instaurar una sociedad dividida en dos colectivos desiguales en derechos: el de quienes sí tienen los conocimientos lingüísticos exigidos ilegítimamente —puesto que el conocimiento de una lengua cooficial no es un deber constitucional— y el de aquellos que, aun siendo ciudadanos de pleno derecho a efectos legales, en la práctica son convertidos en ciudadanos de segunda, privados del derecho a ser atendidos en su lengua habitual si esta es la oficial del Estado; privados de acceder a determinados puestos de la función pública e incluso de ámbitos de la actividad económica normal; privados de poder educar a sus hijos en la lengua castellana. Esta práctica política ha vuelto a recrear las situaciones de discriminación por la lengua que quiso eliminar la Constitución.

Los nacionalistas y los partidos que se someten a su chantaje para gobernar —ya sea aprobar presupuestos o mantener la presidencia autonómica en los lugares en los que no han conseguido ganar las elecciones— pretenden sustituir el bilingüismo de hecho por una nueva dominación monolingüística en la que toca discriminar y disminuir los derechos constitucionales de quienes incumplan los modelos de conducta lingüística que el nuevo régimen ha diseñado.

Por si todo esto fuera poco, estas políticas de discriminación representan un factor negativo para la recuperación económica y, sobre todo, para sustituir el actual modelo productivo por uno más desarrollado, innovador y emprendedor.

La discriminación de empresas y profesionales que no certifiquen el nivel de conocimiento de la lengua cooficial exigido por algunas administraciones autonómicas —tales como la exigencia del uso de esa lengua en las comunicaciones internas, con los clientes, en el etiquetado…— se ha convertido en una barrera artificial y arbitraria opuesta al libre flujo de capitales financieros y humanos, contraria a la libertad económica y profundamente negativa para nuestro desarrollo como país.

La democracia progresa haciendo retroceder, mediante leyes y acciones de gobierno, las causas de discriminación opuestas a la libertad e igualdad de los ciudadanos ante la ley. Al Estado no solo le compete la regulación del contenido esencial de los derechos de los ciudadanos, sino que tiene la competencia material para regular las condiciones básicas que garanticen la igualdad de todos los españoles en el ejercicio de los derechos y en el cumplimiento de los deberes constitucionales. El Estado tiene la competencia para regular aquellas condiciones que hagan posible el igual ejercicio del derecho a la libre circulación de ciudadanos, el acceso a la función y cargos públicos, al trabajo, a la educación, etcétera, en todo el territorio español.

Es por eso que Unión Progreso y Democracia presentó el 27 de junio de 2008 una proposición de ley orgánica para prevenir y erradicar la discriminación lingüística y asegurar la libertad de elección de lengua. Tiene siete artículos, una disposición derogatoria, tres disposiciones finales, y se cita un antecedente en nuestra democracia: la Ley Orgánica 3/2007, de 22 de marzo, para la Igualdad Efectiva de Mujeres y Hombres.

La discriminación que sufren centenares de miles de ciudadanos en nuestro país por razones lingüísticas, el atraso a que estamos condenando a las comunidades autónomas en las que se ha implantado esta anomalía democrática; el deterioro de las relaciones humanas entre ciudadanos que nunca tuvieron ningún problema en relación con el idioma que hablaban en su casa y aquel en el que querían que fueran educados sus hijos hace que sea necesario y urgente que podamos analizar en sede parlamentaria todos estos aspectos.

Ya no es suficiente con que algunos partidos hagan proclamas sentimentales de defensa de la lengua: hay que legislar. UPyD tiene solo una diputada en el Parlamento nacional, pero estamos defendiendo una política de interés general. Veremos si, cuando llegue esta proposición a debate, los diputados que forman parte del partido que ha abandonado la defensa del Estado y los que forman parte del que está cargado de complejos e hipotecas se acuerdan de una vez de que están en las Cortes para servir a los ciudadanos y no para conseguir mantenerse en el poder.

La ley catalana debe ir al tribunal de Estrasburgo
El Mundo, 5 de julio de 2009

La buena noticia de la semana es la sentencia del Tribunal de Derechos Humanos de Estrasburgo sobre Batasuna. Es una gran noticia que en Europa haya quedado demostrado jurídicamente que Batasuna es una organización terrorista, enemiga por tanto de la democracia española; y que esta tiene no solo el derecho, sino la obligación de utilizar todos los instrumentos a su alcance para defender los derechos humanos y las libertades de los ciudadanos. «Necesidad social imperiosa de disolver Batasuna»; estas han sido las palabras exactas del más alto tribunal europeo que dictamina sobre derechos humanos. No puedo sentirme más reconfortada por ellas; y más reivindicada, por qué negarlo.

Éramos muy pocos los que en su día defendíamos la necesidad de una ley que protegiera nuestros derechos, que protegiera la democracia contra los que querían liquidarla; éramos muy pocos los que no teníamos miedo al posible «victimismo» de los batasunos; muy pocos los que decíamos públicamente que les preferíamos víctimas que verdugos. Pues aquí está la sentencia que nos da la razón también en lo legal; porque lo político estaba claro para todos nosotros. Incluso estaba claro para algunos de los que, aduciendo dudas legales, se negaban a poner en marcha la Ley de Partidos precisamente porque en el fondo preferían una ETA con la que poder negociar políticamente. Bien está lo que bien acaba. Y bienvenidos sean todos los padres sobrevenidos de la ley. Dice Iñaki Gabilondo que Aznar tenía razón; qué manía la de estos tipos de la progresía oficial de dar la razón a los príncipes, pero negársela a los obreros… Aznar tenía razón, sí; y todos aquellos a los que negaron la voz o la posibilidad de firmar en el Grupo Prisa también tenían razón.

La mala noticia de la semana (también tiene que ver con derechos humanos) es la ley que se acaba de perpetrar en Cataluña contra la libertad de elección lingüística. Es un escándalo de dimensiones que aún no se nos alcanzan a ver. Es un escándalo mayúsculo que un Gobierno elegido democráticamente, en pleno siglo XXI, en la Europa de las libertades, cercene derechos de los ciudadanos que habitan en su territorio; es una vergüenza que lo hagan con el único objetivo de imponer el monolingüismo oficial, la lengua del poder. Es una abominación que el Gobierno de Cataluña, presidido por un socialista, apoyado por antiguos comunistas, nacionalistas independentistas y nacionalistas herederos de la burguesía catalana, mutile los derechos de los ciudadanos utilizando la lengua como arma para discriminar y para establecer dos tipos de ciudadanos: los buenos y los malos. Los que se «integran» (que han de hablar catalán) que son los «ciudadanos de primera»; y los que «no quieren someterse a la imposición», que son aquellos el Gobierno considera no integrados y son, por tanto, calificados y tratados como «ciudadanos de segunda».

Yo creo que tenemos que librar una gran batalla contra este atropello. Una batalla, política, pedagógica, ideológica y jurídica. Porque es muy grave lo que está ocurriendo en Cataluña; pero lo es más aún que esto suceda ante el silencio, la complicidad y la aquiescencia del Gobierno de la nación. Y ante la pasividad complaciente de una cierta clase mediática totalmente entregada al poder. No podemos esperar treinta años hasta que el Gabilondo de turno nos diga que, también en esto, éramos nosotros quienes teníamos razón. Porque en ese tiempo habremos perdido dos o tres generaciones; y se habrán atropellado con total impunidad los derechos fundamentales de millones de ciudadanos. Y la mancha democrática impuesta en Cataluña se extenderá por el resto de España. Y entonces no habrá quien lo pare por las buenas.

Fíjense que ya ha empezado a extenderse el mal sin que haya adquirido apenas categoría de anécdota. Recuerden el espectáculo de la pasada semana en el Senado: había traductores a cinco lenguas españolas cooficiales para que sus señorías pudieran «entender» las palabras del vicepresidente tercero del Gobierno. ¿Puede haber mayor ataque a la Constitución que el reconocimiento institucional de que es posible que haya un representante nacional electo sentado en el Senado de España que no entienda y hable la lengua común, el idioma del Estado? Este no es un tema menor: es gravísimo. Anuncia el diagnóstico de un país sin estima por sí mismo; de un país en el que se banalizan las cosas importantes, en el que todo vale, todo está situado al mismo nivel.

Aún hay quien se rasga las vestiduras cuando decimos que si se rompe la cohesión se rompe la España democrática y constitucional. Creo que hay que empezar a repetirlo. No hemos de tener complejos y hemos de insistir (eso es la pedagogía democrática) en que la única España que nos interesa es la de la de los ciudadanos libres e iguales ante la ley. Y esa España se construye y se refuerza propugnando normas comunes de convivencia entre españoles; actitudes de respeto a las leyes y a los derechos que estas proclaman; leyes que reconozcan derechos por igual y para todos; leyes que cohesionen el país, que no levanten fronteras entre los ciudadanos. Esa España constitucional y democrática, unida para garantizar la igualdad de todos los españoles, nos exige que seamos capaces de combatir sin denuedo aquellas leyes y a aquellos gobernantes que trabajan para mutilar nuestros derechos, para romper la igualdad de los ciudadanos ante la ley, para negarnos nuestra libertad.

Ya es hora de decir, alto y claro, que el bilingüismo significa que los poderes públicos de las comunidades en las que existen dos lenguas oficiales tienen la obligación de ofrecer a sus ciudadanos el instrumento para conocer y aprender a expresarse en ambas lenguas. Pero que no pueden obligar a nadie a hacerlo. Hay que recordar a todos que la Constitución establece en su artículo 3.1 que «El castellano es la lengua española oficial del Estado. Todos los españoles tienen el deber de conocerla y el derecho a usarla». El deber y el derecho. Ni siquiera para la lengua común existe la obligación de usarla. Pero sí está amparado el deber de hacerlo. ¿Cómo consentir que en Cataluña se obligue a conocer y a hablar la otra lengua española que es allí cooficial, el catalán, y se niegue el derecho a educar a los niños en la lengua común de todos los españoles?

No vamos a callar ante este atropello. Ni vamos a dejar de denunciar a complicidad del Gobierno de España en la gestación y extensión de leyes discriminatorias. Que el presidente Zapatero diga, como respuesta a la ley catalana, que en Cataluña hay «paz lingüística», es un insulto. Como si el protagonista de la afrenta fuera la lengua y no el político que la utiliza para conculcar derechos a unos ciudadanos frente a otros. Parece como si Zapatero tuviera nostalgia de aquellas campañas con las que se pretendía ocultar la falta de libertad presumiendo de «años de paz»... Pues yo he aprendido, viviendo cincuenta y siete años en el País Vasco, que la paz sin libertad no merece la pena. Por eso anuncio que libraremos esta batalla hasta el final.

Nuestros hijos
El Mundo, 2 de agosto de 2009

Qué tremenda paradoja de la vida: nuestros escudos son también nuestros hijos. Porque tenemos hijos decidimos dedicar nuestra vida a defender la libertad y combatir el terror; porque tenemos hijos de la edad de Diego y Carlos, los dos últimos guardias civiles asesinados por ETA, seguimos en esto. Porque tenemos hijos, decidimos —hace demasiado tiempo ya— que teníamos que seguir hasta acabar con los terroristas: para que nuestros hijos y todos los jóvenes de su edad, hijos nuestros también, no lo tuvieran que hacer. Porque tenemos hijos, decidimos que es a nuestra generación a quien le correspondía la tarea de acabar con ETA; para que ellos no lo tuvieran que hacer. Para que nuestros jóvenes no fueran a funerales; para que no se pintaran las manos de blanco; para que nunca tuvieran que gritar «¡Libertad!»; para que no borraran los números de teléfono de los amigos asesinados; para que no vieran llorar a más madres huérfanas...

Pero han ido pasando los años. Y nuestros hijos han ido creciendo y han tenido que ponerse a nuestro lado en el combate frente al terror. Y mientras nuestros hijos crecían —sin que pudiéramos protegerles del todo—, empezaron a llegar a nuestra casa chavales de su misma edad que venían a protegernos a nosotros mismos; a nosotros, que soñamos con protegerlos a ellos. Chavales que nacieron en democracia; chavales a los que quisimos evitar tanta miseria, tanto dolor, tanta muerte. Chavales valientes que aprietan los dientes cuando llega la noticia de un nuevo atentado; chavales valientes que lloran mientras aguantan el féretro del compañero asesinado; chavales que salen cada día de su casa para ponerse entre nosotros y el terror. Entre la democracia y el totalitarismo. Entre la posible víctima y el victimario. Chavales que deciden arriesgarse a morir para que no nos maten a nosotros.

Nuestros escudos no son solo de la edad de nuestros hijos: son nuestros hijos. Hacemos política para que ellos no tuvieran que sufrir todo esto. No hemos podido evitarlo; pero juro ante todos ellos que no dejaré de trabajar ni un solo día para que sus hermanos pequeños no tengan nunca que cargar con un féretro envuelto en la bandera de España en la que yace muerto uno de sus compañeros. Uno de nuestros hijos.

Gracias. Y perdonadnos por no haber sabido acabar aún con esto.

Escándalos, partidos y justicia
El Mundo, 14 de octubre de 2009

La prensa se nos cae de las manos. Es difícil recordar una época tan deprimente en la España democrática; sí, ya sé que aquella en la que los titulares llevaban los nombres de los GAL y/o de Filesa fue igualmente tremenda, oscura e insoportable. Pero produce un enorme desasosiego que tantos años después estemos en las mismas. O peor; porque no extraer consecuencias de nuestra historia, no aprender de los errores y de los vicios del pasado y repetir las mismas irregularidades, las mismas acciones escandalosas, resulta punible en sí mismo y endurece la gravedad de los hechos.

Me llama la atención la ceguera con la que partidos políticos, medios de comunicación y comentaristas en general se enfrentan con los escándalos de corrupción (política y judicial) que estamos sufriendo. Salvo honrosas excepciones, todos se preguntan sobre el precio electoral que pagará el Partido Popular por el caso Gürtel; o el Partido Socialista por el caso Mercasevilla o el golpe de Benidorm. Incluso hay quien editorializa, por ejemplo, sobre la escasa repercusión a favor del PSOE que el escándalo del Gürtel va a tener, habida cuenta la debilidad de los líderes socialistas en Valencia y Madrid.

Los unos y los otros, desde la misma cicatera perspectiva, piensan en el rédito o el descuento electoral que producirá lo que estamos viviendo; muy pocos se preocupan por los efectos democráticos que está teniendo este asunto. El desapego entre ciudadanía y política es la factura que todos estamos pagando; un desapego que tiene ya consecuencias democráticas. Ambos se justifican sacando a relucir lo que el otro hizo o lo que tenía que haber hecho. Ambos son responsables de que los ciudadanos sientan un enorme asco, una enorme necesidad de desvincularse de la política.

La banalización en términos democráticos de los escándalos que estamos sufriendo demuestra hasta qué punto es urgente una profunda regeneración democrática de la sociedad española y de sus instituciones. Mientras haya quien eche cuentas de los costes electorales, mientras unos y otros se limiten a tirarse los trastos a la cabeza, mientras sigan conjugando el «tú más», mientras las reacciones del PP y del PSOE estén basadas solo en el cálculo electoral, no tenemos nada que hacer. Se diría que en este país la ideología nacionalista ha llegado a calar tan a fondo que el particularismo ha terminado estando muy por encima del sentido de Estado, muy por delante de la necesidad de los intereses generales. El «qué hay de lo mío» ha suplantado cualquier reflexión sobre lo nuestro. Por eso nadie parece preocuparse por las gravísimas consecuencias que esta sucesión de escándalos está teniendo sobre las propias instituciones, sobre la democracia misma.

España tiene dos gravísimas urgencias: regenerar la democracia (hacer política de otra manera) y garantizar una justicia independiente.

Ambos déficits se observan con toda claridad tras los acontecimientos que nos perturban las últimas semanas. Por centrarnos en el último gran escándalo, un partido político con voluntad e instrumentos de regeneración democrática jamás hubiera llegado a la situación por la que atraviesa el PP. Una formación (como la sociedad misma) ha de tener reglas claras de funcionamiento, que se aprueban por los órganos competentes y se aplican a todos por igual, sin mirar cómo se apellidan, sin pensar en los efectos negativos que a corto plazo puedan derivarse de apartar de sus responsabilidades a personas con capacidad para poner en dificultades internas al partido o a los órganos que las aplican.

Un partido político no puede quedarse inane ante comportamientos particulares como los que han protagonizado algunas personas que —avaladas por el carné del PP, por su cercanía personal a los máximos dirigentes, y/o por su influencia en determinadas regiones o esferas del partido— han abusado (cuando menos) de la confianza que en ellos se había depositado.

Hay dos esferas de acción y de exigencia: la política y la judicial. A la dirección del partido le corresponde depurar responsabilidades políticas, sin perjuicio de la presunción de inocencia a la que tiene derecho cualquier ciudadano. A los jueces les corresponderá determinar la culpabilidad penal o la inocencia de las acciones por las que se imputa a determinados dirigentes políticos; pero el partido político ha de actuar —al margen de la justicia— de forma urgente, preventiva y ejemplarizante en cuanto se den supuestos como los que nos ocupan, sin refugiarse en el argumento de que los tribunales aún no se han pronunciado. Un partido serio no puede justificar su inacción amparándose en el comportamiento más o menos denunciable o escandaloso de los propios jueces o fiscales.

Porque tampoco la justicia sale bien parada de este escándalo; más bien se podría afirmar que, salvo que haya una reacción inmediata y contundente, está protagonizando un escándalo paralelo de consecuencias insospechadas. Por eso cabe exigir al Consejo General del Poder Judicial una actuación urgente y profiláctica; la misma que le exigimos al PP. Dado que el Consejo General de la Abogacía se ha pronunciado sobre la ilegalidad de las escuchas que conforman la parte sustancial del sumario que hemos conocido; dado que a través de esas escuchas ilegales hemos conocido que el fiscal pidió al juez que se excluyera del sumario la parte que beneficiaba al presidente valenciano, Francisco Camps, es ineludible y urgente que el consejo actúe contra quienes dieron esas instrucciones: las de escuchar sin garantías legales —poniendo así en riesgo la instrucción— y la de borrar del sumario la parte que partidariamente no parecía interesar al instructor o a sus amigos.

Si es escandaloso que una serie de personas actúen como al parecer lo han hecho —cuando menos corrompiendo y corrompiéndose amparados en las siglas partidarias y en las instituciones democráticas—, es mucho más grave que la corrupción resulte institucional y alcance a las instancias judiciales concernidas, al juez que instruye el sumario y al fiscal que lo acompaña. Si el CGPJ no actúa inmediatamente, si el fiscal general de Estado no actúa en consecuencia, se podría afirmar que la corrupción habrá llegado a las más altas instancias judiciales del país; y entonces sí que podemos despedirnos.

Porque sin justicia independiente no hay ninguna posibilidad de regeneración democrática; ni democracia que merezca tal nombre.

Conmigo que no cuenten
El Mundo, 9 de diciembre de 2009

Me enteré de la detención de Aminatu Haidar el 14 de noviembre, en una cafetería de Madrid cercana al lugar en el que se iba a iniciar la marcha por la autodeterminación del pueblo saharaui. Entré a esperar a mis compañeros de UPyD y se me acercaron un par de amigos saharauis para advertirme de lo que había ocurrido. Así empezó aquella marcha: con Haidar retenida en El Aaiún y sin que tuviéramos idea de cómo iba a evolucionar la situación.

Poco podíamos imaginar entonces que España se iba a convertir en cómplice de los planes de Marruecos para expulsar a Aminatu de su territorio. Poco podíamos imaginar que Moratinos iba a ser protagonista de la rueda de prensa más vergonzosa de su historia, aquella en la que riñe desaforadamente a Aminatu por no aceptar la salida que le ofrece el Gobierno de España e insistir en defender pacíficamente los derechos del pueblo saharaui y el suyo a ser tratada como una ciudadana libre en un país libre y democrático.

La historia de Aminatu es la historia de un fracaso anunciado, el del Gobierno de España, siempre preocupado porque le quieran los que tienen capacidad para el chantaje. El precio que ha pagado España por mantener buenas relaciones con Marruecos ha sido para Zapatero, desde que llegó a la Secretaría General del PSOE, abandonar a su suerte al pueblo saharaui. Los sucesivos Gobiernos españoles siempre fueron punta de lanza en Naciones Unidas a la hora de defender las resoluciones que declaraban que el Sáhara es un territorio al que le es de aplicación el derecho de autodeterminación, tal y como está recogido en Naciones Unidas. Solo Timor Oriental ha conseguido que se le reconozca y aplique ese derecho. Y para ello fue preciso que Portugal abanderase sin denuedo esa causa. Lo que hizo España con el Sáhara hasta que llegó Zapatero.

Rodríguez Zapatero estuvo desde el principio mucho más a gusto con sus amigos marroquíes que con nuestros compatriotas saharauis. Por eso, estos se quedaron sin nadie que defendiera sus derechos en los foros internacionales. Por ello, se pasó de exigir la aplicación de las resoluciones de Naciones Unidas y de elaborar un censo para votar en el referéndum de autodeterminación a intentar convencer a Marruecos de que consintiera una autonomía tutelada para el Sáhara.

Las consecuencias son conocidas: Marruecos se ha ido ensoberbeciendo y su comportamiento con los saharauis es cada vez más tirano y menos respetuoso con los derechos humanos. Y nadie denuncia sus excesos. España mira a otra parte y los demás países están ocupados en otros problemas.

Así hemos llegado al 13 de noviembre de 2009 en que Marruecos decide expulsar a Aminatu Haidar de su territorio y nuestro Gobierno acepta secuestrarla y traerla a la fuerza, sin documentación, con autorización política, a territorio español. Y aquí estamos, sin que al Gobierno se le ocurra otra cosa que buscar el apoyo de los grupos parlamentarios para presionar a Aminatu. Porque eso es lo que se pretende con esa proposición no de ley que nos han enviado el PSOE: pasar la carga de la prueba a la activista saharaui. Advierto desde ahora mismo: conmigo, que no cuenten.

Nada más bochornoso que un Gobierno democrático pretendiendo el apoyo parlamentario para presionar a una mujer que ha decidido arriesgar su vida en defensa de la dignidad y la libertad de sus conciudadanos. Nada más bochornoso que un ministro que busca una coartada para desviar la atención hacia la víctima, intentando que olvidemos quién es el victimario y quién el cómplice.

Unión Progreso y Democracia presentó en noviembre, antes de este incidente, una iniciativa pidiendo al Gobierno que defienda en Naciones Unidas el derecho a la autodeterminación del pueblo saharaui y que exija a Marruecos el cumplimiento de los tratados internacionales. Eso es lo que defenderemos en el Congreso de los Diputados. Eso y que España aproveche la presidencia europea para suspender temporalmente el Estatuto Avanzado de que disfruta Marruecos con la UE. ¿O acaso tiene sentido que la UE dé ese trato privilegiado a un país que no respeta los derechos humanos?

En el caso de Aminatu se está vulnerando directamente la Declaración Universal de Derechos Humanos de 1948. ¿No es suficiente para que España suspenda la cumbre bilateral UE-Marruecos, prevista para el 7 y 8 de marzo en Granada? Ya es hora de que exijamos a nuestro Gobierno que se comporte como el de un país democrático que defiende los derechos humanos; de que le digamos que el enemigo no es Aminatu, sino quien ha violado sus derechos. Ella es nuestra compatriota y está batallando en nuestro nombre contra el totalitarismo y en defensa de la libertad. Aminatu se suma a la lucha de otras tantas mujeres que, a lo largo de nuestra joven historia democrática, nos enseñaron a no ceder en la defensa de la causa justa. Ella nos recuerda cada día que los resistentes tienen la última palabra. Acompañémosle en esa resistencia.

Educación: tarde, mal y nunca
El Mundo, 31 de diciembre de 2009

Ese podría ser el eslogan de cabecera que enmarcaría la reunión que mantuvieron esta semana la secretaria general del PP, María Dolores de Cospedal, y el ministro de Educación, Gabilondo, para abordar lo que han dado en llamar el «pacto educativo». Tras ella volvieron a insistir en la necesidad de firmar un gran acuerdo que recogiera de la imperiosa urgencia de modificar los hábitos y costumbres en las aulas para que el profesor recupere su autoridad; de la necesidad de invertir más recursos en educación; de la precariedad de nuestro sistema educativo... Nada que objetar a esas declaraciones y al resto de las realizadas para ratificar el buen clima entre ambos dirigentes (el uno del Gobierno, la otra del partido principal de la oposición) en fechas en las que la preocupación por el bajo nivel de nuestros educandos preocupa a propios y extraños.

Pero mucho me temo que ahí se quedará todo: en una declaración de buenas intenciones. Y quizá en un papelito suscrito entre ambos partidos políticos para disimular la vaciedad de contenidos de lo que llamarán pomposamente el pacto por la educación; como llamaron el pacto sobre la justicia a repartirse los puestos en el Consejo General del Poder Judicial.

Voy a darles algunas claves de lo que a nuestro juicio debiera formar parte del contenido de un pacto por la educación en España. En primer lugar y de forma principal, quiero destacar que la educación en España no tiene arreglo mientras en nuestro país coexistan diecisiete normas educativas que establecen sistemas diferentes, exigencias distintas y/o currículos incompatibles. En tanto la educación no pase a formar parte de lo que son competencias exclusivas del Estado, esto no tiene arreglo. Cualquier decisión que se tome al margen de esta primera exigencia estará destinada al fracaso.

La gran asignatura pendiente en nuestro país es que el Estado recupere la competencia de educación; y no lo planteo como la reformulación sobre el modelo territorial del Estado —cuestión esta en la que más bien pronto que tarde deberemos entrar—, sino como la conclusión de una reflexión serena y desprejuiciada sobre las consecuencias que han tenido en nuestra capacidad como país que nuestros jóvenes se hayan educado a partir de diecisiete leyes que conviven en un espacio de poco más de cuarenta millones de ciudadanos y entre las que ni siquiera existe correspondencia en lo que se estudia y se deja de estudiar, cuando no en el idioma en el que se educa a nuestros jóvenes, y que ha dejado de ser la lengua común en cinco de las comunidades autónomas del Estado español.

Pero claro, la recuperación por parte del Estado de esta competencia no forma parte ni de los deseos del PSOE ni de las exigencias del PP. Ellos están mucho más preocupados por mantener sus respectivos chiringuitos que por garantizar el futuro de las nuevas generaciones. A ambos les falta ambición de país y les sobra ambición partidaria. A ambos les queda grande el oficio de gobernar.

Sentenciado ya el fracaso en lo sustancial, quiero hacer algunas consideraciones respecto del papel que van a estudiar a propuesta del Gobierno. Me llama la atención que en el preámbulo se le dé tanta importancia a la «modernización del sistema». El pacto, antes que modernizar, debe mejorar nuestra educación. No siempre lo moderno es lo óptimo y lo tradicional lo malo. Por ejemplo, el aumento del número de ordenadores en los centros escolares —muy moderno— se ha demostrado contraproducente desde el punto de vista de la calidad del sistema en varios países de nuestro entorno, tales como Holanda, Irlanda o Suecia.

De otra parte, resulta imprescindible especificar (cuantificar, por tanto) en cuántos puntos se propone reducir el fracaso y el abandono escolar dentro de un periodo de tiempo razonable; las leyes y los pactos han de poder ser evaluados de forma precisa o en su misma formulación estaremos anunciando el fiasco.

Sobran declaraciones autocomplacientes, tales como que se ha universalizado la educación en España: muchos jóvenes de quince años tienen dificultades para comprender textos o gráficos sencillos, las carencias gramaticales de los universitarios se han convertido en un obstáculo para encontrar el primer empleo, en muchos centros no es obligatorio respetar a los compañeros, ni a los profesores, ni estudiar… ¿Es eso la universalización de la educación? ¿No será más bien que imponemos a nuestros jóvenes la obligación de ir a clase, aunque no nos preocupemos de su aprendizaje?

Puestos a pedir está muy bien que se quiera «universalizar» de cero a tres años; pero no hay ningún informe internacional que afirme que eso contribuye a la mejora del éxito escolar futuro de los estudiantes. Por ejemplo, en Finlandia se comienza a escolarizar a los siete años. Pero ya que tenemos en España a casi todos escolarizados de tres a seis años, lo fundamental sería definir los contenidos educativos básicos de esa etapa, tal como el aprendizaje de la lectura. Pero claro, aquí topamos otra vez con la política en el peor sentido de la palabra: diecisiete poderes políticos con aspiraciones de Estado pugnando por introducir la diferencia entre ciudadanos españoles desde la más tierna edad de sus administrados.

Si al Gobierno socialista y al PP les preocupara educar a las futuras generaciones el pacto se fijaría en estas cosas que parecen menores; solo si se aprende a leer y a comprender correctamente en los primeros años del aprendizaje se podrán conseguir todos los demás objetivos que marca la LOE para esta etapa. Por otro lado, únicamente así se proporcionaría una igualdad real de oportunidades entre niños de entornos culturales bajos y los niños que provienen de entornos culturales medios o altos. Un sistema educativo que consigue que todos los niños lean mucho y bien es además una herramienta excelente para afianzar su desarrollo social, personal, intelectual y afectivo. De otra parte, el documento del Gobierno carece de total autocrítica. Si no se empieza por reconocer que el modelo LOGSE/LOE ha sido un fracaso y que revalorizar el esfuerzo significa, por ejemplo, impedir que alumnos con ocho asignaturas suspensas pasen de curso, cualquier pacto de Estado estará abocado al fracaso, aunque lo suscriba no solo el Partido Socialista y el Partido Popular sino todo el Parlamento.

Lo que les une
El País, 29 de marzo de 2010

El día 23 de febrero defendí en el Congreso de los Diputados una proposición no de ley para instar al Gobierno a que impulse urgentemente la reforma de la ley electoral. Lo hice a la vista de que nuestra iniciativa legislativa duerme el sueño de los justos desde abril de 2008 en la Comisión Constitucional. Únicamente IU me apoyó. El resto de los grupos parlamentarios votó en contra y me afeó duramente mi conducta: «Cómo se atreve usted a traer aquí este tema que ya estamos analizando en la subcomisión…»; «Esto es una burla al Parlamento…». Conclusión de su trabajo: carpetazo a cualquier reforma que garantice más igualdad y más proporcionalidad.

No cabe duda de que el sistema electoral español, diseñado en plena Transición política, cumplió con las necesidades del momento: promover un bipartidismo fuerte y evitar la excesiva atomización de fuerzas políticas en el Parlamento para facilitar los acuerdos y construir la democracia. Pero no puede consolidarse en el tiempo un sistema injusto y contrario a la igualdad de derechos de todos los ciudadanos.

El argumento principal para proponer una reforma urgente de la ley electoral es la defensa de la igualdad, consagrada y conectada en distintos artículos claves de nuestra Constitución: el 1.1 (igualdad como valor superior de nuestro ordenamiento jurídico); 9.2 (participación de los ciudadanos en la vida política); 23.2 (acceso a los cargos públicos) y 68.1 (voto igual).

El sistema actual conculca dos derechos fundamentales: el derecho pasivo de todas las formaciones políticas a ser elegidas en igualdad de condiciones y el derecho activo de cada uno de los ciudadanos de elegir en igualdad de condiciones. Lo más intolerable en términos democráticos es que el voto de cada ciudadano tenga un valor diferente en función de la parte de España en la que viva y de la opción política que elija. Dicho de otra manera: lo que urge corregir es el hecho de que el voto de mi vecino, que vota PNV, valga seis veces más que el mío.

En el Pleno de 23 de febrero se me dijo (todos los grupos, salvo IU lo hicieron de forma descalificadora y algunos hasta grosera) que ya está creada una subcomisión para analizar todas estas cuestiones. Pero ya hemos visto cuál era el objetivo: cercenar todo tipo de avance hacia un sistema más justo y mantener el pacto de hierro entre el PSOE y el PP para que nada cambie y se consoliden los privilegios y la desigualdad.

Resulta muy interesante analizar el informe del Consejo de Estado y sus propuestas, tales como aumentar el número de diputados de 350 a 400; rebajar la representación mínima inicial de dos a un diputado o buscar una fórmula electoral más proporcional que la D'Hondt (como la Hare, Droop, Sainte-Laguë…).

Pero es importante aún que nos fijemos en sus argumentos. El informe confirma un primer problema indiscutible: existen desigualdades en la distribución y atribución de escaños, lo que ataca directamente el principio constitucional de igualdad de voto o sufragio. Por eso el Consejo plantea reducir el mínimo por circunscripción y elevar a 400 el número de diputados para buscar «un incremento de la calidad democrática del sistema político».

El informe afirma también que el sistema actual produce «primas que obtienen los partidos más votados y penalizaciones que sufren los menos votados, especialmente cuando estos últimos cuentan con un electorado disperso». O sea, prima a las dos grandes formaciones políticas de ámbito nacional y castiga al resto de los partidos nacionales. Vean, si no, los números de las últimas elecciones generales: el Partido Socialista necesitó 66.801 votos para conseguir un escaño; el Partido Popular necesitó 66.740 votos; Izquierda Unida 484.973 y Unión Progreso y Democracia 306.079. Más claro, agua.

Me interesa incidir en las reflexiones del Consejo de Estado en relación con la igualdad de voto. Dice así: «En principio, la igualdad de sufragio se contempló en los textos constitucionales para significar que cada elector tiene un solo voto. No obstante, la jurisprudencia alemana ha superado esta interpretación clásica de la igualdad de voto, afirmando que este principio impone tanto el igual valor numérico como el igual valor del resultado del sufragio: igual valor numérico significa que el número y la fuerza del voto de cada elector deben ser los mismos; igual valor de resultado supone que todos los votos deben contribuir de manera semejante a la obtención de representación». Es claro el ejemplo: mi vecino solo vota una vez, pero su voto vale seis veces más que el mío; luego el principio de igualdad está claramente pervertido.

Sigue analizando el Consejo las peculiaridades del sistema proporcional en relación con el mayoritario en el que solo son eficaces los votos emitidos a favor del candidato ganador. E insiste en que «en un sistema proporcional los votos deben tener, aparte de un idéntico valor numérico, un igual valor de resultado», con los límites que se establezcan en razón de la racionalización y eficacia de gobiernos parlamentarios.

Quiero llamar la atención sobre el Código de Buenas Prácticas en Materia Electoral, aprobado en 2002 por la Comisión de Venecia, donde se distingue entre la igualdad en los derechos de voto y la igualdad del poder del voto. Es esta referencia la que le sirve al informe del Consejo para sostener que si bien la igualdad de los derechos de voto no está amenazada salvo en las democracias emergentes, «la igualdad del poder del voto se ve puesta en cuestión en algunos países (como en España) mediante la aplicación de mecanismos tales como la asignación de un número fijo de representantes a cada una de ellas con independencia de su población y el establecimiento de una reducida composición de la cámara, que determina un diferente peso del sufragio antes de ser emitido en función de la circunscripción en que se encuentre el elector». O sea, que el voto «vale» diferente en función de la parte de España en que vivas, lo cual es un claro atentado al principio de igualdad.

El citado Código de Buenas Prácticas indica que la igualdad proporcional implica que los partidos deben ser tratados en función de su número de votos. Es por eso que el informe del Consejo insiste en que «el mayor o menor grado de proporcionalidad de un sistema electoral afecta a la igualdad de oportunidades de tales partidos, en cuanto verdaderos actores de la competición electoral (…) En razón de estas consideraciones, el análisis crítico de las desigualdades en la atribución de escaños no debe realizarse (solo) desde la perspectiva del poder del voto de los electores sino de la igualdad de oportunidades de las distintas candidaturas».

Es indiscutible que el resultado práctico de la aplicación de la LO-REG está produciendo claros ejemplos de desigualdades e injusticias en el valor del voto atribuido a cada ciudadano. Si nuestra Constitución proclama en su artículo 1.2 que «la soberanía nacional reside en el pueblo español, del que emanan todos los poderes del Estado», el sistema electoral ha de ser respetuoso con ese principio esencial de la democracia y no puede distorsionar la voluntad libremente manifestada por los ciudadanos en las urnas. La regeneración democrática exige una modificación y mejora democrática de nuestra ley electoral que se hace prioritaria e improrrogable de cara a futuras consultas electorales.

Resulta curioso confirmar cómo el PSOE y el PP —tan empeñados en explicitar ante sus votantes cuánto les diferencia— taponan esta reforma fundamental, origen y causa de desvertebración y desigualdad. Y es que en el fondo ambos se parecen tanto como una Visa a una Mastercard: solo aspiran a mantener su cuota de mercado, aunque para ello hayan de vulnerar la libertad individual y la igualdad jurídica de los ciudadanos. Eso es lo que les une: el interés. Tan vergonzoso como cierto.

¿Cuándo saldrá a la calle la Tercera España?
El Mundo, 4 de mayo de 2010

Los españoles estamos viviendo tiempos difíciles. Y no solo por las caras y nombres que se ocultan detrás de las cifras de millones de parados; por el hecho dramático de que un millón largo de nuestros conciudadanos lleve más de un año en paro; o que en casi dos millones de hogares españoles ninguno de sus miembros tenga un puesto de trabajo. Todo ello es la expresión del drama por que el atraviesa España; es la fiebre que alerta dolorosa y ascendentemente sobre nuestra enfermedad. Nuestro país está política e institucionalmente enfermo; gravemente enfermo. Tan enfermo que ya no hay analgésico capaz de quitarle el dolor.

Mientras que cada día escuchamos abundantes reflexiones sobre la urgencia de impulsar profundas reformas de nuestro modelo productivo y laboral, son aún tímidas las voces que señalan el diagnóstico sin enredarse en los síntomas. No es por ignorancia; los poderes políticos, mediáticos y económicos del país saben que se está combatiendo el cáncer con analgésicos; pero siguen discutiendo sobre las dosis e incluso la oportunidad de pasar a la morfina porque son incapaces de liderar el cambio de modelo institucional; entre otras cosas porque temen que este se les pueda llevar por delante. Y es que las instituciones que fueron imprescindibles para la Transición no sirven para regenerar la democracia ni para dar respuesta a los problemas de la sociedad española del siglo XXI.

Creo que ha llegado la hora de que nos atrevamos a decir que la situación en la que se encuentra nuestro país no se arregla solo con medidas económicas: no hay solución a la crisis económica y de modelo productivo si no abordamos la reforma del modelo de Estado. En España ha llegado hora de que alguien se atreva a proclamar, parafraseando a Clinton: «¡¡Es la política, estúpidos!!».

El actual modelo económico y político de España es insostenible; en lo económico solo puede durar mientras sea posible seguir endeudándose; en lo político está a punto de convertirse en inviable. Pero aún tenemos la oportunidad de tomar la iniciativa de reformarlo, antes de que tengamos que hacerlo obligados por las circunstancias, en el peor de los escenarios, arrastrados por la crisis social y política y sin ninguna autonomía para decidir. Y para ellos es necesario promover un conjunto de reformas estratégicas capaces de renovar la democracia española, superando el estancamiento político al que ha llegado tras agotarse el impulso originario de la Transición.

Para la inmensa mayoría de españoles, España es algo más que la suma de diecisiete comunidades y dos ciudades autónomas. Los ciudadanos sabemos que la unidad de la nación española tiene un objetivo democrático que va más allá de lo sentimental: es el principal instrumento para defender la igualdad y la libertad de todos los españoles. Eso exige la cohesión institucional y simbólica del Estado encargado de definir y garantizar los derechos concretos de los ciudadanos. Nosotros no queremos un Estado de derecho uniforme ni mucho menos uniformado, pero sí unitario y descentralizado. El fetichismo de la diferencia a ultranza nos parece una solemne majadería política de la que viven unos cuantos iluminados y numerosos *mangantes* de la política local. Y a la que desgraciadamente se están sumando los partidos nacionales, ajenos a su propia historia o cargados de complejos y de hipotecas. Estamos por la España plural de los ciudadanos iguales y distintos; pero no por la España asimétrica de los territorios enfrentados, radicalmente contraria al principio democrático de igualdad.

Defender la Constitución española es para nosotros defender sus valores y principios como elementos básicos e imprescindibles para garantizar en España la estabilidad democrática, la igualdad y el progreso. Precisamente por eso sostenemos que, después de tres décadas de historia y del devenir político al que hemos asistido, el texto constitucional necesita ser revisado para que pueda seguir cumpliendo la misión de garantizar esos derechos fundamentales que no son negociables: la libertad individual y la igualdad jurídica. Y creemos que en la defensa de estos principios y valores podemos encontrarnos la inmensa mayoría de los ciudadanos españoles.

Defender los principios constitucionales es también combatir la mentira y el intento de descalificación de nuestra historia y de las instituciones democráticas. Asistimos en las últimas semanas a un recrudecido y peligroso empeño de reescribir y falsificar lo mejor de nuestra historia más reciente y en el que parecen coincidir muchos de los dirigentes sociales y políticos de la llamada izquierda española. En otro país que no fuese el nuestro, tan mermado de cuajo democrático, este intento de deslegitimación de nuestra Transición no tendría ninguna posibilidad de éxito. Pero a nosotros nos puede pasar factura la falta de educación y de pedagogía democrática que ha existido en nuestro país. Muchos jóvenes españoles no tienen ni idea de lo que fue realmente la Transición; no saben que el perdón y el olvido que se acordó entre vencedores y vencidos de nuestra Guerra Civil y de sus secuelas no significó ningún tipo de empate: la democracia venció por goleada. Y de esa goleada democrática nació nuestra Constitución, homologable con cualquiera de las Constituciones más garantistas de derechos del mundo. Apelo a que hagamos un esfuerzo para que los sobrevenidos nostálgicos del régimen franquista, estos que han descubierto que contra Franco vivían mejor, no nos impongan sus mentiras, sus odios y sus obsesiones.

Para blindar lo común, para defender lo que nos une y para desterrar los privilegios y las prebendas, hace falta un discurso político en defensa del Estado. Es para esto para lo que creo que ha llegado la hora de que salgamos a la calle; para demostrar también que somos mayoría los que queremos romper el empate a cero al que nos tienen sometidos los dos viejos partidos, el Partido Socialista y el Partido Popular, preocupados solo por acertar con la táctica que les permita mantenerse o llegar al poder.

Hay una inmensa mayoría de ciudadanos españoles que no se sienten representados por esa especie de cara o cruz de la política española. Estoy segura de que hay millones de españoles que añoramos esa Tercera España que tan bien representaron un liberal como Marañón y un socialdemócrata como Besteiro. Por eso creo que hay que salir a la calle: para sentirnos mayoría política los que somos mayoría social; para dar la oportunidad de reencontrarse a millones de ciudadanos que son españoles sin complejos; para mandar un mensaje contundente a quienes nos quieren convencer de que nada puede cambiar, para que sientan nuestra fuerza los que quieren tapar la boca a todos aquellos a los que no pueden controlar. Y para que nadie nos rompa el corazón.

Está en nuestras manos cambiar esta realidad que nos asfixia. Solo hace falta que la mayoría silenciosa tome la palabra; solo es necesario que todo el que se sienta capaz de hacer algo más que deprimirse o quejarse dé un paso al frente y se disponga a sostener esta bandera, la bandera de la Tercera España, del libre albedrío, de los resistentes. Si queremos, podemos.

¡Es la política, estúpidos!
El Mundo, 23 de mayo de 2010

Uno de los muchos errores del Gobierno en la gestión de esta crisis ha sido tratar de combatirla mediante un constante derroche en medidas costosas e ineficientes. Ha hecho cosas que no debía y ha dejado de hacer aquello para lo que la Constitución le habilita: gobernar para el conjunto del Estado. Así hemos llegado a vivir un hecho tan insólito como inaceptable: que la Comisión Europea tenga más capacidad de control sobre las políticas del Gobierno que el que este ejerce sobre las diecisiete comunidades autónomas.

En UPyD pensamos que no hay solución a la crisis económica y de modelo productivo si no abordamos la reforma del modelo de Estado. Pero mientras ese debate inevitable se produce, es urgente que le pongamos el cascabel al gato. El gato son las comunidades autónomas y el cascabel es el timbre de alarma que indica que se ha acabado el recreo y hay que actuar sin demora contra el despilfarro.

Aunque durante la interpelación que presenté el miércoles sobre la necesidad de que el Gobierno utilice todas sus competencias para recortar el gasto autonómico superfluo, el vicepresidente tercero, Manuel Chaves, me contestó que «el Gobierno no tiene un papel jerárquico sobre las comunidades autónomas», la Constitución atribuye al Estado, en su artículo 149.1.13 y 14, las «bases y coordinación de la planificación general de la actividad económica», y competencia exclusiva sobre «Hacienda general y deuda del Estado». Eso por no citar los artículos 103.1, 128.1, 131.1 y 150.3, que le dan al Estado instrumentos para implementar medidas de corrección y racionalización de las finanzas públicas.

Es cierto que José Luis Rodríguez Zapatero renunció desde el primer momento de su mandato a ser otra cosa que el coordinador consentido de las comunidades autónomas. Pero ha llegado la hora de que el Gobierno de España ejerza sus competencias, recupere la autonomía y gobierne el país. Ha llegado la hora de actuar autónomamente antes de que, por no hacerlo, tengamos nuevamente que cumplir instrucciones.

¿Puede alguien entender que tenga más capacidad de control sobre España el Ecofin, el FMI —o hasta Obama—, que la que ejerce nuestro Gobierno sobre los gastos de las comunidades autónomas? ¿Tiene sentido que el Gobierno proclame en el lugar en el que reside la soberanía popular que no puede actuar sobre el 55 por ciento del presupuesto total de las Administraciones públicas, que es la cifra que alcanza el gasto descentralizado (diez puntos más que en Alemania), mientras en la zona euro ponen límites y condiciones a los Estados soberanos?

Hay muchos gastos evitables antes de recortar un solo euro a los trabajadores, congelar las pensiones, reducir las ayudas a la dependencia o recortar drásticamente la inversión pública. Solo se requiere un Gobierno dispuesto a gobernar para acabar con la multiplicación de defensores del pueblo, órganos consultivos, Tribunales de Cuentas, servicios meteorológicos (como si el clima fuera divisible), defensa de la competencia (como si estuviera parcelada), agencias de protección de datos, etcétera.

¿Saben ustedes que en España hay más de cien mil normas con contenido económico que dificultan la unidad de mercado? ¿O que en algunas comunidades autónomas hay hasta tres canales de televisión que han producido unas pérdidas en 2008 de más de 1.200 millones de euros? ¿Saben que entre 2003 y 2008 hemos pasado de ciento sesenta y tres fundaciones públicas a quinientas cuarenta y una, de las que trescientas cuarenta y cuatro son autonómicas? ¿O que la deuda de las empresas públicas de la Comunidad Valenciana supera los 13.000 millones? ¿Y que Andalucía tiene 20.000 trabajadores distribuidos entre cincuenta y cuatro empresas públicas que gestionan un presupuesto de 5.282 millones? (la Seguridad Social gestiona 101.878 millones con unos pocos más).

Hay que poner en marcha medidas estructurales para relanzar la economía —empezando por el mercado laboral y siguiendo por la reforma de las cajas de ahorro—. Pero también hay que exigir al Gobierno que ejerza sus competencias constitucionales y aplique medidas como la introducción de un techo de gasto a las comunidades autónomas y que implemente mecanismos de penalización para los incumplimientos de dicho techo o de los compromisos de déficit, tales como retener parte del importe de los anticipos a cuenta de la participación en los tributos del Estado a la comunidad infractora.

Déjenme que les dé un dato: solo con que el Gobierno aplicara a las comunidades autónomas los criterios de Maastricht para los estados miembros nos ahorraríamos 26.108 millones de euros al año. 26.000 millones es el coste del servicio de la deuda pública de España para 2010. Representa dos tercios de lo que cuesta el desempleo en esta situación de crisis y supone el 2,6 por ciento de nuestro PIB. Por eso digo, parafraseando a Clinton, que es la hora de la política; y de obrar en consecuencia.

El pase foral de Zapatero: acato pero no cumplo
El Mundo, 22 de agosto de 2010

Eso es lo que confirmó el viernes la vicepresidenta primera, María Teresa Fernández de la Vega, cuando dio cuenta de que el Consejo de Ministros había decidido cómo orillar la sentencia del Tribunal Constitucional sobre el Estatuto de Autonomía de Cataluña: que Zapatero aplicará el pase foral a la sentencia del Constitucional sobre el Estatuto de Autonomía de Cataluña.

Si algo ha demostrado este presidente es su capacidad para mimetizarse en el ambiente: ¿que va a Rodiezmo?, pañuelo rojo al cuello; ¿que va con sus juventudes?, kufiya palestina; ¿que va con los banqueros que llevan tirantes?, traje gris marengo y sonrisa cómplice; ¿que va a Marruecos?, foto con el rey y el mapa que incluye el Sáhara Occidental entre los territorios del reino alauí; ¿que se gobierna con nacionalistas?, más identitario que ellos.

No sorprende, por tanto, que lleve a la práctica con total desparpajo uno de los hallazgos más arcaicos del nacionalismo vasco: el pase foral. O sea, acato pero no cumplo. No sorprende tampoco la celeridad con la que el presidente se ha sometido a las reivindicaciones de los nacionalistas catalanes, incluidos los de su propio partido, para cumplir lo que les prometió en el debate sobre el estado de la nación: que promulgaría todas las leyes orgánicas que fueran necesarias para vulnerar la sentencia del Tribunal Constitucional.

Tampoco sorprende que vaya más lejos que lo aconsejado por los defensores del pase foral. Para Zapatero no es suficiente con acatar pero no cumplir: él irá más lejos y promulgará leyes que burlen la sentencia. Cumplirá lo que le pronostiqué (con murmullos de desaprobación desde la bancada socialista) en mi réplica durante el debate mencionado: «Como la ley prohíbe robar, vamos a hacerlo sin que nos pillen».

Zapatero se ha saltado a la torera todo pacto que le impusiera normas de comportamiento transparentes; se ha burlado de forma permanente de la separación de poderes; ha incumplido todos los acuerdos suscritos con empresarios, sindicatos, partidos políticos…; ha traicionado el pacto suscrito con los ciudadanos a través de su programa electoral, despreciando la idea misma de que la democracia es un pacto y el voto no es nunca un cheque en blanco. Y ahora, remedando a su ídolo Romanones («Haga usted las leyes que ya haré yo los reglamentos»), se apresta a burlar la sentencia del Tribunal Constitucional. A eso se le llama, simple y llanamente, corromper políticamente las instituciones.

¿Qué se puede hacer cuando un país tiene un presidente que corrompe políticamente las instituciones negándose a acatar y a aplicar las leyes? ¿Qué se puede hacer cuando un país tiene un presidente que propugna el desacato de las sentencias del más alto tribunal? ¿Se imaginan a Obama propugnando leyes para no cumplir las sentencias del Supremo de los Estados Unidos? ¿Se imaginan a cualquier gobernante de cualquier país democrático del mundo en una actitud similar? ¿Qué haría la clase política de tal país si se produjera esa circunstancia? ¿Qué harían los medios económicos y sociales? ¿Qué harían los medios de comunicación? ¿Qué haría la justicia?

No sé lo que ocurriría, pues la hipótesis misma resulta inverosímil; porque lo que sé es que en ningún país del mundo democrático existe un presidente como el nuestro, dispuesto a vulnerar las leyes que tiene la obligación de cumplir y hacer cumplir. Sé que no hay en el mundo democrático un presidente capaz de someter a su país a tal grado de inseguridad jurídica, de inestabilidad política y económica, solo para intentar que su partido gane unas elecciones.

Sé que no hay en el mundo democrático ningún país que tenga la desgracia de tener un presidente sin límites, capaz de defender una cosa y la contraria con la misma sonrisa y con la misma tranquilidad. Sé que no hay en el mundo democrático ningún presidente que anteponga la identidad a la ciudadanía; ningún presidente que no sea consciente de que la nación no es un estado de ánimo, sino el sujeto de la soberanía, el instrumento imprescindible para garantizar la igualdad de todos los ciudadanos.

Sé que este presidente es el responsable de la quiebra política que sufre España. Y sé que mientras tenga algún poder en su mano va a seguir desmantelando el Estado, lo poco que le queda aún por destruir. Por todo eso, porque ha roto el contrato suscrito con los ciudadanos, porque ha perdido el crédito y ha fracasado en su política, porque nos lleva a una situación de quiebra institucional irreversible, llamo a la responsabilidad de todos aquellos que puedan hacer algo para evitar este desastre.

No me resigno a pensar que lo único que nos queda es alzar la voz denunciando el desastre. El Estado democrático ha de tener contrapoderes democráticos que eviten que un hombre sin escrúpulos pueda tirar por la borda treinta años de construcción de nuestra democracia. ¿Qué más debe ocurrir para que el *establishment* político, mediático y económico reaccione? ¿Qué más debe ocurrir para que los que viven bien con este Gobierno, los que esperan a heredar, los que se benefician de sus subvenciones o de la publicidad institucional reaccionen? ¿Qué más debe ocurrir para que los que nos dan lecciones cada día de lo que tenemos que hacer los políticos, los que quieren marcar los tiempos y las pautas, los que descuelgan el teléfono para llamar a gobernantes extranjeros levanten la cabeza y alcen la voz?

No queda mucho tiempo. Solo sé que, si el egoísmo no nos deja ver, si el cálculo económico o partidario es más fuerte que el patriotismo constitucional, no habrá sobras que repartirse.

¿Quiere el PSOE amnistiar a ETA?
El Mundo, 1 de noviembre de 2010

Todas las noticias que nos llegan confirman nuestros peores temores: el Partido Socialista Obrero Español sigue donde estaba en relación con ETA: intentando negociar «la paz». Todos los datos apuntan a que han estado dos años disimulando, haciendo gestos de distanciamiento, negando la mayor, pactando la supuesta nueva política antiterrorista con el Partido Popular.

Parece demostrado que los socialistas seguían en contacto con la banda mientras la policía y la Guardia Civil hacían su trabajo sin miramientos ni interferencias políticas. Mientras el ministro o el consejero de Interior celebraban las detenciones de comandos de ETA haciendo declaraciones que parecían actos de contrición definitivos, los Eguiguren de turno seguían cortejando a la bestia. Y los ayuntamientos a los que llegaron gracias a las instrucciones que dio el Gobierno a la Abogacía del Estado seguían gobernados por ellos.

El PSOE y el Gobierno han practicado con maestría la doble estrategia; con ellos y contra ellos, en misa y repicando. Como si estuvieran jugando al mus entre pillos, a ver quién engaña al otro. Como si no fuera una pistola cargada la que está sobre la mesa; como si no fuera la vida de otros la que se está jugando mientras pasan la señal al que está allá en el norte, allá en Irlanda, allá en Francia… Pareciera como si los socialistas hubieran aprendido a cuidar las formas, la apariencia, sin modificar un ápice la estrategia, el fondo. Pero hoy sabemos que nunca —ni antes ni después de la T-4, ni cuando negaban antes ni cuando niegan ahora— han dejado de hablar con ellos. Hoy sabemos que Zapatero y los suyos siguen acariciando el final dialogado. Hoy sabemos que hablan de derrota mientras negocian la amnistía.

Y en esas llega el cambio de Gobierno. Y casi lo primero que hace Ramón Jáuregui es declarar en ETB que la izquierda *abertzale* ha llegado a la convicción de que «la violencia contamina su causa y les puede arrastrar al precipicio». Jáuregui es persona que sabe lo que dice y de lo que habla. Sabe que lo que él llama «entornos de la izquierda *abertzale*» es ETA, según sentencia del Supremo del año 2003. Por eso sus palabras solo pueden interpretarse a la luz del nuevo guion: hay que reconocer que la ETA política tiene una causa distinta a la de destruir la democracia para poder amnistiarlos.

Llegan noticias nuevas: varios diarios vascos dan cuenta de los encuentros recientes entre dirigentes del Partido Socialista de Euskadi, el mismo que gobierna en el País Vasco, el mismo que gobierna en España. Los socialistas se apresuran a negarlo. Inmediatamente ha hablado Eguiguren; en declaraciones a ETB ha afirmado que «se atiene» a lo dicho por su partido, aunque manifiesta que a él no le hubiera parecido «tan grave».

El presidente del PSE ha asegurado que el problema para reunirse con la izquierda *abertzale* «es que es ilegal», y que el hecho de que «se escandalice el PP, básicamente en España», porque los populares vascos «están actuando con bastante tranquilidad», es «hacer de unos hechos intrascendentes grandes problemas para agitar y hacer oposición».

Preguntado por Arnaldo Otegi, a cuyo juicio del día 11 en la Audiencia Nacional acudirá como testigo, ha manifestado que «es un hombre convencido de que la lucha armada ya no tiene sentido, de que hay que actuar en las instituciones, de que hay que hacer la paz en Euskadi», como «la gran mayoría de Batasuna». «Yo creo que es un hombre que quiere la paz», ha añadido. Todos recordamos que Zapatero también hizo esa proclama respecto del mismo terrorista. También ha dicho que «sería mejor que estuviera fuera y haciendo política».

Hasta llegar a esta situación hemos podido recopilar muchas pistas que podrían indicarnos que «la burra ha vuelto al trigo». O quizá es que nunca se fue del campo. Pareciera que los socialistas han pasado estos años trabajando en la misma dirección emprendida por Zapatero en su primera legislatura, si bien lo han hecho discretamente hasta que ha llegado el momento de la verdad: llegan las elecciones y los terroristas necesitan infiltrarse otra vez en las instituciones. Y quieren hacerlo a pecho descubierto (no en vano son «hombres de paz»), no detrás de esas siglas ya desgastadas (e ilegalizadas) que les sirvieron para gestar con el PSOE la traición allá por la primavera del año 2007.

La obra se ha ido desarrollando, acto a acto, fotograma a fotograma: Díez Usabiaga era excarcelado para «cuidar a su madre»; el otrora actor principal, un tal Ternera, desaparecía de escena; también se esfumaba en Irlanda el *killer* De Juana Chaos, ese que dejaron pasear por San Sebastián, «porque lo más importante es que no se muera», según dijo Patxi López.

Forma parte de la obra la entrevista a cinco páginas, portada y editorial de Otegi en *El País*, el periódico institucional y PSOE por excelencia. Nunca le dieron tanto espacio y tal tratamiento a ningún presidente del Gobierno de España. Pero se lo dan a un terrorista condenado y encarcelado porque el guion exige cambiar el carácter de los protagonistas.

Sigue la obra de enredo. Mientras que el ministro del Interior y vicepresidente primero trata de enmascarar la jugada y pide «prudencia» tras el Consejo de Ministros, Eguiguren insiste en que desea ver a Otegi en la calle haciendo política. Seguro que a Joseba Pagazaurtundúa y al resto de los asesinados por ETA también les gustaría encontrarse con Otegi en la calle; pero no es posible porque los compañeros del hombre al que Eguiguren espera les asesinaron. Por eso, sus madres huérfanas, sus hermanos huérfanos, sus hijos y esposas huérfanos no tienen ningún interés en ver a los terroristas en la calle. Yo tampoco.

En estos tiempos oscuros, mientras la obra parece acercarse a su fin, oigo voces que especulan sobre la rentabilidad electoral de lo que está ocurriendo. Me asquea ese debate. Lo verdaderamente repugnante de esta operación son las consecuencias que tendrá si se lleva a término: el Gobierno y el PSOE les estaría dando oxígeno a los terroristas cuando estos boqueaban, cuando estábamos a punto de liquidarlos, y ello les permitiría coger fuerzas para volver a matar. Eso es lo aterrador: que el PSOE amnistíe a ETA y ETA no haya dejado de declararnos la guerra.

Resulta evidente que los socialistas no se arrepienten de lo que hicieron e incluso presumen de ello. Jáuregui dijo en Tele 5, tres días después de ser nombrado ministro, que la debilidad de la ETA de hoy es consecuencia de la estrategia del Gobierno en la pasada legislatura. Para el Gobierno de Zapatero no es la resistencia democrática, el valor cívico, el dolor y la dignidad de las víctimas y la ley lo que ha ido venciendo a ETA. Para Zapatero y su Gobierno es la rendición al terror lo que da buenos resultados. Lástima que nos haya tocado un Chamberlain; pero menos mal que ha sido ahora, porque tiemblo de pensar qué hubiera pasado si este hombre hubiera sido presidente del Gobierno de España en los años ochenta… Parece que no hayan aprendido nada de la historia, o que su *adanismo* sea tal que llegue a creer que, con su habilidad y su baraka, puede convertir en demócratas a los verdugos. O, lo que sería peor, que se conforme con que los verdugos disimulen que lo son durante el tiempo suficiente para amnistiarlos.

Montesquieu lo dejó escrito es su ensayo sobre la decadencia del Imperio romano: «No es recomendable pagar por la paz, pues quien te la ha vendido se encuentra en mejores condiciones para hacerte pagar por ella nuevamente».

Si leyeran… Si tuvieran sentido de Estado… Si recuperaran la piedad…

Lo peor ya ha pasado
El Mundo, 14 de enero de 2011

Lo peor pasó en la primera legislatura del mandato de Rodríguez Zapatero. Lo peor pasó mientras la clase económica, mediática, sindical y política del país le reía las gracias al presidente del cambio tranquilo. Lo peor pasó mientras los barones del Partido Socialista se las prometían muy felices en cada uno de los rincones de España, haciendo trizas todo el legado de la Transición.

Lo peor pasó mientras se rompían todos los acuerdos de Estado, mientras se cavaba una zanja que volvía a dibujar la imagen de las dos Españas. Lo peor pasó mientras se ponían en marcha reformas de la Constitución vestidas de nuevos Estatutos de Autonomía. Lo peor pasó mientras se rompía el Pacto por las Libertades y contra el Terrorismo y se le encomendaba a ETA la tarea de protagonizar la segunda Transición. Lo peor pasó cuando el Gobierno de España llevó al Parlamento Europeo el debate sobre la negociación con la banda terrorista y consiguió que esa institución legitimara a ETA como interlocutor político de un Gobierno de la Europa democrática.

Lo peor pasó durante la primera legislatura de Rodríguez Zapatero. En esos cuatro años se perpetró la ruptura de todos los puentes, de todos los lazos entre españoles. Lo peor pasó cuando nadie cuestionó —ni desde la política, ni desde los sectores económicos más influyentes ni desde los medios de comunicación— la decisión estratégica del jefe del Ejecutivo de impulsar (a la manera de Mitterrand) el nacimiento de una nueva extrema derecha que rompiera el Partido Popular para que la derecha democrática española —la que ha gobernado y gobierna muchas instituciones en nuestro país— tardara mucho en volver a ganar unas elecciones.

Lo peor pasó sin que apenas nadie levantara la voz. Fue entre el 2004 y el 2008 cuando se escribió la historia más negra de esta época presidencialista del culto al personaje y a la baraka que hoy parece tocar a su fin.

Fueron esos los años en los que las leyes se hacían con el objetivo de romper cualquier tipo de consenso, cualquier acuerdo del pasado construido con el compromiso de no volver a enfrentar a los españoles. Fue esa la época en la que los pactos se trabaron entre los que no creen en España como nación ni como Estado y quien ostenta la titularidad del Gobierno de España. Fue en esa época en la que se teorizó el todo vale o el como sea para conseguir ganar una votación puntual u obtener una foto con cualquier mandatario (o deportista, o escritor, o lo que sea) que tuviera buena imagen.

Fue en esa legislatura en la que nos perdimos (y nos perdieron) el respeto. Ahí empezó la verdadera cuesta abajo para nuestro país. Ahí tiramos a la basura la mayor parte de lo logrado desde la muerte de Franco. Ahí negamos el valor de la Transición, de la Constitución, del reencuentro, de lo que nos une. Nada de todo lo importante quedó en pie después de esa etapa en la que todo se legisló para buscar la diferencia, para sumar al tren a unos pocos expulsando a la mayoría de los que viajábamos juntos.

Lo que hoy nos está pasando no es más que la consecuencia lógica de todo lo que hicimos para romper nuestra convivencia y nuestra fuerza como sociedad y como país. Es verdad que la crisis económica acelera la percepción de la catástrofe; pero la catástrofe ya estaba aquí cuando nuestras cifras económicas seguían aún dando positivo.

Y es que no es la economía lo que falla en España. Ese no es nuestro hecho diferencial, aunque sea lo que le va a hacer perder las elecciones al Partido Socialista. Aquí lo que falla, lo que está en crisis, es la política. La gran traición de Zapatero a la democracia es que, por adanismo, para negar al padre, de forma calculada y fría, jugando a ser el estadista que protagonizara la segunda Transición, ha liquidado la incipiente comunidad política española. Es verdad que Zapatero ha podido hacerlo porque España es una democracia imberbe, sin cuajo suficiente, sin vertebración civil, demasiado joven para organizarse ante los poderosos. Una sociedad que vivía muy por encima de sus posibilidades y prefería creer a quienes le daban cada día buenas noticias que a quienes alertaban sobre las graves consecuencias de romper nuestra comunidad democrática.

Lo que ocurrió en España durante esa primera legislatura hubiera resultado imposible en cualquier país serio. Nadie está a salvo de que llegue al poder un gobernante iluminado y sin escrúpulos, un salvador. Pero las democracias serias tienen contrapoderes que actúan en defensa del interés general cuando los responsables de defender los valores comunes pierden la cabeza. Piensen en Francia, en Alemania, en el Reino Unido, en Estados Unidos… E imagínense que llega al Gobierno un tipo dispuesto a romper la tradición republicana, la unión en Alemania, el atlantismo, los principios de la Constitución norteamericana… Ni con mayorías absolutas en las Cámaras le hubieran dejado hacerlo. Porque detrás de todos esos nombres propios hay ciudadanía, sentido de país, ambición de futuro.

Solo en las democracias débiles se sigue considerando meritorio la piratería y el aventurerismo. Solo en un país como el nuestro los que cortan el bacalao, con tirantes o sin ellos, haciendo sesudos informes o sin hacerlos, con togas o con títulos honorarios, jubilados de lujo o nuevas y rutilantes estrellas, habrían callado ante tanta locura. Es verdad que mientras Zapatero rompía todo lo construido desde la Transición ellos ingresaban jugosos dividendos; y que una buena parte de todos esos protagonistas mudos sabían que vivíamos en una burbuja política que iba a estallar más bien pronto que tarde. Pero no les importó; el patriotismo requiere de patriotas. Y en España no los hay; no al menos entre los que tienen capacidad y poder para la toma de decisiones.

Lo peor ya ha pasado. El choque que abrió la vía de agua en nuestro entramado institucional, en nuestra joven convivencia, se produjo entre el 2004 y el 2008; pero el capitán que tomó las decisiones que nos hicieron naufragar fue revalidado al mando. Curiosa —y tristemente— será expulsado del mando (o se irá, vaya usted a saber si finalmente es así de cobarde y lo abandona queriendo salvarse él solo) no por haberlo chocado contra el iceberg y hundir la nave, sino por no haber ahogado a la mitad de los viajeros al hacerlo; a esa mitad a la que ha conseguido que odie la otra mitad.

Es verdad que hay pasajeros que no sienten odio, que se sienten apátridas en ese barco construido desde el sectarismo. Pero casi irremediablemente se hundirán con el barco. Hay algunos botes salvavidas en buen uso, sí; oficiales no contaminados empiezan a surgir de entre la tropa y entre tanto grito de socorro se empiezan a escuchar voces que ofrecen soluciones y dan esperanza. Pero no sé si se organizarán a tiempo de salvar algo de lo que queda.

Lo peor es que nadie le va a juzgar por lo peor de lo que ha hecho. Ni siquiera tenemos el consuelo de la justicia poética; porque España no es como Estados Unidos, donde los mafiosos terminaban en la cárcel, aunque fuera por no pagar impuestos. Aquí se van, políticamente hablando, de rositas. Y mientras no tengamos conciencia de ello siempre estaremos en riesgo de que la historia se repita.

Quizá lo peor no ha pasado.

Que el día 20N pongan otra urna
El Mundo, 25 de agosto de 2011

El Pleno del Congreso de los Diputados del pasado día 23 tenía «trampa»: su verdadero propósito no era convalidar un real decreto, sino anunciar que Zapatero y Rajoy se habían puesto de acuerdo en cambiar la Constitución para garantizar la estabilidad presupuestaria.

La forma me parece una falta de respeto para con los diputados a los que se nos trata como si fuéramos espectadores de un acto de prestidigitación en el que solo el mago y su ayudante saben de qué va el juego. Ahora pasemos al fondo.

En primer lugar, para garantizar la estabilidad presupuestaria no hace falta reformar la Constitución ni poner un corsé constitucional a nuestros políticos gobernantes o aspirantes, dando la impresión —probablemente cierta— de que no son de fiar, de que no se les puede dejar solos. Ya hay instrumentos constitucionales para fijar límites al endeudamiento tanto del Estado como de las comunidades autónomas; ya hay instrumentos constitucionales para sancionar a aquellas administraciones periféricas que incumplan el límite del déficit o que se endeuden por encima de lo establecido. No hace falta modificar la Carta Magna para gobernar de forma rigurosa, para no gastar por encima de lo que podemos permitirnos.

He escuchado argumentar —lo dijo el presidente y lo dice Rajoy— que esto devolverá la confianza a los «mercados». Qué tontería. ¿Quién se va a fiar de los dirigentes de un país que reforman su Constitución en cuarenta y ocho horas, sin debate público, sin pronunciamiento del cuerpo electoral, sin haber llevado la propuesta en ninguno de los programas de Gobierno? Si lo cambian en dos días en una dirección, ¿quién nos asegura que no lo harán en la siguiente ventolera en la dirección contraria? Lo que daremos será una imagen penosa, de frivolidad y poca seriedad, que tendrá consecuencias aún más negativas en nuestra valoración como país; vamos, que pensarán, y con razón, que lo mismo les da «so» que «arre». Y este argumento es de aplicación tanto al PSOE como al PP, porque Rajoy lo planteó en una conferencia del Foro Nueva Economía, pero ni él ni nadie de su partido hicieron nunca esta propuesta en el Congreso de los Diputados.

Insisto en que la reforma que se nos plantea es innecesaria para lograr el objetivo deseable de estabilidad presupuestaria en el conjunto de las Administraciones públicas. Además, y aunque parezca menos importante, estas no son maneras. Pero si se empeñan, y ya que el día 20 de noviembre estaremos llamados a elegir a nuestros representantes al Congreso y al Senado, póngase otra urna y demos a los ciudadanos la posibilidad de pronunciarse sobre esta reforma que nos dice Rajoy y Zapatero que es tan necesaria. Dado que no entraría en vigor hasta el 2018 (año en el que se prevé que la economía española llegaría a una situación «normal» que pueda justificar el déficit cero), no hay razón alguna para hacerlo de otra manera. Si se sigue adelante con esta reforma constitucional, defenderemos que sea votada por el conjunto de los ciudadanos. Al menos así se podrá debatir públicamente sobre las verdaderas razones que tienen quienes la impulsan, se darán argumentos a favor y en contra, se plantearán propuestas alternativas, nos tomaremos en serio lo que supone reformar la Constitución.

Me dijo el presidente en el Pleno que hay que tomarse la reforma de la Constitución de forma natural; a nosotros nos lo va a decir, que llevamos cuatro años defendiendo reformas estructurales tan urgentes como necesarias para redefinir nuestro modelo de país y darle un horizonte de sostenibilidad y progreso. Desde Unión Progreso y Democracia nos lo tomamos de forma tan natural que nos parece que lo natural es hacerlo bien y abordar lo importante, que además es urgente. Por eso plantearemos una vez más en sede parlamentaria la reforma del modelo territorial del Estado, recuperando el Gobierno central algunas de las competencias imprescindibles para garantizar la competitividad y la cohesión de España y la igualdad de todos los españoles, tales como la educación y la sanidad; o la reforma de la ley electoral; o la reforma del Tribunal Constitucional, para conseguir que este sea un órgano independiente y deje de estar al servicio de los partidos políticos que cooptan a los magistrados que lo componen; o el sistema de elección del fiscal general del Estado, para que represente al Estado y no al Gobierno de turno; o la supresión de la primacía masculina en la sucesión de la Corona; o la supresión de las Diputaciones Provinciales.

La reforma constitucional es imparable. ¿Que es complicada? Claro; por eso hay que abrir el debate de forma natural, sin ningún tipo de complejo ni prejuicio. La Constitución no es inmutable, pero merece un respeto; la hicimos entre todos y entre todos la tenemos que cambiar. No debemos permitir que se haga ni por la puerta de atrás (como se ha reformado el modelo territorial a través de los Estatutos de Autonomía de segunda generación) para dar gusto a los nacionalistas y/o asimilados, ni en un despacho con sillones de cuero para protegernos de unos políticos cuyo juicio no nos merece confianza.

Tomémonos en serio la democracia y pongamos todas las cartas sobre la mesa. Empecemos por evitar que la reforma propuesta sea además de innecesaria chapucera: el 20N, tercera urna. Y abramos sin demora y sin miedo el debate de fondo: el modelo de país para los próximos treinta años. A ver si nos ganamos el sueldo.

¿No habrá treinta y cinco ciudadanos en la Cámara?
El Mundo, 5 de septiembre de 2011

Quiero volver a apelar al libre albedrío de los diputados nacionales de los distintos grupos del Congreso de los Diputados. Sigo apelando a su condición de ciudadanos elegidos para ejercer la representación política sin otro mandato que el de ejercerla con libertad y sin ningún tipo de sometimiento que al de su propia conciencia.

Los partidos políticos tienen programas políticos y electorales. Ahí están sus compromisos para la ciudadanía y para con sus propios afiliados. Pero más allá de eso, y siempre por encima de ello, está la conciencia de cada uno de los cargos electos. Si además estos han de pronunciarse sobre una cuestión importante, que no ha sido sometida ni a la voluntad soberana de los electores ni forma parte del programa fundamental del partido en cuyas listas ha salido elegido, no cabe otra opción que obrar en conciencia.

Me consta que hay muchos diputados que esta semana han violentado su conciencia votando a favor de una reforma constitucional que saben innecesaria en el fondo y un disparate político y democrático en la forma. Se han vulnerado tanto las reglas mínimas del respeto a la democracia y a las formas en las que esta se expresa que creo que ni los más sectarios de cada una de las *tropas* pueden estar tranquilos con lo que esta semana han perpetrado.

No es solo que hayan decidido utilizar el procedimiento de lectura única para modificar la Constitución —un procedimiento que, *de facto*, anula el debate y que por eso mismo está reservado en el reglamento de ambas Cámaras para asuntos que por su simplicidad o su naturaleza así lo aconsejen—, sino que han decidido no admitir —ni siquiera a ese raquítico debate de la lectura única— una serie de enmiendas. Nos han privado a los diputados de nuestra condición de representantes de la soberanía nacional y de nuestro derecho a la participación política, uno de los derechos básicos de cualquier democracia y que está recogido —y no suspendido de momento— en el artículo 23 de nuestra Carta Magna. Como si no fuera suficiente atropello el método que han adoptado para reformar la Constitución —en un despacho a las dos de la madrugada y por lectura única en cuarenta y ocho horas en el Congreso—, han impedido que siquiera se puedan someter a votación una serie de enmiendas que los distintos grupos han presentado. Este es un tema capital, que no tiene que ver con el contenido de las enmiendas, sino con el respeto a las reglas de la democracia; es obvio que yo no hubiera apoyado la enmienda del PNV, por ejemplo, en la que solicitan se incorpore a la Constitución «el derecho a decidir»; o la enmienda de IU que pedía la instauración de la república. Pero no se puede impedir su tramitación una vez que ellos han abierto el melón de la reforma.

En una decisión inédita, el Partido Popular y el Partido Socialista, como un solo hombre, decidieron que en el Pleno solo se hablaba de lo que ellos querían que se hablara y que solo se votaría sobre lo que ellos quieren que se vote. Y para conseguirlo no admitieron a trámite la enmienda de UPyD en la que se solicitaba la celebración de un referéndum para sancionar el nuevo artículo 135. Y lo más escandaloso es que para argumentar su decisión dijeron que «supone una alteración del procedimiento de la reforma constitucional contemplado en el título X de la Constitución». O sea que, según ellos, nuestra enmienda, planteada como una disposición adicional, vulnera la Constitución. ¿Pero quiénes son ellos, esa suma PP-PSOE en la Mesa, para interpretar la Constitución? ¿Quiénes son ellos para determinar que siquiera la tramitación es inconstitucional? ¿Tan interiorizado tienen su control sobre el Tribunal Constitucional que se permiten anticiparse a un posible futuro fallo de este?

Como ya he dicho, iremos en amparo al Constitucional; hay precedentes en los que el Tribunal Constitucional ha sancionado a favor del recurrente en casos similares al entender que se ha vulnerado su derecho a la participación política y que la Mesa se ha extralimitado en sus funciones. No es que tenga mucha esperanza en la efectividad de este recurso; pero tengo la obligación de agotar todas las vías de defensa, de no aceptar la impunidad de los vulneradores de las reglas de juego de la democracia.

Pero en tanto el Tribunal Constitucional se pronuncia, tenemos la necesidad —y también la oportunidad— de seguir actuando contra el oscurantismo y la chapuza. Pido a los diputados que están en contra de lo que esta semana han votado que ejerzan su libre albedrío y suscriban con nosotros una petición de referéndum. El 20N puede haber una tercera urna en la que le demos la palabra a los ciudadanos. Os pido que optéis, siquiera para esto, por hacer caso a vuestra condición de representantes de la soberanía nacional y actuar conforme a vuestra conciencia. Con 34 que obréis en conciencia es suficiente; yo soy el número 35.

La conferencia de la claudicación
El Mundo, 17 de octubre de 2011

Llega hoy al País Vasco un grupo de personajes que se ganan las habichuelas (con jamón de Jabugo y regadas por un buen vino) haciendo de mediadores entre inexistentes contendientes.

Lo siento mucho por ustedes, buenas gentes que nos dicen cada día que lo importante es la paz cuando lo único que quieren es que les dejemos en paz; siento molestarles, pero les contaré que la reunión de esos modernos soldados de fortuna es un McGuffin de la banda terrorista ETA: mientras todos hablan de paz, ellos siguen narcotizando a toda la sociedad y consolidando su presencia dentro de las instituciones democráticas a las que siempre han querido destruir.

Siento darle otra mala noticia a tanta gente de buena fe que anda suelta: nadie hubiera podido organizar ese encuentro entre profesionales internacionales de la mediación a sueldo si el Gobierno de España y el Gobierno del País Vasco no lo hubieran consentido y/o avalado.

Les contaré que entre los asistentes estarán algunas víctimas de grupos terroristas foráneos, víctimas que merecen un reconocimiento y aprecio de los verdugos que tutelan el evento que contrasta vivamente con la descalificación y desprecio con que tratan a las víctimas propias; que se lo pregunten, por ejemplo, a Rubén Múgica.

Les contaré, buenas gentes que me leen, que aquellos que abogan por un final sin vencedores ni vencidos son los que siempre han justificado la historia de ETA, aunque hayan criticado —y no siempre, según quien fuera la víctima— sus crímenes.

Les contaré que nuestros dos Gobiernos (el nacional y el vasco) acaban de dar a ETA una de sus victorias más ansiadas: la internacionalización del conflicto.

Es la pieza que les faltaba por lograr: que el mundo sepa que hay un territorio invadido por España y Francia cuyos ciudadanos ansían recuperar la libertad.

Un territorio en el que los luchadores por la paz se han visto obligados a matar a sus convecinos para conseguir la verdadera democracia. Un territorio en el que los verdugos merecen reconocimiento y las víctimas olvido y/o desprecio.

Les contaré que, por mucho que les digan, en el País Vasco nunca ha habido una guerra entre vascos; los vascos, como el resto de los españoles, participaron en el siglo pasado en una guerra civil y unos lo hicieron en el bando republicano y otros en el bando llamado nacional. Guerrearon entre españoles, no entre vascos. Y, por cierto, si los nacionalistas no se unieron a Franco en Santoña fue porque este no los aceptó entre sus filas.

Les recuerdo que, en Euskadi, desde que finalizó la Guerra Civil española, nunca nos ha faltado la paz. Pero aquí nunca hemos tenido libertad.

La única secuela totalitaria del franquismo sigue viva y hoy organiza una conferencia de paz con la misma legitimidad que Franco festejaba sus «veinticinco años de paz».

Les recuerdo que a lo largo y ancho de toda la historia de la humanidad nunca han empatado democracia y totalitarismo. Ha ganado la una o el otro. Los dos, jamás.

Aviso de que hay aún algunas gentes en Euskadi dispuestas a no quebrar el ánimo ni la voz. Algunas gentes que nunca abrazamos la paz de Franco y nunca reconoceremos como una victoria de la democracia la paz de ETA.

Algunas gentes que estamos dispuestas a contar a nuestros hijos y a nuestros nietos la verdadera historia del terror; algunas gentes dispuestas a juzgar y a condenar no solamente a los verdugos, sino a toda su historia de indignidad.

Aviso de que no descansaremos hasta que ETA tenga su Núremberg. Les contaré que nunca aceptaremos que consigan nada de aquello en cuyo nombre instauraron su primera víctima.

Aviso de que señalaremos bien alto y claro, sin descanso, no solo a los verdugos, sino también a los colaboracionistas y a los tibios. Aviso de que recordaremos quién hizo qué en cada momento; quién prefirió la compañía de los verdugos a la comprensión de las víctimas.

Advierto de que escribiremos la historia para que nadie la olvide, y de que estará llena de testimonios que avergonzarán a los nietos de quienes fueron culpables y responsables del dolor y de la humillación sufrida durante tantos años de lucha.

Advierto de que habrá muchos prohombres de hoy que no podrán mirar a sus nietos a los ojos cuando estos les pregunten por qué lo hicieron, por qué fueron tan indignos y tan cobardes.

Aviso de que nunca perdonaremos a los traidores.

La traición revelada
El Mundo, 6 de diciembre de 2011

He dudado mucho antes de sentarme a escribir este artículo porque siento un profundo desasosiego ante la cuestión que voy a abordar. Nunca se está suficientemente preparado para conocer y reconocer el mal; siempre se abriga una esperanza, aunque sea ligera, de que las cosas no sean tan horribles como aparentan. Pero llega un momento en que no cabe ya albergar ninguna duda. Es ese momento en el que quien ha hecho el mal se siente impune, presume de sus fechorías e incluso quiere ganar dinero con el relato de las mismas.

El golpe llega cuando el McGuffin de la paz deja de ser tal y se convierte en espanto; la bofetada, inmisericorde, golpea cuando lo perpetrado por quienes tienen el encargo de velar para que se cumpla la ley y se haga justicia hacen cosas que serían perseguibles de oficio en cualquier país en el que la separación de poderes fuera algo más que una declaración constitucional. Pero el *shock* definitivo se produce cuando ese complot contra el orden instituido se pone en evidencia y nadie reacciona, y no pasa nada.

Hago estas consideraciones tras leer las dos primeras entregas del diario de la negociación entre el Gobierno y ETA escrito en comandita por el presidente de los socialistas vascos y el periodista de cabecera de José Luis Rodríguez Zapatero, Eguiguren y Aizpeolea. Dos hombres que estuvieron en los pormenores de la traición tantas veces negada y tantas veces consumada por el Gobierno socialista y el PSOE. Dos hombres que cuentan ahora con todo lujo de detalles lo que hicieron mientras lo desmentían e insultaban de paso a quienes lo denunciábamos y criticábamos; no me sorprende que los que nos vendieron ante ETA quieran vendernos ahora su historia de indignidad y sacar suculentos dividendos con ello.

Pero me asusta la falta de respuesta democrática ante estos hechos; me da más miedo el silencio que la propia traición. Es, una vez más, el síntoma de una sociedad democráticamente imberbe, falta de cuajo, necesitada de una profunda regeneración. Una sociedad decente no aloja en su seno a gobernantes dispuestos a mentir en nombre de una «paz» que no encierra sino la renuncia a defender los valores democráticos. En un país que se respete a sí mismo no hay espacio para quienes traicionan los principios democráticos; tampoco lo hay para quienes por cálculo y/o por cobardía callan y otorgan.

El silencio tiene muchas caras. Quizá haya quien calla porque espera repartirse dividendos, aunque se opusiera cuando el proceso de claudicación ante ETA estaba en marcha; otros piensan que el fin justifica los medios, así que, si ETA no mata, no vale la pena pensar cuál ha sido el precio pagado. Luego están los que se buscan una coartada para no hablar del asunto, los que prefieren mirar para otro lado mientras se proclaman amantes de la paz. Son esas gentes que lo único que buscan es que les dejen en paz, seguir con su vida, no comprometerse con nada ni con nadie; son los que prefieren olvidar que centenares de españoles, conciudadanos suyos, arriesgaron y perdieron la vida para defender sus libertades.

Están también los que han llegado a la conclusión de que los enemigos de la paz somos nosotros, los que no estamos dispuestos ni a olvidar ni a callar; nos llaman intransigentes y nos culpan del «mantenimiento del conflicto»; a veces son los mismos que siempre acompañaron la estrategia de mimetizarse con la bestia para humanizarla; algunos nos odian más que a ETA porque no les dejamos que vivan en paz con su mala conciencia y con su mentira.

La historia de la indignidad de principios del siglo XXI en España tardará tres o cuatro generaciones en escribirse. Hará falta tiempo para que tomemos distancia, para que los protagonistas no se sientan culpables por acción u omisión, para que puedan hablar de ello sin pedir perdón en primera persona. Y es que la historia de la indignidad tiene algunos nombres propios, pero los protagonistas han hecho su trabajo miserable porque una ingente mayoría de ciudadanos cobardes lo han permitido. Por eso digo que hace falta tiempo para que alguien cuente a nuestros nietos la verdad de este tiempo oscuro; porque quien más y quien menos ha sido cómplice de la felonía.

Sé que mucha gente que me tiene simpatía preferiría que no escribiera sobre estas cosas. Habrá quien me llame exagerada, quien me recrimine la crudeza de los términos que empleo, quien me acuse de no ser objetiva por ser vasca… Pero me consta que hay muchísimas personas que no tienen una tribuna en la que decir lo que piensan que se encuentran tan aturdidas y avergonzadas ante la traición desvelada como yo; por eso no callaré.

Aunque a nadie represento, no callaré en nombre de los más de trescientos crímenes de ETA que aún no han sido juzgados; no callaré en nombre de todos los que siempre creímos que con ETA no cabe negociación política alguna, que si se empieza a hablar con la banda terrorista de una sola de las reivindicaciones en cuyo nombre instauraron la primera víctima, ya se ha traicionado a la democracia; no callaré en nombre de los que nos negábamos a creer que el PSOE pudiera caer tan bajo; no callaré en nombre de tantos compañeros y amigos que fueron asesinados por ETA mientras la banda hablaba con sus jefes de filas; no callaré en nombre de tantos hombres y mujeres buenos que vinieron desde pueblos remotos de España a recoger a sus hijos muertos, a sus maridos asesinados, a sus hermanos, a sus padres…; no callaré en nombre de todos esos nombres propios que no conocemos, de todas esas fotos de carné en blanco y negro que nos recuerdan cada día que hay asesinos vivos que aún no han sido juzgados, que aún no han pagado por sus crímenes.

No callaré porque un día creí en alguno de ellos, de los culpables de la traición; no callaré porque creí que me decían la verdad quienes siguen dirigiendo el Partido Socialista Obrero Español; no callaré porque me mintieron cuando pregunté si estaban negociando con ETA en el 2004, en el 2005, en el 2006… No callaré porque nos engañaron a todos, porque siguieron negociando mientras los cuerpos de las víctimas aún estaban calientes; no callaré porque lo hicieron premeditada y alevosamente, porque fueron cobardes y mentirosos, porque nos faltaron al respeto. No callaré porque hemos de defender la democracia de sus enemigos y también de aquellos que no están dispuestos a protegerla.

Tampoco callaré ante el silencio estruendoso de quienes tienen más voz que yo, pero prefieren callarse. No callaré ante la hipocresía ni ante el cálculo partidista; no callaré para tener la fiesta en paz; no callaré si se empiezan a archivar expedientes, si se pone sordina, si se extiende el cloroformo, si deciden que «por la paz un avemaría»… No callaré mientras haya un solo crimen de ETA sin juzgar, mientras una sola familia no haya podido hacer su duelo, no conozca el nombre de los asesinos de sus seres queridos, no haya sido recompensada por y con la justicia.

En España convivimos bien con la mentira; fíjense que nuestro particular Chamberlain y su estratega ni siquiera reconocieron que hubieran viajado a Múnich, y a pesar de la mentira y de sus consecuencias, millones de españoles siguieron votándoles. Es desolador, lo sé; pero yo me niego a aceptar que no nos quede otro remedio que vivir en una sociedad que no se avergüenza de su indignidad colectiva; sé que existen millones de españoles esperando una señal para despertar de este letargo que les ha llevado a considerar la baja calidad de nuestra democracia más como una atmósfera que como un accidente, que diría Chesterton. Por eso, porque tengo fe en el ser humano, sigo escribiendo sobre estas cosas. Por eso y porque hay ochocientos cincuenta y seis conciudadanos nuestros que ya no pueden hacerlo y que fueron asesinados para que otros pudiéramos seguir disfrutando de nuestra vida en compañía de nuestros seres queridos.

4

LA LEGISLATURA DE RAJOY

El gran fiasco

Y tras las dos legislaturas en las que Zapatero provocó la mayor crisis
política e institucional que había conocido España desde la llegada
de la democracia, los españoles le dieron a Mariano Rajoy una mayoría
absoluta y pusieron en sus manos el instrumento para enfrentar la triple
crisis —política, social y económica— que Zapatero había provocado
en España. Al conseguir una amplia mayoría en el Congreso y en el
Senado y una gran concentración de poder en las instituciones autonómicas y locales, el Partido Popular tuvo la oportunidad de frenar el
desvarío. Pero Mariano Rajoy despreció la confianza que los españoles
habían depositado en él y se dedicó a «la economía», absteniéndose de
intervenir para enfrentar la crisis política, lo más peligroso de la herencia
que había recibido de Zapatero.

La de Rajoy fue la mayoría absoluta más desperdiciada de la historia; su primera legislatura ha de ser recordada por haber mantenido
intactas las leyes más rupturistas de los Gobiernos de Zapatero —como
la Ley de Memoria Histórica— y por haber rehuido su deber de hacer
pedagogía democrática y dar la batalla cultural para combatir el discurso
del odio y superar la confrontación entre españoles, eje fundamental de
la estrategia política e ideológica de Zapatero.

Sánchez les debe a Zapatero (por acción) y a Rajoy (por inacción) su ascensión al poder; el uno le preparó el camino y el otro le

dejó el país tal y como lo recibió de Zapatero, sin tocarlo ni mancharlo.

Si Zapatero no hubiera sectarizado a las bases del PSOE hasta el extremo de que ser el máximo odiador de «las derechas» convirtiera a cualquiera en el candidato idóneo para dirigir ese partido, Sánchez —que había tenido que dimitir por intentar dar un golpe en su propio Comité Federal poniendo una urna tras las cortinas— nunca hubiera ganado las primarias a Susana Díaz. Y si Mariano Rajoy hubiese utilizado la mayoría que le dieron los españoles para revisar todas las leyes rupturistas que aprobó Zapatero y para reivindicar el valor político y democrático de la unión entre españoles y de los acuerdos y las leyes que garantizan nuestra convivencia en libertad e igualdad —la Transición y la Constitución—, Sánchez no hubiera podido proseguir con tanta facilidad la senda de demolición del sistema democrático emprendida por Zapatero.

Pero la etapa de Rajoy en el Gobierno no fue solo un tiempo perdido para acometer la grave crisis política en la que Zapatero había instalado a España; la inacción de Rajoy en las cuestiones fundamentales tuvo un efecto cuasi legitimador del desmantelamiento del Estado de derecho emprendido por los socialistas. Su falta de actuación contra todo el entramado legislativo derogatorio de la Transición y su pasividad frente al falso relato instigador del odio y del enfrentamiento entre españoles trasladaron a la opinión pública la idea de que lo que hizo Zapatero al romper todos los consensos y los pactos de Estado era producto de diferencias ideológicas propias de las sociedades plurales y democráticas. Que el Gobierno elegido por los españoles para ser la alternativa al presidido por Zapatero conviviera aparentemente a gusto con su legado (no cambió nada teniendo todos los instrumentos para hacerlo) fue percibido por la sociedad como un mensaje de minimización de la gravedad de la crisis política. Tanto es así que entre los propios ciudadanos que dieron la mayoría al PP para echar a Zapatero se fue instalando la idea de que «si quien gobierna, quien tiene los instrumentos, no hace nada…, a lo mejor es que no es tan grave… O a lo mejor es que no hay nada que hacer…». A partir de ahí, ¿qué podía salir bien?

Yo viví desde el Congreso de los Diputados la primera legislatura de Rajoy. Fue la segunda y última legislatura de Unión Progreso y Democracia. En ese periodo teníamos cinco diputados y pudimos formar grupo parlamentario, lo que nos permitió plantear muchas iniciativas legislativas. Conocí, pues, desde dentro, la forma de actuar de Rajoy y su Gobierno. Cuánto tiempo perdido, cuánta apelación a «los tiempos» de Rajoy para institucionalizar la apatía y la falta de liderazgo a la hora de abordar los problemas más importantes que había heredado de Zapatero… Los mismos, por cierto, que se han mantenido y agravado en el tiempo.

Aquella mayoría absoluta de Rajoy y del Partido Popular fue la que rechazó iniciar el procedimiento de ilegalización de las marcas blancas de ETA; fue la que rechazó recurrir la convocatoria del primer referéndum ilegal que se celebró en Cataluña en noviembre de 2014; fue la que rechazó reformar la ley electoral; fue la que rechazó reformar la ley para despolitizar los órganos de la justicia y que los jueces elijan a sus pares; fue la que rechazó la reforma de la ley que regula la concesión de indultos; fue la que rechazó modificar el sistema de elección del fiscal general del Estado; fue la que rechazó modificar las competencias del CIS y la que rechazó reformar el Código Penal para recuperar el delito de convocatoria ilegal de referéndum… Y así, suma y sigue.

Rajoy no solo se durmió en los laureles y vivió cómodo con la bomba de relojería que Zapatero había dejado instalada en el entramado institucional, sino que con su aplastante mayoría cercenó todas las iniciativas que se le brindaron para desactivarla. De esa manera, gestionando «los tiempos», es como fuimos perdiendo el precioso tiempo que los españoles necesitábamos para reconstruir nuestra quebrada cohesión, devolverles vigor y autonomía a nuestras instituciones y reforzar y regenerar la democracia. Así, descuidándonos, es como hemos llegado hasta aquí.

Los artículos que componen este capítulo son de aquella primera legislatura de la frustrada mayoría absoluta del Partido Popular y de Mariano Rajoy. Sin ánimo de ser exhaustivos, recogen las denuncias en tiempo presente ante las dejaciones, ante las promesas incumplidas, ante algunas de las traiciones a la palabra dada cuando el PP estaba en la oposición, ante las oportunidades perdidas para desandar el peligroso camino por el que nos había introducido las decisiones tomadas por los Gobiernos de Zapatero… Constituyen también denuncias en las que se percibe sorpresa… y desesperanza.

Como observarán, hay artículos que podríamos escribirlos ahora mismo —añadiendo nuevos párrafos, eso sí—, que dieran cuenta del progreso del deterioro y de las consecuencias por no haber actuado a tiempo. Artículos que recuerdan que el PSOE de entonces, por boca de Patxi López (lehendakari gracias a los votos del PP), ya estaba en la amnistía, aunque no le dieran ese nombre. He aquí un ejemplo de lo más clarificador:

> El planteamiento no puede ser otro que el respeto a los tribunales, pero estoy seguro de que actuarán según la realidad y el nuevo tiempo que vivimos. Dicho esto, me gustaría que la izquierda *abertzale* tuviera una fuerza legal, para hacer legal lo que es real. Está gobernando en instituciones no poco importantes de este país. La sociedad vasca no entendería otra cosa, igual que le sorprenden sentencias que hacen que esté en la cárcel cierta gente por cosas que ya no tienen ningún sentido.

Hoy estamos pagando las dolorosas consecuencias de haber despreciado los síntomas del peligro cuando contábamos con los instrumentos para intervenir y cortar el mal de raíz. Lástima de tiempo perdido. Pero así ocurrió y así se lo cuento. Recordar es un deber.

La oportunidad perdida

El Día de la Patria Vasca
El Mundo, 9 de abril de 2012

Un año más, los nacionalistas vascos han celebrado el día de *su* patria vasca. No lo han hecho juntos porque las ramificaciones de Batasuna se han ido a Pamplona para que nadie se olvide de que Navarra forma parte del lote. Pero desde Navarra y desde Euskadi han celebrado el día de la misma manera: reivindicando una sociedad uniforme, normalizada, en la que solo tengan cabida quienes tienen la misma visión que ellos: solo es vasco quien no es español; solo es vasco quien quiere la independencia; solo es vasco quien hace borrón y cuenta nueva de los crímenes de ETA. Por eso han celebrado el día de *su* patria.

Todo el entramado de los testaferros de ETA nos ha recordado que están más fuertes que nunca. Nos han recordado que el crimen sirvió para esto, para que se mezclen entre las gentes de bien y parezcan de los nuestros, de los que nunca amenazaron ni extorsionaron, de los que siempre defendieron la ley, de los que defendieron la sociedad plural, de los que defendieron que se les aplicase —también a ellos— unos derechos constitucionales que muchos de nosotros aún no habíamos disfrutado: el derecho a la vida, el derecho a la libertad de expresión, el derecho a la libertad de movimiento... Ya están aquí, entre nosotros, reconocidos por el poder político, ostentándolo, ejerciendo el liderazgo de esa sociedad que han venido construyendo a golpe de socializar el terror y de asesinar a quienes no aceptaban ser normalizados...

Ya sé que soy una ceniza por empeñarme en hablar de esas cosas que han sido proscritas por lo políticamente correcto; ya sé que es mejor hacer como que estamos muy contentos porque ya no nos matan; ya sé que no hay que llamar la atención sobre las soeces palabras del lehendakari vasco —socialista, al fin y al cabo—, que dice que hay gente en la cárcel (por Otegi) por cosas que hoy no tienen sentido...

Pregunta. ¿Qué opina de la sentencia sobre la doctrina Parot y las pendientes sobre Bateragune y la legalización de Sortu?

Respuesta. El planteamiento no puede ser otro que el respeto a los tribunales, pero estoy seguro de que actuarán según la realidad y el nuevo tiempo que vivimos. Dicho esto, me gustaría que la izquierda *abertzale* tuviera una fuerza legal, para hacer legal lo que es real. Está gobernando en instituciones no poco importantes de este país. La sociedad vasca no entendería otra cosa, igual que le sorprenden sentencias que hacen que esté en la cárcel cierta gente por cosas que ya no tienen ningún sentido.

Pero no quiero callarme ante tanta indignidad, ante tanta complicidad, ante tanta cobardía; no quiero dejar de señalar esta nube de cloroformo que se extiende sobre Euskadi y sobre el resto de España. Una nube densa, que tapa conciencias, que incita a olvidar, que empuja el «reencuentro» y al abrazo alborozado entre quienes se sentían forzados a mantener las distancias por ese pequeño inconveniente de que algunos de ellos tenían las manos manchadas de sangre humana.

La nube de cloroformo propicia ese olvido que todo lo cura, que convierte en iguales a los que sufren y a los que infligen el dolor, a las víctimas y a los verdugos. Ese olvido imprescindible para que los enemigos de la democracia se muevan como pez en el agua dentro de las instituciones plurales que quieren destruir; ese olvido que reclama Günter Grass a los alemanes respecto del Holocausto, un olvido para que todos los vascos (recuerden, ser vasco para ellos es incompatible con ser español) puedan abrazarse y odiarnos públicamente; aunque no nos maten... mientras no haga falta.

Esta misma nube de cloroformo ya la quiso extender Zapatero en su proceso de negociación con ETA; pero entonces soplaba demasiado viento y se hizo jirones: las víctimas, los movimientos cívicos, algunos políticos huérfanos de partido, el PP (sí, el PP también) movieron con fuerza los brazos y la nube dejó al descubierto toda la ignominia del pacto, toda la cesión democrática que se estaba tejiendo. A pesar de que había fiscales y jueces dispuestos a «mancharse la toga con el polvo del camino», sin niebla que adormeciera las conciencias y nos impidiera ver la descarnada realidad no pudieron hacer pasar por héroes a los traidores, por víctimas a los verdugos, por democrático lo totalitario.

Pero ahora no corre ni un soplo de aire. Las huestes que fueron apostándose en la retaguardia con la ayuda de los que siempre creyeron —incluso mientras portaban féretros con los cadáveres de sus amigos asesinados por ETA— que los asesinos «tenían sus razones» han salido a la luz. Hoy esas huestes hambrientas de poder y de dominio ocupan instituciones y plazas públicas, mezclados entre nosotros, como si fueran uno más. Cuando uno de los suyos sale de la cárcel le bailan un aurresku de honor y le reciben en su pueblo como un héroe; en la calle llevan la cabeza alta, orgullosos de lo que son y de lo que hicieron; y nos exigen que olvidemos, que nos adaptemos a los tiempos, que demos un paso atrás, que reconozcamos que ha llegado su hora.

Los que extienden el cloroformo le llaman a eso «un tiempo nuevo». Sí, es verdad que es un tiempo nuevo; es el tiempo en el que te marginan si sostienes que no hay ninguna obligación de perdonar y mucho menos de olvidar. Es el tiempo en que te miran mal si afirmas que ETA sigue existiendo y que mientras eso sea así sus testaferros no deberán estar en las instituciones ni ser tratados como demócratas. En este tiempo nuevo es frecuente escuchar insultos por el hecho de no haber rebajado la exigencia democrática a la vez que cambió el color del Gobierno; en este tiempo nuevo cualquiera se cree con derecho a descalificarte por exigir a este Gobierno lo mismo que se le exigía al anterior: mientras ETA exista, ni agua. En este tiempo nuevo te conviertes en una persona molesta si no eres capaz de entender que «ahora somos Gobierno» justifica cualquier cambio de táctica e incluso de estrategia en relación con ETA.

Bueno, que todo esto era para decirles que los amigos de ETA, los que comparten sus fines, los que han colaborado para que sus medios tengan éxito, los que no condenan ni condenaron ninguno de sus actos ni toda su historia de terror, están entre nosotros; era para decirles que están más chulos y ensoberbecidos que nunca; que nosotros estamos más callados, más humillados y más solos que nunca. ¿Que no todos nos sentimos así? Es verdad; es que el «nosotros» se ha hecho cada vez más pequeño. Hay mucha gente que ha salido de este «nosotros» para abrazar la causa de los ganadores. Y otros muchos que formalmente están con «nosotros» llevan mucho tiempo buscando que «los otros» les acepten en esa sociedad normalizada que están a punto de conseguir tras ochocientos cincuenta y seis asesinatos.

Alguna vez ya he explicado que, hace muchos años, cuando mis hijos eran pequeños, mi marido y yo hablamos de irnos de Euskadi.

Nos planteamos si teníamos derecho a obligar a nuestros hijos a vivir en una sociedad objetivamente menos libre que la del resto de España. Llegamos a la conclusión de que precisamente porque teníamos hijos había que dar la batalla para que la sociedad vasca fuera normal, no normalizada; para que nuestros hijos fueran de mayores lo que quisieran, para que no tuvieran que asimilarse a ninguna ideología totalitaria si querían vivir en libertad. Y nos quedamos por eso. Por eso y porque nacimos en esta tierra de casualidad, porque Franco trajo a mi padre a una cárcel de Bilbao desde un campo de concentración de Santander y mi madre vino detrás de él; pero cuando él salió de la cárcel, mi madre y él decidieron quedarse aquí; y aquí trabajaron; y aquí fundaron una familia, aquí nacimos mis hermanos y yo; y aquí están enterrados mis padres; y aquí han nacido mis hijos… Y aquí están nuestras raíces; por eso pensamos entonces que otros dictadores no nos iban a echar de nuestra tierra.

Nunca más volvimos a hablarlo y nunca pensamos irnos por miedo. Hoy que mis hijos son mayores y sé lo que sufrieron, pienso en aquello y me pregunto si mereció la pena. Pienso que nunca me iré por miedo, pero que existe el riesgo de que nos terminemos yendo por asco. Por asco hacia el dominio de los malos y por la incomprensión, cuando no el furor, de los que se dicen buenos. Repaso lo que ha sido nuestra vida y concluyo rápidamente que ha merecido la pena; y que seguirá mereciendo la pena mientras alcemos la voz y demos testimonio. Porque quedarse y callar sería como haberse ido. Además, qué quieren que les diga: si nos echan, habrán ganado la batalla. Y hay ochocientos cincuenta y seis de nuestros conciudadanos que ya no pueden hablar; ochocientos cincuenta seis ciudadanos que murieron para que alguien pudiera seguir manteniendo alta la bandera. Ellos se merecen que no tiremos el relevo.

Sin perdón
El Mundo, 27 de abril de 2012

«No, no he perdonado a ninguno de los culpables, ni estoy dispuesto ahora ni nunca a perdonar a ninguno, a menos que haya demostrado (en los hechos: no de palabra, y no demasiado tarde) haber cobrado conciencia de las culpas y los errores del fascismo […], y que esté decidido a condenarlo, a erradicarlo de su conciencia y de la conciencia de los demás. En tal caso sí, un no cristiano como yo, está dispuesto a seguir el precepto judío y cristiano de perdonar a mi enemigo; pero un enemigo que se rectifica ha dejado de ser un enemigo». PRIMO LEVI

Leo entre la perplejidad y el bochorno las «aclaraciones» del ministro del Interior en relación con el plan integral para la reinserción de terroristas que han anunciado que van a poner en marcha. Si por la mañana me sentí engañada al conocer la noticia, cuando he leído las explicaciones del ministro, me he sentido completamente traicionada como ciudadana.

O sea que el Partido Popular que llegó al Gobierno de la nación prometiendo a los ciudadanos que iba a ser implacable con los terroristas y asegurando que exigirían el cumplimiento íntegro de las penas para los presos encarcelados por delitos de terrorismo ahora nos dice que no solo no exigirán los mínimos establecidos en la ley para optar a los beneficios penitenciarios —petición de perdón, desvinculación de la organización terrorista y colaboración con la justicia—, sino que relajarán esas exigencias cuando los asesinos sean terroristas.

Dice el Gobierno de Mariano Rajoy que los terroristas ya no tendrán que pedir perdón a sus víctimas para ser considerados reinsertables en una sociedad democrática a la que quisieron destruir; dice el Gobierno de Mariano Rajoy que los terroristas que quieran reinsertarse —o sea, que quieran acceder a beneficios penitenciarios— ya no tendrán que colaborar con la justicia para resolver los más de trescientos crímenes de ETA que aún no han sido esclarecidos ni juzgados. O sea, que el Partido Popular ha llegado al Gobierno para hacer aquello que ni siquiera el PSOE se atrevió a hacer con luz y taquígrafos. El PP ha llegado para hacer el trabajo sucio a quienes siempre quisieron tratar a los terroristas como si fueran unos «chicos descarriados» a los que hay que premiar por haber decidido que, de ahora en adelante y en tanto les demos la paga y les guardemos respeto, nos perdonarán la vida.

Y dice el ministro del Interior que todo este plan es producto de aquella «enmienda» que presentaron conjuntamente PNV, CIU, PSOE y PP para rechazar la propuesta de UPyD de ilegalizar a Bildu y Amaiur. O sea, que la cosa era para eso; que no se trataba, como explicaron en la tribuna del Congreso de los Diputados, de reforzar el compromiso contra ETA, sino ceder ante ETA en una de sus eternas reivindicaciones: que se trate a los terroristas como a presos políticos y se les aplique la ley de forma más relajada que a otros asesinos. Qué cobardía la de este Gobierno, incapaz de explicar en sede parlamentaria su nueva estrategia en relación con la banda terrorista…

Ahora nos dirán que no se han explicado bien. Pero su problema, señor Rajoy, es que lo hemos entendido perfectamente. Como dijo el ministro del Interior cuando le preguntaron por qué ahora hacían en esta materia cosa distinta que la que prometieron y respondió, tan lacónico como sincero: «Ahora somos Gobierno».

Ya lo dijo hace años Pilar Ruiz, la matrona de los Pagaza, «qué solos se quedan los muertos». Y los vivos también, diría yo. Al menos aquellos que creyeron —entre los que me encuentro— que en esta materia ustedes iban a comportarse.

Qué vergüenza la de este Gobierno que quiso enmascarar en un presunto pacto para fortalecer la unidad de los demócratas frente a ETA lo que no era otra cosa que una coartada para darle otro triunfo político… ¡Qué vergüenza, qué cobardía y qué falta de honor! Qué quieren que les diga, su comportamiento es un fraude democrático para el conjunto de la sociedad, más allá de que hayan votado o no al partido que gobierna España. Sepan ustedes que cuando renuncian a exigir que los terroristas pidan perdón, cuando renuncian a exigir a los terroristas que colaboren con la justicia para esclarecer los crímenes impunes, cometen un acto de traición. ¿Se acuerdan cuando le llamaban traidor a Zapatero? Pues aplíquense el cuento. Son ustedes, Gobierno de don Mariano Rajoy, señores del Partido Popular, los que no merecen perdón.

Nosotros no somos como ellos
El Mundo, 20 de agosto de 2012

—Nosotros somos los buenos, ¿verdad, papá…?

—Tú lo dijiste, nosotros portamos el fuego…

—Nosotros nunca comeremos a nadie, ¿verdad, papá?

—Naturalmente que no.

—¿Ni aunque nos muriésemos de hambre?

—Ya nos estamos muriendo de hambre, hijo.

CORMAC MCCARTHY, La carretera

No hace falta que digamos cada día que nosotros no somos como los terroristas; no hace falta que justifiquemos las razones de los demócratas ante las sinrazones de los terroristas que cumplen penas de prisión por atroces crímenes contra inocentes seres humanos; no hace falta que pidamos perdón a diario por exigir que la ley se aplique para hacer justicia y no para que se beneficien de ella los que la combaten con fuego y terror; no hace falta que demostremos a nadie que los terroristas son los malos y los demócratas los buenos.

No hace falta que expliquemos en cada momento que las víctimas son todas inocentes y los verdugos todos culpables; no haría falta que explicáramos que el reglamento penitenciario no obliga a ningún Gobierno a mandar a su casa a criminales por muy terminal que sea el estado de su enfermedad; no haría falta decir que no pueden morir con dignidad, ni en su casa ni en ningún otro lugar, quienes han vivido sin ella.

Pero sí parece hacer falta recordar que ya hemos vivido un suceso como este en el que los terroristas se declaran en huelga de hambre para solicitar la puesta en libertad de uno de los suyos; sí cabe recordar que aquel episodio —protagonizado por De Juana Chaos— fue también un chantaje directo e indisimulado a la democracia, del que el Gobierno fue destinatario y protagonista; sí cabe recordar que el entonces Gobierno del Partido Socialista justificó por «razones humanitarias» la cesión al chantaje; sí cabe recordar que es exactamente lo mismo que ha hecho el actual Gobierno del Partido Popular.

Me niego a aceptar que la exigencia de justicia sea tachada por las almas puras de afán vengativo. Me niego a formar parte de toda esa gente tan «buena», tan pacifista, tan «demócrata» que cree necesario justificarse diariamente ante los enemigos jurados de la democracia.

Naturalmente que no somos como ellos. Y por eso, frente al terror, nosotros exigimos que caiga todo el peso de la ley contra los enemigos de la democracia, contra los verdugos de los ciudadanos inocentes, contra los que no nos dejan vivir, contra los que nos han arrebatado tantos años de libertad.

Claro que no somos como ellos. Por eso defendemos nuestras instituciones contra las bombas y contra el chantaje. Por eso, porque no somos como ellos, no queremos empates entre el bien y el mal; porque no somos como ellos, queremos que triunfe la ley contra la barbarie. Porque no somos como ellos, les plantaremos cara hasta el final y no pediremos perdón por no darles tregua.

Obviamente, no somos como ellos; por eso nos matan.

Bolinaga, un asesino sonriente
El Mundo, 26 de octubre de 2012

José Antonio Ortega Lara es un hombre inocente, un servidor público, cuyo único delito fue trabajar en una prisión y estar afiliado a un partido político comprometido entonces a dar la batalla contra ETA hasta su definitiva derrota.

Bolinaga es un asesino sanguinario, que forma parte de una organización terrorista y fue juzgado y condenado por el asesinato de dos guardias civiles y el secuestro de Ortega Lara.

Ortega Lara salió del agujero —en el que Bolinaga lo tuvo encerrado quinientos treinta y dos días— desorientado y asustado, cegado por la luz del día, sin apenas poder andar, sostenido por unos agentes de la Guardia Civil que empeñaron su vida hasta localizarle y ponerle en libertad.

Bolinaga salió del hospital —al que fue trasladado desde la prisión por una decisión política— acompañado por amigos y familiares, sonriendo y sin necesidad de apoyarse en nadie.

Ortega Lara tardó meses en poder salir a la calle y desenvolverse autónomamente y con normalidad.

Bolinaga paseó por su pueblo, entró al bar, visitó a sus amigos del ayuntamiento de Mondragón al día siguiente de salir en libertad condicional.

Les propongo que busquen las imágenes de Ortega Lara al salir del zulo en el que permaneció enterrado durante quinientos treinta y dos días; les propongo que miren después las fotografías de su torturador, Josu Uribetxeberria Bolinaga, puesto en libertad porque el Gobierno presidido por Mariano Rajoy decidió concederle el tercer grado.

Les propongo que reflexionen fríamente sobre la situación en que se encuentran hoy la víctima y el verdugo; les propongo que se pregunten si cabe injusticia mayor que la perpetrada por el Gobierno de España contra Ortega Lara y las víctimas del terrorismo en general.

Hay muchas almas cándidas que nos dicen estos días que «nosotros no somos como ellos». Claro que no somos como ellos; pero ¿acaso esas mismas almas cándidas proclaman la necesidad de poner en la calle a pederastas y violadores si se declaran en huelga de hambre y tienen una enfermedad irreversible aunque no esté en fase terminal? ¿Les parecerá bien ofrecer a Bretón, por ejemplo, un trato similar al que el Gobierno le ha dado a Bolinaga?

La grandeza de la democracia está en tratar con humanidad a quienes no se comportan como seres humanos; por eso se les juzga con todas las garantías, aunque hayan perpetrado horrendos crímenes. Pero no es grande una democracia que busca atajos para que los criminales no paguen por sus actos; no es grande una democracia que no garantiza que la ley se utilice para hacer justicia. No es grande una democracia que se acompleja ante los verdugos; no es grande una democracia cuando acepta sin rechistar que el Gobierno se someta a un chantaje que humilla al conjunto de los ciudadanos.

Sé que molesta que señalemos que los máximos responsables de que Bolinaga estén en la calle no son los jueces sino el Gobierno del Partido Popular, que decidió —siguiendo la estrategia de lo peor de la política de Zapatero— concederle graciosamente el tercer grado. Sin esa decisión política, defendida con mentiras e insultos ante quienes la criticábamos, los jueces no hubieran podido nunca pronunciarse sobre la libertad condicional del asesino. Pero lo seguiremos haciendo porque es la verdad.

Nuestro compromiso con la verdad y la justicia no entiende de campañas electorales ni de cálculos políticos. No descansaremos hasta que los testaferros de ETA estén fuera de las instituciones; señalaremos a los culpables de que los terroristas y sus cómplices vivan en un clima de impunidad total mientras que la sociedad vasca sigue perdiendo cuotas de libertad concreta. Bolinaga está en la calle y los testaferros de ETA en las instituciones democráticas porque el Partido Socialista les entregó esa victoria cuando decidió apostar por el final dialogado entre la democracia y el terror; pero también porque el Partido Popular ha hecho suya esa macabra y vergonzosa estrategia en la que el empate entre democracia y terror se considera el mejor de los finales posibles. El Partido Popular abraza esta herencia del «zapaterismo» con tanta alegría y emoción que se diría que si no lo hizo antes fue porque no le dejaron.

Viendo cómo disfruta de una libertad a la que no tiene derecho el asesino Bolinaga, ante la indiferencia de una sociedad adocenada y silente, siento que es mucha la tarea que nos queda por delante. Se ha instalado entre nosotros una resignación ante la indignidad a la que no tenemos derecho. Ni los guardias civiles ni los policías que han sido asesinados por proteger nuestra vida y nuestra libertad tiraron nunca la toalla; ellos y sus familias no merecen que nos demos por vencidos. Y nosotros nunca lo haremos; nosotros nunca aceptaremos un final que no sea la derrota absoluta, total y definitiva de ETA y de sus cómplices; la derrota de sus voceros y de quienes les protegen directamente; el señalamiento de quienes callan y de quienes actúan como sepulcros blanqueados rasgándose las vestiduras de cara a la galería, pero facilitando la puesta en libertad de los asesinos e impidiendo que se inicie un procedimiento de ilegalización contra los partidos herederos de Batasuna.

Otro asesino, orgulloso de lo que hizo, se pasea sonriente por las calles y los bares del País Vasco. Nada tengo que decirle a él, porque no es de los nuestros. Pero apelo a la conciencia de «los que se dicen buenos», que son quienes han hecho posible tal afrenta. Ojalá rectifiquen. Y si no es así, ojalá les quede algo de vergüenza y no puedan dormir tranquilos; ojalá sus hijos y sus nietos se enteren de lo que han hecho y les pregunten algún día por qué lo hicieron, por qué se pasaron al lado oscuro, por qué no tuvieron la decencia y el valor de seguir del lado de la causa justa.

Por un gran pacto contra el independentismo
El Mundo, 29 de octubre de 2012

Hubo un tiempo en que en España se sabía que fuera de la ley no hay democracia; además, funcionaban los pactos de Estado y las cosas serias —la política antiterrorista, el modelo territorial del Estado, la política europea o la política exterior— no estaban sometidas al albur del resultado electoral.

Aprendimos en la Transición que el triunfo de la Tercera España dependía de que las dos primeras se entendieran. Nuestros padres, que sufrieron las consecuencias de la guerra fratricida, apostaron por que no se repitiera la historia en sus hijos o en sus nietos. Y eso nos enseñó a buscar el acuerdo sin señalar vencedores o vencidos. Y supimos entender que todos los proyectos políticos son respetables y discutibles, con dos únicas condiciones: que son ilegítimos todos aquellos proyectos que, para triunfar, requieran eliminar al adversario o situarse fuera de la ley.

Conozco las consecuencias de dar la batalla contra el totalitarismo nacionalista. Como se ha explicado en muchas ocasiones, no es el método empleado por los terroristas lo que resulta ilegítimo; lo ilegítimo es el propio objetivo, en la medida en que solo puede triunfar aplicando métodos fascistas.

La segunda causa de ilegitimidad de un proyecto político es la falta de respeto a la ley. Si para que triunfe una idea en una comunidad política ha de prescindirse del respeto a las reglas del juego, es la idea misma la que no merece ser respetada ni contrapuesta como una más en el juego democrático.

Esto segundo es lo que está ocurriendo en Cataluña con el mal llamado «debate abierto» por los nacionalistas alrededor de la independencia. A estas alturas nadie se engaña sobre los verdaderos objetivos del viaje de Mas a la Moncloa; nadie puede pensar que Mas acariciara la idea de que Rajoy fuera a ceder a la primera al chantaje. No estamos en esa época de vacas gordas en la que Mas fue a Moncloa para escuchar atónito cómo el presidente Zapatero le animaba a seguir adelante con un Estatuto que era, en sí mismo, la ruptura del pacto constitucional.

Tampoco está Rajoy en situación de hacerlo, con todos los ojos europeos fijos en nosotros, en nuestro desastre de modelo territorial, en la ruptura de nuestro mercado interior, en los diversos modelos fiscales que pueblan nuestro país, en las dificultades para cumplir el déficit… Ni queriendo —que no sé si quería— podía Rajoy darle el plácet a Mas.

Mas sabía —y quería— la respuesta de Rajoy: venga, vamos a hablarlo… No esperaba, ni obtuvo, una respuesta tajante, esa que ha tardado más de un mes en darle a través de los medios de comunicación. Deseaba distraer al presidente, provocar cábalas: «Se va a estrellar»; «Va a ser el siguiente Ibarretxe»; «Está superado por los acontecimientos»… Y mientras la ingeniería de comunicación monclovita se apañaba en dar ese mensaje tranquilizador: «No llegará la sangre al río», «Cataluña no es un problema…», la bola seguía creciendo y nos encontramos con la convocatoria de unas elecciones que son cualquier cosa menos unas elecciones autonómicas.

En Cataluña han convocado un plebiscito, y sería un enorme error abordar ese reto como si se tratara de una campaña electoral de las previstas en nuestro ordenamiento jurídico. Ni la economía, ni los recortes, ni el funcionamiento de la sanidad, la educación o las infraestructuras… van a motivar que uno solo de los ciudadanos llamados a las urnas se mueva de su casa. La pregunta que nadie querrá hacer explícitamente durante la campaña es la única que todos interpretarán cuando el recuento de las papeletas esté finalizado: ¿está usted a favor o en contra de la independencia?

Quienes creemos en el imperio de la ley y sabemos que todo lo que afecta a una parte de España nos afecta en primera persona y tenemos, por tanto, la obligación de pronunciarnos, hemos de dar la batalla contra el silencio cómplice o cobarde; contra el determinismo, contra la mentira y contra el miedo. No deberemos consentir que los nacionalistas —como en una versión catalana de *Psicosis*— saquen la muerta a pasear cuando les venga en gana. Lo que hemos de hacer es abrir el desván y que se vea el espectro. Enseñárselo a todos los catalanes y a todos los españoles. Y llevarlo a Bruselas y airearlo bien para que todos nuestros socios lo vean, lo palpen y lo huelan de cerca. Y para que se pronuncien sobre la conveniencia o no de meter ese espectro en su desván.

Formamos parte de la UE. No debiéramos consentir que en el Parlamento y en otras instancias europeas la iniciativa la tomen quienes quieren romper el vínculo de ciudadanía, quienes quieren excluir a una parte de los españoles de esta comunidad democrática llamada España. No es la primera vez que los que quieren romper la convivencia entre españoles llevan a las instancias europeas lo que llaman la «internacionalización del conflicto». Y no sería tampoco la primera vez que la respuesta de quienes han de defender la legitimidad y la verdad en nombre de todos los españoles se haga de esperar. Ha llegado la hora de reaccionar ante la campaña de desprestigio de España llevada a cabo por el Gobierno de Cataluña y por diversos diputados del Parlamento Europeo, que, por cierto, han sido elegidos en circunscripción única nacional, por todos los españoles.

Esta batalla por la legitimidad democrática supera la acción de cualquier partido, incluso la del propio Gobierno de la nación. Más allá de las legítimas aspiraciones partidarias, de la lucha electoral en que cada cual intentará obtener los mejores resultados, creo que, por patriotismo constitucional —y por pura supervivencia—, debemos concertar una respuesta europea entre todos los partidos políticos que no estamos dispuestos a que, en nombre de sentimientos tribales superados por el derecho de ciudadanía, nos quieran obligar a renunciar a una parte de lo que somos.

El 31 de enero de 2001, sendas delegaciones del PSOE y el PP, encabezadas por Luis de Grandes, Jesús Caldera y Alfredo Pérez Rubalcaba (sí, como lo oyen), viajaron a Bruselas a defender ante el Parlamento Europeo y ante la Comisión el Pacto por las Libertades y contra el Terrorismo. Ambos partidos, juntos, hablaron no solo con Prodi y Fontaine, sino que explicaron el acuerdo a los grupos parlamentarios europeos. El acuerdo, consecuencia de un gran pacto para acabar con ETA y excluir de la vida política a todos sus cómplices, había sido duramente criticado por los partidos nacionalistas, que siempre encuentran acogida en las almas cándidas del Parlamento Europeo. Por eso, los dos partidos que pugnan en España por la alternancia quisieron que los socios europeos vieran que en esta materia no había disputa, sino grandeza y sentido de Estado.

Ha llegado la hora de que PP y PSOE hagan un nuevo viaje al Parlamento Europeo y a la Comisión. Que vayan y expliquen, por si hubiera alguna duda, que España es un miembro de la Unión comprometido con la defensa de los valores proclamados en nuestra Constitución y también en la europea. Que preservaremos el derecho al libre albedrío de nuestros ciudadanos y que no consentiremos que dentro de nuestras fronteras se vulnere la ley.

Cuanto antes lo hagamos, antes se frenará este delirio que nos distrae de lo importante para exacerbar los más bajos sentimientos humanos. Los millones de españoles parados, desahuciados, sin esperanza… están impotentes. Hagan política con mayúsculas, pónganse por delante y actúen. Demuestren que aún pueden ser útiles para los ciudadanos.

Y, si quieren, aquí nos tienen, para lo que haga falta.

NO

El Mundo, 3 de marzo de 2013

No es aceptable, bajo ningún concepto, que se viole el domicilio de ningún ciudadano español.

No es aceptable que amparándose en una reivindicación legítima se cometan actos ilegítimos.

No es aceptable que se llame «asesino» a quien ostentando la representación de los ciudadanos defiende una propuesta política que coincide o difiere en parte o en todo con la que otros puedan sostener.

No es aceptable que se cambie el nombre de las cosas para enmascarar las acciones más viles y cobardes.

No es aceptable el silencio cómplice de los que aplauden a quienes desde la tribuna de invitados del Congreso de los Diputados llamaron asesinos y ladrones a los diputados del Partido Popular.

No es aceptable que haya medios de comunicación teorizando sobre la legitimidad o los límites del acoso a las personas, sean diputados o no.

No es aceptable que se justifiquen actos que violan los derechos más esenciales como la libertad de expresión, el derecho a la intimidad, la inviolabilidad del domicilio o la protección de los menores.

No es aceptable que unos ciudadanos, por muy justamente indignados que puedan estar, se crean con el derecho de sustituir a quienes han sido elegidos en las urnas y representan la soberanía nacional.

No hay ninguna disculpa, ningún argumento, ninguna justificación para tolerar lo que está ocurriendo desde que hace unas semanas se aprobó en el Congreso de los Diputados la tramitación de una iniciativa legislativa popular para reformar las normas que han permitido los desahucios domiciliarios en condiciones claramente abusivas. Toda la legitimidad, toda la razón que tuvieron quienes promovieron esa iniciativa, la perdieron el mismo día que se aprobó cuando en vez de celebrarlo decidieron insultar a quienes habían posibilitado, con su voto mayoritario, que se tramitara. Aquel día quedó patente, con su actuación en la tribuna del Congreso de los Diputados, que, al menos los que allí estaban, no querían que se tramitara la ley.

Por eso insultaron a los diputados después de la votación, frustrados por no poder seguir intimidando y amenazando como habían hecho días antes por carta a todos los portavoces de los grupos parlamentarios. Antes de aprobarse la tramitación nos exigían el voto; después nos exigen que no cambiemos ni una sola coma de su texto… salvo que queramos arriesgarnos a ser tildados de asesinos en nuestros propios domicilios.

Nosotros no estamos dispuestos a revivir épocas pasadas, aunque cambie el escenario y los nombres de los impulsores de tales vilezas. Hemos sufrido demasiado tiempo la perversión del lenguaje como para consentirlo y dejarnos engañar a estas alturas.

En Euskadi hemos vivido la persecución de centenares de personas en sus propios domicilios; hemos sufrido amenazas a la libertad de expresión de los representantes legítimos de los ciudadanos; hemos vivido todo tipo de coacciones a los hijos de quienes eran señalados como enemigos del pueblo. Todas esas cosas —y algunas más graves, que vinieron después— decían hacerlas «para recuperar la democracia»; a todas esas cosas las denominaron *kale borroka*; pero era terrorismo. A esto que algunos están haciendo ahora en nombre de los desahuciados por las hipotecas le llaman escrache; pero es acoso. Acoso cobarde, acoso vil, acoso radicalmente inaceptable.

Uno de los mayores males de nuestra democracia es la impunidad; la impunidad ante la corrupción política o económica, la gestión impropia y dolosa de los recursos públicos o la falta de transparencia en los actos de las Administraciones públicas, lo que nos distingue de los países en los que existe una democracia de calidad. Pero el compromiso de acabar con la impunidad no puede ser selectivo, porque entonces no habremos avanzado nada.

No puede haber impunidad para aquellos gestores de entidades financieras que las han arruinado; ni para responsables de los organismos reguladores que no cumplieron con su obligación; ni para los políticos que los nombraron y mantuvieron mientras el desfalco se estaba consumando. Pero tampoco puede haber impunidad para quienes, en nombre de una causa justa, vulneran las reglas del juego democrático. Ni para ellos ni para quienes los protegen o justifican. La injusticia no se combate con más injusticia; y pocas cosas hay más injustas, más cobardes, más rastreras, que acosar a unos niños en su domicilio o en su centro escolar o de recreo. Tampoco la democracia se regenera con menos democracia;

hay pocas cosas más contrarias al orden democrático que tratar de subvertirlo apropiándose de una representación que nadie te ha otorgado.

Albert Camus insistió en explicar que, cuando una causa requiere de la violencia para triunfar, es la propia causa la que hay que revisar. Pero, por mucho que se empeñen, ni siquiera estamos ante un caso similar, porque quienes están protagonizando estos actos violentos no lo hacen para garantizar que la causa justa salga adelante; su objetivo —como quedó demostrado el día que empezaron a insultar a diputados una vez que estos habían votado favorablemente la toma en consideración de la ley— es sustituir ilegítimamente a los representantes de los ciudadanos, aunque para ello tengan que violar nuestros derechos y nuestros deberes constitucionales.

Que nadie se engañe: a quienes lideran ese movimiento les importa un bledo que sus acciones pongan en riesgo el objetivo mismo de la ILP que dicen defender; el bien superior para ellos es imponer su voluntad a la de los legisladores. Pues voy a decirlo muy claro: desde Unión Progreso y Democracia no estamos dispuestos a consentirlo. El chantaje y las amenazas solo podrán triunfar si los representantes de los ciudadanos abdicamos de nuestro deber de representarles; y nosotros no lo vamos a hacer. Nunca aceptaremos que la algarada —promovida hoy por unos y mañana por otros— sustituya al Parlamento; ni que los gritos se impongan sobre los votos; ni que la violencia sustituya al debate democrático.

Anuncio que no cederemos ni un milímetro ante el chantaje o las amenazas; que no aceptaremos jamás que la «democracia asamblearia» sustituya al voto emitido por los ciudadanos en la urna; porque de eso es de lo que estamos hablando, por mucho que haya demasiados intereses —e interesados— en hacer que parezca que se trata de otra cosa. En palabras de Primo Levi: «Nos queda una facultad y debemos defenderla con todo nuestro vigor, porque es la última: la facultad de negar nuestro consentimiento».

Nuestro partido ha aprendido a decir NO. Quienes quieren validar métodos antidemocráticos han de saber que siempre nos tendrán enfrente; y que nadie conseguirá, nunca, que renunciemos a defender la democracia.

Sin verdad no hay democracia
El Mundo, 4 de agosto de 2013

Transcurridas apenas unas horas desde que compareció el presidente del Gobierno en el Senado, ha llegado el momento de dar un paso más en la exigencia de responsabilidad política. En tanto los medios de comunicación internacionales no comiencen a pedirle a Rajoy que dimita para no tener que fotografiar a sus dirigentes nacionales sentados en un Consejo con un primer ministro que tenía un tesorero que le robaba durante años y no se daba cuenta (ni siquiera cuando le descubrieron una fortuna en Suiza), hay que tomar decisiones para ampliar la capacidad de control del Parlamento sobre el Gobierno.

Por eso, mientras Rajoy llega a la conclusión de que tiene que dimitir (como llegó a la de que tenía que comparecer), sigamos haciendo nuestro trabajo. Es un buen momento para que los políticos nos pongamos límites, protegiendo así la propia democracia. Los ciudadanos solo volverán a creer en la política y solo recuperarán la confianza cuando vean que actuamos —permítaseme la expresión— para proteger a la sociedad contra nosotros mismos.

Desde Unión Progreso y Democracia proponemos una serie de medidas para reforzar el artículo 108 de la Constitución que proclama el principio de responsabilidad política del Gobierno ante el Parlamento, complementarias de todas aquellas que ya hemos defendido y que están aún pendientes de desarrollo legislativo o han sido rechazadas por el Gobierno, como el delito de financiación ilegal de los partidos, el delito de enriquecimiento injustificado de cargos públicos, medidas de regeneración como la eliminación del privilegio de aforamiento de cargos públicos, la mejora de la labor fiscalizadora del Tribunal de Cuentas o una ley de transparencia que vaya más allá del texto que pretenden aprobar.

Las nuevas medidas se resumirían en estas cinco:

1. Modificación del reglamento del Congreso de los Diputados a fin de que una minoría cualificada de diputados pueda acordar la comparecencia obligada del presidente para que informe específicamente de un asunto que se considere de relevancia para la nación.

2.   Flexibilización del sistema de creación de comisiones de investigación y las mayorías requeridas para la aprobación de sus conclusiones, habilitando un sistema en virtud del cual la dirección de la investigación tenga que recaer en una persona independiente de reconocido prestigio, que cuente con plenos poderes para practicar diligencias de pruebas.

3.   Estudiar la implantación de un sistema de reprobación del presidente del Gobierno, que tendría el efecto de una censura política, pero no sería vinculante, no le obligaría a dimitir.

4.   Flexibilizar la regulación de la moción de censura, dejando a criterio de los diputados que la suscriban la posibilidad de presentar o no candidato; o bien reducir la exigencia de mayoría absoluta para la aprobación de la censura (ni siquiera la Ley Fundamental de Bonn, en la que se inspira nuestro sistema exige mayoría absoluta).

5.   Creación de un nuevo tipo delictivo especial de perjurio de cargo público, cuyos sujetos activos serían el presidente y los restantes miembros del Gobierno. En la actualidad, el delito de falso testimonio definido en el Código Penal se comete cuando una persona llamada a prestarlo en causa judicial miente en lo que sabe y se le pregunta. La idea sería crear un nuevo delito de perjurio o falso testimonio para quien mienta en sede parlamentaria. Obviamente, no podría ser cualquier mentira, sino aquellas cometidas con la finalidad de encubrir o negar un hecho delictivo conocido en razón de su cargo público o de su responsabilidad orgánica en el correspondiente partido político. Estaríamos hablando de un nuevo tipo penal autónomo, que podría tener su encaje dentro de los delitos contra las instituciones del Estado. La finalidad es evitar que la mentira en un contexto tan grave (ocultación de un hecho delictivo) cause grave deterioro a las instituciones del Estado.

Sé que habrá quien argumente que no podemos comportarnos como si todos estuviéramos bajo sospecha. Nada más lejos de la pretensión; se trata, como dije antes, de incrementar los límites y los controles democráticos; y hemos de actuar porque nadie puede legislar en nuestro nombre. Más control parlamentario no es más sospecha o más complicidad; más control parlamentario es más y mejor democracia.

Para la mentira no puede haber impunidad; porque sin verdad no hay democracia.

El efecto mariposa
El Mundo, 2 de septiembre de 2013

… el simple aleteo de una mariposa puede cambiar el mundo.

Resulta sorprendente constatar hasta qué punto hay un fondo muy conservador en la forma en la que personas poco sospechosas de serlo en su actitud ante la vida buscan fórmulas para resolver o enfrentarse con los problemas políticos. Aunque parezca mentira es muy común que los mismos que sitúan correctamente las responsabilidades ponen la solución en manos de quienes sacan rédito de ella. ¿Pero cómo van a cambiar de actitud o de estrategia quienes se benefician de la que están siguiendo?

Viene esta reflexión a cuento de un «pensamiento» muy extendido en la política española: el bipartidismo es un horror… pero nada es posible sin el PP y el PSOE. El trabajo ha sido tan constante —y nuestra democracia es tan joven— que se ha acuñado y extendido la idea de que la estabilidad política de España pasa por la salud del bipartidismo y que cualquier alternativa política a la suma de los dos viejos partidos (y un único modelo) es el caos. Hombre, yo entiendo que ambas formaciones políticas —y sus múltiples voceros mediáticos— alerten sobre los males del fin del bipartidismo, esa época dorada en la que ambos partidos se han garantizado y ejercido el poder alternativo. Pero ¿y el resto? ¿No hay acaso en España nadie que considere que el modelo del bipartidismo asimétrico (que logra mayorías para definir políticas nacionales con partidos que no creen en la nación española) es una anomalía que no es compatible con una democracia de calidad?

Permítanme que insista en lo del modelo único PP-PSOE. Porque, aunque pudiera parecer que en España se han roto todos los pactos, lo cierto es que existe un pacto de hierro entre el PP y el PSOE que se mantiene intacto al margen de toda coyuntura. Un pacto para que nada cambie y ambos tengan asegurado, alternativamente, el poder. Por eso ambos quieren mantener un entramado institucional superfluo e ineficaz como las Diputaciones o los más de ocho mil ayuntamientos: porque esas instituciones, aunque no sirvan al interés de los ciudadanos, les garantizan el poder territorial y partidario cuando no ganan las elecciones a nivel nacional. Por eso ambos se niegan a cambiar una ley electoral completamente injusta: porque con esta ley se aseguran el poder al margen de la voluntad expresada por los ciudadanos en las urnas. Por eso ambos se niegan a reformar las leyes para proteger la separación de poderes y la independencia de los órganos reguladores o de los órganos de la justicia, al margen de que discutan… sobre el tamaño de «su» cuota: porque a través de esos órganos se garantizan el control completo de la política y de las instituciones. Y así con todo lo importante, desde la competencia en materia de educación, sanidad o servicios sociales hasta las políticas de regeneración democrática.

Pues bien, estando estas cosas meridianamente claras —o sea, que España no ha llegado a esta situación por un despiste, sino por una estrategia partidaria que no de país—; estando claro que hay que acometer profundas reformas en la estructura del Estado que van en la dirección contraria de lo que propugnan los dos partidos viejos; estando claro que nadie cambia de estrategia porque a otro le vaya mal con la que uno aplica… resulta que muchos nos quieren hacer creer que nada puede cambiar si no es de la mano de los que no quieren que nada cambie.

Por poner algún ejemplo: se nos dice que la reforma de la Constitución requiere de una amplia mayoría. Claro, así es; pero si una amplia mayoría de los españoles quiere que se cambie la Constitución, parece absurdo que les den los votos a quienes no quieren cambiarla…

Se nos dice que es imposible que PSOE y PP cambien la ley electoral; pero si la mayoría de los españoles cree que esa ley es injusta, parece absurdo que voten a quienes quieren perpetuar esa injusticia…

Se nos dice que ni PP ni PSOE van a querer suprimir las Diputaciones, porque tienen ahí un granero de empleo partidario y de influencia; pero si a la mayoría de los ciudadanos le parece un despilfarro que nos cueste 6.000 millones de euros al año mantener los chiringuitos de poder territorial de esos partidos, parece absurdo que sigan votándolos…

Se nos dice que ni PSOE ni PP van a querer que el Estado recupere la competencia en educación, sanidad o servicios sociales, porque el entramado actual les da mucho poder y porque no quieren tener líos con los nacionalistas; pero si la mayoría de los ciudadanos piensa que es necesario que esa reforma se acometa para garantizar la igualdad, la competitividad y la cohesión… deberían dejar de apoyar a quienes ponen por delante de los derechos de los españoles los intereses de sus afiliados…

Se nos dice que más del 80 por ciento de los ciudadanos están en contra de que los partidos políticos lleven a imputados en sus listas, o los mantengan dentro de las instituciones; pues deberían dejar de votarles, porque sin el voto de los ciudadanos los partidos políticos no somos nada…

Como dije, hay una idea interiorizada muy conservadora: si no se ponen de acuerdo PP y PSOE, no hay nada que hacer. Naturalmente que quienes comparten esa idea no están de acuerdo en otras muchas cosas; por ejemplo, muchos de ellos piensan que es una pena que eso sea así y otros que menos mal que eso es así… Pero siguen compartiendo la mayor: sin ellos, nada es posible.

A esa idea, construida intencionadamente, se suma un pensamiento —también conservador— muy potente: aquí no puede surgir nada nuevo al margen de los viejos conocidos políticos, porque España es así… Quienes reflexionan de este modo suelen recordar intentos «fallidos» de otros momentos de la reciente historia de España, como la «operación Roca» o el CDS. Como si la España de hoy —y sus problemas— tuviera que ver con la de aquellos momentos.

Pues bien, frente a ese conservadurismo mental queremos levantar y sostener una bandera: la bandera del libre albedrío, de la independencia de criterio, de la capacidad del ser humano para provocar cambios profundos en la sociedad en la que vive. No es una alternativa partidaria la que estoy defendiendo en este artículo; es fundamentalmente un llamamiento al ciudadano que todos llevamos dentro, a la fuerza poderosa de su voluntad individual, a la necesidad de recuperar el valor de dar la batalla antes de resignarse a darla por perdida.

Tengo ya sesenta y un años, y he oído tantas veces a lo largo de mi vida: «No es posible», que de haber hecho caso nunca hubiera emprendido nada. La experiencia me ha demostrado que cuando algo es necesario termina siendo posible; por muy difícil que pueda parecer (y resultar) o por mucho tiempo que se tarde en lograr el objetivo. Por eso no es ninguna ingenuidad por mi parte afirmar que en España estamos en condiciones de que se produzca, políticamente, «el efecto mariposa», ese pequeño cambio que no es solo un concepto complejo aplicable en las predicciones meteorológicas o científicas, sino que es toda una filosofía de vida. Porque el campo de la política —que no es sino la implicación de los ciudadanos para construir un determinado modelo de sociedad— también es un sistema caótico y su comportamiento concreto no siempre es previsible. Fue Edward Loren, un meteorólogo, quien demostró que la más mínima variación en las condiciones iniciales de un sistema (algo tan simple como utilizar tres o seis decimales) llevaba a grandes diferencias en las predicciones del modelo. O sea, que cambios minúsculos en el comportamiento de las personas conducen a resultados totalmente divergentes. En suma, que un pequeño gesto (la simple elección de los ciudadanos, libres de prejuicios) puede ocasionar grandes transformaciones en nuestra vida y en la de nuestros conciudadanos. Toda una revolución democrática que depende, eso es lo importante, de la voluntad de cada uno de nosotros. ¿Lo hacemos o nos resignamos a aguantar lo que nos echen?

Quién defiende a España
El País, 7 de octubre de 2013

«Amo demasiado a mi país para ser nacionalista». ALBERT CAMUS

Cualquier nacionalista vasco o catalán tacharía de traidor a todo vasco o catalán que no proclamara su voluntad de defender a Cataluña o al País

Vasco. Pero esos mismos ciudadanos que veneran los símbolos y las banderas de su comunidad arrojarán al infierno a cualquiera que se atreva a expresar la necesidad de defender a España. Creo que merecería la pena reflexionar sobre cómo se explica que una Transición modélica haya devenido, en apenas treinta años, en una crisis política e institucional tan profunda que defender en España lo común, lo que nos une, el Estado, merezca casi siempre la descalificación o el adjetivo de «centralista», cuando no de «carca». En suma, cómo hemos llegado a esto.

Hoy nadie duda de que la crisis económica y financiera internacional —y española— tuvo su origen en que se relajaron los mecanismos de control sobre el riesgo; de igual modo, el origen de nuestra crisis política hay que encontrarlo en que se relajaron los mecanismos de control sobre la democracia y se rompieron los vínculos con los que se estaba constituyendo nuestra incipiente ciudadanía española. Y es que, si bien hemos sido capaces de transitar de la dictadura a la democracia, de conformar instituciones democráticas e impulsar leyes homologables con las de cualquier país del entorno europeo en el que nos hemos integrado, en España no hemos hecho pedagogía democrática. Nuestra nación no tiene ciudadanos que la defiendan porque nadie nos ha explicado que el único proyecto político que merece la pena, el más digno de todos ellos, es la defensa de la ciudadanía, que no es otra cosa que defender una integración social basada en compartir los mismos derechos al margen de la parte de la nación en la que se viva o se haya nacido, al margen de la etnia, de la religión, de la tradición cultural… ¿Puede haber algo más progresista, en el verdadero sentido de la palabra, que la cerrada defensa de la igualdad entre ciudadanos? ¿Puede haber algo más reaccionario, también en su auténtica dimensión, que afirmar que la pertenencia debe primar sobre la participación política, y que es más defendible la identidad étnica que la igualdad entre ciudadanos?

Ciertamente, el deterioro de la convivencia y el abandono de la defensa de lo común —esa contraposición de la diversidad frente a la unidad, de la pluralidad por encima de la igualdad (como decía Savater, no es lo mismo el derecho a la diversidad que la diversidad de derechos)— que se han producido en España sin que apenas nadie reaccionara, habrían resultado imposibles en cualquier democracia de nuestro entorno. Porque si bien ningún país está a salvo de que llegue al poder un gobernante iluminado ni de que a este le suceda en el cargo un pusilánime, los países serios tienen contrapoderes democráticos que actúan en defensa del interés general cuando los responsables de defender los valores comunes pierden la cabeza o, simplemente, dejan de cumplir con su obligación. Piensen en Francia, en Alemania, en Reino Unido, en Estados Unidos… E imagínense que llega al Gobierno alguien dispuesto a romper la tradición republicana, la unión de las dos Alemanias, el atlantismo, los principios de la Constitución norteamericana… Ni con mayorías absolutas en las cámaras hubieran podido hacerlo; porque tras todos esos nombres propios de país existen ciudadanos alemanes, franceses, norteamericanos, británicos… Una ciudadanía vertebradora que exige respeto a los derechos de todos y cada uno de los que la componen.

Es por esa debilidad de nuestra democracia, por esta falta de voces que defiendan el Estado —a lo que se suma la ausencia de un discurso nacional en los dos partidos que históricamente se han alternado en el poder— por lo que hoy resulta imprescindible explicar lo que significa defender a España. Defender a España es defender la igualdad de todos los españoles; defender a España es defender el mantenimiento de los vínculos de lealtad entre nuestros conciudadanos; defender a España es defender la inmutabilidad de los artículos fundamentales de nuestra Constitución, que son aquellos que proclaman que la soberanía reside en el pueblo español; que todos somos iguales ante la ley; que los titulares de derechos son los ciudadanos y no la tribu o el territorio. Defender a España es defender a los ciudadanos españoles, lo que nos obliga a establecer unos límites infranqueables en la acción política: nada, ni la historia milenaria, ni la lengua, ni las tradiciones, está por encima de los derechos de los ciudadanos.

Pero no debemos afrontar esta cuestión como si fuera un debate abstracto o teórico, porque lo que está ocurriendo tiene consecuencias en la vida de los ciudadanos. En esta España que se debilita, quienes más riesgos asumen son las clases sociales más débiles, las más desfavorecidas, los ciudadanos que más necesitan de la protección del Estado. La gente más sencilla necesita un Estado que le garantice el ejercicio efectivo de sus derechos en condiciones de igualdad; o el derecho a elegir ser educado en su lengua materna; o el derecho a acceder a una plaza en la Administración dentro del territorio nacional en igualdad de condiciones con cualquiera de sus conciudadanos. Porque conviene recordar que quienes tienen recursos, quienes pueden moverse dentro y fuera de España, no sufren las consecuencias de las barreras que imponen quienes en nombre de «su» patria quieren convertir a una parte de sus conciudadanos en extranjeros en su propia tierra.

El patriotismo es cosa seria, ni necesita «enemigos» ni excluye a nadie; el patriotismo, en el sentido republicano y democrático del término, consiste en defender los valores comunes y la lealtad entre conciudadanos, lo que es un concepto esencial para la democracia; pero el patriotismo requiere de patriotas y en España no parece haberlos, al menos entre los que tienen capacidad y poder para actuar. Por eso, en nuestro país es común oír proclamas en nombre de los vascos, de los catalanes, de los gallegos, de los andaluces… Pero ¿quién habla en nombre de todos los españoles? ¿Quién defiende a España? Quién nos iba a decir que, tantos años después, iba a seguir teniendo validez aquella sentencia de Emilio Castelar en su discurso de dimisión el 2 de enero de 1874: «Aquí, en España, todo el mundo prefiere su secta a su patria».

Frente a quienes apelan a su sagrado (o histórico) derecho a decidir basándose en la pertenencia a un grupo vinculado por la sangre, la religión, la herencia, la tradición cultural, la lengua…, nosotros defendemos una democracia de ciudadanos unidos por una lealtad mutua.

Frente a quienes quieren construir una «patria» pequeña rompiendo la lealtad entre conciudadanos españoles, nosotros defendemos la unidad de la nación española como un instrumento imprescindible para garantizar la igualdad de todos los ciudadanos, unidos por vínculos de solidaridad y propietarios de todo el país.

Frente a quienes quieren privarnos del derecho a decidir nuestro futuro entre todos y de legarles a nuestros hijos un país fuerte y unido, frente a quienes quieren monopolizar la ciudadanía de una parte del territorio nacional, defendemos el derecho de todos los españoles a mantener la pertenencia al conjunto del país.

En los seis años de vida de nuestro partido hemos explicado muchas veces que nacimos para defender el Estado, aportando a la vertebración del país el discurso y el compromiso de un partido inequívocamente nacional y laico, nada dogmático ni fundamentalista, que defiende el protagonismo de la ciudadanía en la tarea de regenerar la democracia. También he explicado más de una vez nuestra vocación de reconstruir esa Tercera España que tan bien representaron un liberal como Marañón y un socialista como Besteiro, hombres cabales ambos, españoles sin complejos. Hoy, resquebrajados y golpeados por la pulsión secesionista los vínculos entre conciudadanos, debilitado el Estado por el silencio cobarde o cómplice de quienes debieran defender lo que nos une, creemos que construir esa Tercera España resulta más necesario que nunca. Defender esa Tercera España, que es la de la mayoría, es nuestro compromiso.

Ni de izquierdas, ni de derechas
El País, 2 de enero de 2014

Se repite la historia de *hooligans* contra *hooligans*. El Gobierno de Rajoy ha incurrido en el mismo grave error que achacamos a Zapatero: banalizar la interrupción del embarazo al usarla partidariamente.

«Si hay alguien que cree que abortar no es un problema moral, se equivoca. Es un problema moral; lo que no tiene por qué ser es un problema penal o legal. Yo lo que creo es que legalmente debe haber la posibilidad de un acuerdo. Yo podría decir dónde sitúo yo los valores, pero usted podría decirme que conoce a otro señor que los sitúa en otro sitio, y tendría razón. No, el problema es que tenemos que situarlos, para que sean colectivamente aceptables, en un punto que decidamos; y luego moralmente cada persona tendrá que enfrentarse con el dilema». Estas palabras de Fernando Savater, que me sirvieron para iniciar la defensa de la enmienda a la totalidad a la ley del aborto que propugnó el Gobierno de José Luis Rodríguez Zapatero, son igualmente válidas para articular el rechazo, en el fondo y en la forma, del nuevo proyecto de ley que el Gobierno de Rajoy ha aprobado. Me explico.

Rechazamos la «ley Zapatero» por considerar que una norma que regula un asunto de tal complejidad y entidad, transversal por definición, llegó a la Cámara sin ningún tipo de consenso político porque los socialistas necesitaban sacar del debate público la grave crisis política y económica que ya entonces nos estaba ahogando. Buscaban aglutinar a «los suyos» frente a «los otros», y por eso vio la luz una ley que ni siquiera formaba parte del programa electoral del PSOE. Fue un ejemplo palmario de cómo un Gobierno incapaz de resolver los problemas que tienen los ciudadanos crea uno nuevo para ocultar su propia incompetencia.

Exactamente lo mismo ha hecho ahora Mariano Rajoy: aprobar una ley confesional —tan retrógrada que no cuenta ni con el apoyo de los más «normales» de los dirigentes del PP—, para ver si así dejamos de hablar de la contabilidad B de su partido; de los millones de nuevos parados de sus dos años de Gobierno; de los millones de españoles que viven en una situación de pobreza extrema; de los pensionistas que pierden poder adquisitivo; de la desigualdad creciente entre españoles; de la crisis institucional y política; de la «parasitación» por los partidos políticos de los organismos reguladores y de la justicia; de la corrupción institucionalizada… El Gobierno de Rajoy ha incurrido en el mismo grave error que achacamos a Zapatero: banalizar el aborto al utilizarlo partidariamente. *Hooligans* contra *hooligans*; se repite la historia.

Zapatero quiso convertir la despenalización de la interrupción voluntaria del embarazo en una ley reguladora del derecho al aborto, una idea que, aunque fuera como «derecho subjetivo a abortar» implicaba, a nuestro juicio, una regresión de las libertades públicas. Porque no corresponde al Gobierno ni al Parlamento, sino a la Constitución, dar o quitar derechos fundamentales a los ciudadanos. Dijimos entonces que instituir de algún modo el «derecho al aborto», en lugar de proceder a su despenalización en determinados supuestos o plazos, otorgaba a las instituciones una capacidad de dar —y, por tanto, de quitar— derechos básicos, una prerrogativa claramente predemocrática.

UPyD defiende una ley de plazos que deje la decisión definitiva a la mujer gestante. Pues bien, la «ley Rajoy» parte de una concepción intervencionista, autoritaria y también predemocrática que rechazamos radicalmente. Porque vivir en una democracia avanzada implica asumir el principio de que todo lo que la ley no prohíbe expresamente se atiene a derecho. Si la interrupción libre del embarazo hasta determinado plazo deja de ser un delito, nadie puede ser incriminado por hacerlo: es la libre decisión de una mujer libre. Rajoy, investido de esa autoridad impropia de dar y quitar derechos, ha decidido que su Gobierno tiene derecho a tomar decisiones sustituyendo a sus legítimas propietarias, todas las mujeres. Con la «ley Zapatero» una niña debía soportar más controles para hacerse un tatuaje o ponerse un *piercing* que para abortar; con la «ley Rajoy», una mujer adulta está obligada a renunciar a su libre albedrío, ya que el Gobierno nos prohibirá o nos obligará a ser madres. Algo que, por supuesto, no aceptaremos jamás.

Rechazamos en su día la ley actual también porque daba a las menores, a partir de dieciséis años, el derecho a decidir la interrupción del embarazo sin necesidad de recabar el consentimiento de sus padres o tutores y sin siquiera informarles. Si el Gobierno de Zapatero realizó con esa decisión una expropiación indebida de la tutela de mujeres menores, en modo alguno justificable e incongruente con el resto de la legislación española, este proyecto, al atender únicamente al principio de la moral religiosa de sus proponentes, termina prohibiendo a todas las mujeres adultas e informadas que tomen la decisión de ser o no ser madres, lo que resulta a todas luces una expropiación generalizada del libre albedrío de las mujeres.

El actual proyecto de ley no mejora la legislación vigente sobre el aborto voluntario, que debiera ser su principal objetivo. Y por las características sectarias de alguno de sus principios, tampoco ayuda a establecer el consenso necesario sobre una cuestión que, debido a sus profundas implicaciones éticas, divide profundamente a la sociedad española. Si la ley regulara un plazo para abortar, fundado en el consenso médico y científico sobre el momento a partir del cual un feto es viable fuera de la madre, se trataría de una ley de plazos, que proporciona mayor seguridad jurídica y es más respetuosa con la autonomía de la mujer enfrentada al dilema de interrumpir o no su embarazo por motivos íntimos.

La alternativa que defiende Unión Progreso y Democracia es la despenalización de la interrupción voluntaria del embarazo mediante una ley de plazos que deje a la mujer gestante la decisión definitiva sobre la interrupción del embarazo dentro de un plazo legal mayor que el actual de catorce semanas, que deberá ser establecido en base al consenso médico y científico sobre la viabilidad del feto y sobre la detección precoz de malformaciones, con el objetivo de conciliar el derecho de la madre a una maternidad consentida y la protección del no nacido, bien jurídico protegido tal y como reconocen la Constitución y la jurisprudencia. En todo caso, la ley deberá prever la posibilidad de interrumpir el embarazo fuera de plazo si posteriormente se detectan anomalías que hagan inviable el feto o circunstancias sobrevenidas que pongan en riesgo la salud de la madre.

Los poderes públicos han de garantizar el derecho de la mujer a recibir una información objetiva e imparcial sobre el aborto y también sobre las ayudas públicas a la maternidad o el procedimiento aplicable para la adopción. Pero cualquier otra exigencia, sea moral o de supuestos clínicos, mezclaría cuestiones extralegales y traería como consecuencia tratar a la mujer gestante como una menor de edad necesitada de tutela, en lugar de como a una ciudadana responsable y autónoma en plenitud de derechos y obligaciones.

En fin, que nuestro partido rechaza el proyecto aprobado por el Gobierno de Rajoy en la forma y en el fondo, por ser una iniciativa que busca la confrontación en vez del acuerdo y también porque empeora sustancialmente la regulación actual al implantar una ley de supuestos mucho más restrictiva que la de 1985, que genera una enorme inseguridad jurídica a mujeres y profesionales de la salud y que resulta absolutamente incompatible con la sociedad española del siglo XXI.

Estamos ante una ley confesional, propia de una España en blanco y negro que los más reaccionarios del Partido Popular y del Gobierno parecen empeñados en recuperar. Pero, por suerte para todos, y al margen de la ideología de cada cual, la sociedad española de hoy no se parece en nada a aquella que Rajoy mira con nostalgia. Si algo podemos afirmar sin miedo a equivocarnos es que esa España del *NO-DO* no volverá. Apúntese, pues, señor presidente, un nuevo fracaso y un nuevo motivo para el divorcio entre su Gobierno y el conjunto los españoles.

Tiempos de infamia y de cobardía
El Mundo, 13 de enero de 2014

Nunca temí —ni siquiera pensé— que el final de ETA viniera precedido de un tiempo en el que tuviéramos que revivir lo peor de la historia de la lucha para librarnos del yugo de ETA y conquistar la libertad. Nunca pensé que las alianzas entre «los hijos de las tinieblas» se volverían a reproducir cuando parecía que la democracia había ganado la batalla al totalitarismo. Nunca temí que partidos políticos poco sospechosos de ser cómplices —por acción u omisión— de los objetivos y los métodos de ETA se aprestaran alborozados a legitimar su historia de terror.

Pero sí; eso que ni temí ni imaginé se ha producido. Las imágenes de la manifestación de este sábado en Bilbao —plagadas de gritos a favor de los terroristas presos y de consignas de los tiempos más acerados del crimen— no son sino el colofón de otras imágenes previas que hemos ido incorporando sin aparente resistencia. Lo más execrable aparenta ser normal en una sociedad degenerada democráticamente, que ha perdido los valores más básicos y en la que los ciudadanos que conviven con la imagen del terrorista y secuestrador Bolinaga tomando vinos por su pueblo —que salió de la cárcel con una coartada insultante: «No haberle concedido la libertad condicional hubiera sido prevaricación», según dijo el ministro del Interior de Rajoy—, o las imágenes de los terroristas excarcelados por el método exprés tras la sentencia de Estrasburgo que eran recibidos con honores en los pueblos de los que salieron para cometer sus asesinatos, hasta la reunión de los terroristas de Durango —que sumaban juntos más de trescientos crímenes— y que hicieron todo un alarde de orgullo por el daño causado.

Lo que estamos viviendo es insoportable y muestra una laxitud moral, una falta de decencia, una falta de empatía para con las víctimas del terror que no puedo sino recordar unas palabras de Hannah Arendt, escritas a la vuelta de su exilio norteamericano, horrorizada por lo que estaba viendo en su país natal:

> Sin embargo, el aspecto probablemente más destacado, y también más terrible, de la huida de los alemanes ante la realidad sea la actitud de tratar los hechos como si fueran meras opiniones... Pero la conversión de los hechos en opiniones no se limita únicamente a la cuestión de la guerra; se da en todos los ámbitos con el pretexto de que todo el mundo tiene derecho a tener su propia opinión, una especie de *gentlemen's agreement* (pacto entre caballeros) según el cual todo el mundo tiene derecho a la ignorancia... El alemán corriente cree con toda seriedad que esta competición general, este relativismo nihilista frente a los hechos, es la esencia de la democracia. De hecho, se trata, naturalmente, de una herencia del régimen nazi.

Sustituyan «alemanes» por vascos (y/o españoles) y «régimen nazi» por «régimen franquista» y verán cual enorme es la similitud. Porque ETA, única herencia viva del franquismo, ha encontrado siempre muchas complicidades en una democracia de tan baja calidad como la nuestra. Ciertamente que hubo un momento en el que los crímenes resultaban tan horrendos que mucha gente hubo de romper sus vínculos siquiera emocionales con la banda; pero ahora que no nos asesinan, los que siempre les comprendieron y disculparon han vuelto a las andadas.

Como dije, la historia se repite. El PNV siempre moderó su discurso cuando ETA asesinaba cada semana; y lo radicalizó cuando ETA estuvo operativamente débil. Recuerden, como ejemplo de ambos momentos, Ermua y Lizarra. La adaptación del discurso nacionalista no tuvo nunca otro objetivo que disputarse los votos nacionalistas. La gran familia nacionalista, compuesta por *abertzales* que han organizado la violencia terrorista y por *abertzales* que la han tolerado, la han comprendido y/o se han beneficiado directamente de ella, se disputa ahora los votos para ver quién se queda con el caserío. Por eso ahora el PNV (y el Gobierno Vasco, que ha condenado las detenciones de presuntos terroristas) sale al auxilio de los testaferros de ETA y decide convocar una manifestación que unas horas antes ni siquiera apoyaba. Sí, actúan como sus servicios auxiliares, pero, en el fondo, solo quieren conseguir la hegemonía dentro de la familia nacionalista. Por eso el partido que gobierna Euskadi se pone al frente de una manifestación en la que se gritan consignas reivindicando la historia de terror de ETA. Una vez más, el PNV demuestra que cuando hay que elegir entre la democracia y la ley o la familia, siempre elige la familia.

Qué decir del Partido Socialista, condenando las detenciones de presuntos terroristas... Qué decir de la débil llamada al orden de la dirección del PSE; qué decir del silencio del PSOE... Otros que solo piensan en tejer alianzas con lo que ellos consideran «la izquierda vasca». Otros más preocupados por «la familia de izquierdas» que por la democracia y la ley...

Qué decir de la otra izquierda, la llamada plural, uno de cuyos más destacados diputados ha llamado «ultras» a las víctimas de ETA ante el silencio de la dirección política de su formación...

Sí, vivimos tiempos de canallas y de cobardes. Tiempos de infamia y de desesperanza. Quienes no estamos dispuestos a callar nos hemos convertido en personas molestas, en unos verdaderos incordios. Las «buenas gentes» no quieren que les molestemos recordándoles cada día lo que está pasando; las «buenas gentes» quieren que les dejemos en paz, que no les generemos mala conciencia por su silencio o, incluso, por su comprensión. Las buenas gentes quieren olvidar, quieren pasar página, quieren mirar para otro lado, seguir adelante.

A todas esas «buenas gentes» he de decirles que también las víctimas quieren seguir adelante. Pero todas ellas necesitan hacer el duelo para poder seguir; las familias de los más de trecientos crímenes de ETA que siguen sin ser esclarecidos necesitan que los criminales de sus seres queridos sean juzgados para poder seguir adelante; las familias de los más de ochocientos ciudadanos asesinados por ETA necesitan saber con certeza que nadie reescribirá su historia, que nunca aceptaremos el empate entre democracia y terror, que nunca aceptaremos el daño bilateral que reclamaron los terroristas excarcelados en ese discurso obsceno de Durango, que nunca aceptaremos la equiparación entre víctimas y verdugos.

A todas esas buenas gentes que quieren que les dejemos en paz he de decirles que la paz que ellos pretenden es la de los cementerios; que la paz de la democracia requiere justicia. A todos ellos, gentes de bien, he de decirles que no descansaremos en tanto no merezca reproche penal la reivindicación de la historia de ETA; en tanto el terrorismo no sea competencia de la Corte Penal Internacional, como parte de los delitos de lesa humanidad que no prescriben nunca.

Los hijos de las tinieblas solo pueden ganar ante la pasividad y la indolencia de los hijos de la luz. Nos corresponde dar la batalla para que no sea así. Nos corresponde seguir recordando que ni una sola de las víctimas de ETA murió por la paz; a todas y cada una de ellas les arrebataron la vida porque defendían —con el uniforme o con la pluma, en el aula o en el juzgado, en la calle, en una institución…— la libertad de todos. Nos corresponde seguir diciendo alto y claro que el objetivo nunca fue la paz sino la libertad. Sirvan estas palabras de Albert Camus para reafirmar públicamente nuestro compromiso de no descansar hasta que sea considerado un delito legitimar la historia de ETA: «Ni en el corazón de las personas, ni en los hábitos de la sociedad habrá paz mientras que la muerte no sea declarada fuera de la ley».

Silencio, se rueda
El Mundo, 2 de mayo de 2014

Se rueda en España la segunda parte de la película *Salvar al soldado Ryan*. Adaptado el guion a nuestra realidad, la trama recoge los esfuerzos de todo un país para evitar que las consecuencias de la mayor de las catástrofes se lleven por delante a los responsables o a sus herederos.

Me cuentan que hubo un interesante debate sobre el título de la versión española; algunos, más conservadores, se inclinaban por algo castizo, del estilo de *Ante todo, la familia*, mientras que otros, por aquello de la memoria histórica, defendían algo con reminiscencias épicas como *Solos ante el peligro*. Finalmente, han decidido llamar a las cosas por su nombre y para que nadie se despiste la película se titulará *Salvar al soldado Mariano Alfredo*.

Se trata de una superproducción que explica a todos los españoles las ventajas de lo malo conocido frente a lo bueno por conocer. En defensa de la más acendrada de nuestras tradiciones, los guionistas nos recuerdan el valor de nuestras esencias y la necesidad de mantener nuestra singularidad, esa identidad como nación que se condensa en frases como «Que inventen otros» o «España es diferente». Como es un proyecto de país y se trata de que quede claro desde el primer momento, todos los actores, los directores, los guionistas, los críticos de cine, los directores de los espacios culturales y políticos de todos los medios de comunicación… cobrarán por trabajar en la trama y por hablar bien del resultado.

Dado que el tiempo apremia y que la gente parece estar cansada de ver siempre a los mismos actores, los productores han decidido ir soltando aperitivos en horario estelar y en los mejores espacios de todos los medios de comunicación. Así, por ejemplo, organizan encendidos debates entre las dos secundarias, las Sorayas, en los que estas aparentan una enorme indignación por la corrupción de la otra; y lo hacen tan bien que solo los que están en la pomada saben que ese *sketch* forma parte de una estrategia para mantener el interés y la tensión por la trama sin hacerse daño real y favoreciendo sus comunes intereses. Los publicistas han comprobado el rendimiento que aporta a su estrategia la táctica de ponerse de acuerdo para montar el número cuando no hay que votar sobre corrupción y rechazar juntos —montando el número contra quien propone las reformas— todas las propuestas políticas que supongan un avance en la lucha contra la corrupción y contra los corruptos. Justo para maquillar esa realidad es por lo que hay que hacer la película. Miércoles de pasión, jueves de gloria.

Los medios de comunicación, con una dedicación y patriotismo encomiable, están ayudando mucho a conseguir el éxito de la superproducción. Así, sin poner «publicidad» en la parte superior de la página o al inicio de la emisión, dan amplia cuenta de los rifirrafes como si fueran hechos reales y enmascaran o supriman directamente las noticias que podrían poner de manifiesto que se trata de una farsa. Es verdad que no es un trabajo desinteresado, pues les pagan por ello; pero ese pequeño detalle no es motivo para que no reconozcamos el notable empeño y la dedicación que ponen en su tarea.

Los productores no son ajenos al peligro real que supone para el éxito de su película la actuación de algunos medios de comunicación independientes y de algunos partidos políticos que están empeñados en hacerse ver y oír por encima del ruido de las fanfarrias y de los destellos de las luces de neón. Por eso el guion ha incorporado editoriales y sesudos artículos de opinión en los que se desgrana con precisión y reiteración las bondades del soldado Mariano Alfredo, su naturaleza providencial en el advenimiento de la democracia, su derecho incuestionable a seguir dirigiendo los destinos de la patria. Los otrora editorialistas críticos hoy describen con fruición la altura de miras y el sentido de Estado de esta singular pareja de soldados, tan unidos en su destino que han unido sus nombres en uno solo. Separados no son nada, pero juntos son tan invencibles como imprescindibles para los destinos de la patria.

Con profesionalidad y de forma inmisericorde los productores colocan en todos los espacios, día a día, el tema elegido para que Mariano Alfredo aparezca guiando cual faro solitario los destinos de nuestro país. Nada que no esté relacionado con ellos se cuela, salvo en esos espacios alternativos que no terminan de poder comprar. La prensa que pagamos directamente todos (la otra también la pagamos, es concertada) vulnera con total impunidad las leyes y recorta la presencia de quienes podrían hacer sombra al soldado Mariano Alfredo. Todo vale para asegurar el éxito de la superproducción... Y el contrato indefinido de los concernidos.

Bueno, a estas alturas, y si alguien ha tenido la paciencia de leer hasta aquí, ya sabrán que estoy denunciando la vergonzosa y antidemocrática campaña destinada a salvar al monstruo del bipartidismo, ese dragón de dos cabezas llamado PPSOE que trata de liquidar con su cola todo lo que se mueve. Esta simbiosis nefasta de opacidad y prepotencia, responsable de la mayor y más grave crisis política, económica y social de nuestra historia moderna, no se corta ni un pelo para conseguir el objetivo de salvar sus muebles, aunque se hunda España. Por eso no solo utilizan los medios de comunicación que se dejan (y se dejan prácticamente todos), sino que mientras se insultan en público —los miércoles en el Congreso y los fines de semana en los mítines— pactan en los despachos todo lo habido y por haber para mantener sus chiringuitos, desde la impunidad en la lucha contra la corrupción (enmascarada ahora en grupos de trabajo y comparecencias de expertos mientras las leyes siguen sin cambiarse y los corruptos permanecen en sus cargos) hasta las cuotas partidistas en los órganos de la justicia y en los organismos reguladores y de control.

A todos nos ha quedado claro que para llevar a cabo esta estrategia el PPSOE cuenta con poderosos aliados, todos los que configuran junto a ellos el *establishment* político, mediático y económico de España. Pero está también claro que hay millones de ciudadanos que no soportan más tanto trapicheo, tanta corrupción (y corrupción no es solo llevarse a Suiza el dinero de los españoles, también lo es acallar la voz de la oposición) y que están a punto de estallar. Por eso resulta de una notable ceguera, rayana con la temeridad, que no se den cuenta de las consecuencias de lo que están haciendo. Quienes se han empeñado en acallar las voces que pueden dar cauce institucional a todo el descontento y a todo el desapego de los ciudadanos serán los responsables de que más bien pronto que tarde se produzca un estallido social en las calles que se lleve todo —y a todos— por delante. Ojalá quienes no supieron —o no quisieron— ver en nuestro pasado reciente los riesgos que conllevaba la burbuja que llevó a la quiebra a nuestra economía revisen su estrategia y dejen de hinchar esta burbuja política que puede liquidar nuestra democracia.

Que nadie nos dé gato por liebre
El Mundo, 29 de julio de 2014

Hemos conocido estos días que el Partido Popular se ha dedicado en su escuela de verano, en plena calima de julio, a reflexionar sobre algunas propuestas de regeneración democrática entre las que ha incorporado lo que llaman «elección directa de alcaldes». Acojo estas declaraciones con la lógica prevención que provoca un partido y un Gobierno experto en proclamas propagandísticas, globos sonda, promesas incumplidas y negativa en redondo a abordar en serio cualquier reforma que nos permita construir una democracia de mayor calidad. Pero dado que la regeneración democrática es la asignatura pendiente de España y que nuestro partido nació por y para eso, voy a aprovechar este aparente «nuevo clima» para recordar alguna de las propuestas que en esa materia viene defendiendo Unión Progreso y Democracia.

Centrándonos en la reforma local de las declaraciones de Rajoy y de su partido podría deducirse que su propuesta busca una participación más directa de los ciudadanos; pero según cómo se articule esa propuesta podemos encontrarnos ante una medida de regresión democrática. Empezaré por aclarar que no es lo mismo la elección directa de alcalde que asegurarse que sea alcalde quien encabece la lista más votada. Con la ley actual, si una lista no obtiene mayoría absoluta y no hay un acuerdo político entre las fuerzas representadas en la institución que alcance esa mayoría, es nombrado alcalde el numero uno de la lista más votada; pero, como dije, eso no se produce de forma automática: cabe un acuerdo político entre partidos que sumen esa mayoría absoluta que los ciudadanos no le dieron a ningún partido en solitario. Urge, por tanto, que el PP nos explique qué quiere decir —o qué busca— con eso de «elegir directamente a los alcaldes». ¿Quiere cambiar la ley para que solo pueda ser alcalde quien encabece la lista más votada? ¿Se aplicaría el mismo criterio a la hora de elegir presidente del Gobierno, o de una comunidad autónoma, por ejemplo?

Si la reforma de la ley que nos propone el PP implica únicamente que el alcalde será el candidato más votado a una vuelta, manteniendo todo lo demás sin modificación alguna, con la fragmentación política que se avecina un candidato con poco más del 20 por ciento de los votos podría ser alcalde automáticamente de su municipio. Algo que, obviamente, no resulta muy democrático; sobre todo, si tenemos en cuenta que el alcalde español es uno de los alcaldes de Europa con más poder y que ahora ya actúa con un alto margen de autonomía, que a veces llega a la arbitrariedad, ya que puede *de facto* saltarse el débil sistema de controles interno y externo del ayuntamiento.

Para que una propuesta de elección directa del alcalde sea un instrumento de regeneración democrática, tiene que ir ligada a otros importantes cambios de las instituciones municipales. Nosotros propusimos en nuestro programa marco electoral de 2011 una votación a doble vuelta, para lograr un sistema de elección directa que realmente legitime al alcalde y resulte transparente. De esta forma, si ningún candidato tiene en la primera más del 50 por ciento de los votos, habría que hacer una segunda vuelta entre los dos candidatos más votados. Este sistema haría transparentes los pactos y evitaría los «pasteleos» de despacho para poner y quitar alcaldes.

También habría que redistribuir competencias entre el alcalde y el pleno municipal. Los países que tienen mejores sistemas de gobierno municipal han optado por restringir el poder del alcalde y establecer una administración municipal muy profesional, cuyos empleados son elegidos de acuerdo a estrictos criterios de mérito y capacidad. Así se evitaría que los cargos directivos municipales se nombrasen como hasta ahora: por confianza política entre amigos y compañeros de partido del alcalde, lo que es un caldo de cultivo de corrupción y mala gestión.

Si Rajoy quiere de veras promover medidas de regeneración democrática (que no es otra cosa que devolver a los ciudadanos el control de la política) han de abordarse reformas de fondo y no solo maquillar la situación actual para conseguir un mayor control de los partidos políticos sobre las instituciones democráticas. Si se hace bien, la elección directa del alcalde puede propiciar una mayor participación e implicación de los vecinos en los asuntos públicos mediante su vinculación a la política, reforzaría su legitimidad y obligaría a que los pactos y acuerdos entre partidos para lograr su elección fueran explícitos y transparentes. También, y con el mismo objetivo de dar a los ciudadanos un mayor control sobre sus electos, habría que aprovechar la ocasión para poner en marcha las listas electorales desbloqueadas con voto preferencial, pudiendo alterar el orden de los candidatos propuestos por los partidos políticos o agrupaciones electorales.

Existen múltiples modelos que se pueden examinar a la hora de abordar la reforma. Desde el modelo alemán, que eligen directamente a los alcaldes en los Länder de Baviera y Baden-Wurtemberg; hasta el norteamericano, en el que coexisten variedad de sistemas pero en el que la elección directa es bastante normal; o el de Francia en el que sin existir la elección directa del alcalde se atribuye la mitad de los escaños en el consejo municipal a la fuerza más votada y no hay posibilidad de moción de censura hasta el italiano, en el que, desde el año noventa y tres, hay elección directa del alcalde en doble vuelta y tampoco existe moción de censura.

Yo le pediría al señor Rajoy y al Partido Popular que no genere falsas expectativas y, sobre todo, que expliquen desde el primer momento toda la verdad. Ya existe demasiado desapego hacia la política y los políticos como para frustrar una vez más las esperanzas de la inmensa mayoría de los ciudadanos que lo que quieren es que las instituciones democráticas recuperen el pulso y sean instrumentos verdaderamente eficaces para resolver sus problemas. Abordemos todas las reformas pendientes, con valor y con sentido institucional y de Estado. Enfrentémonos con rigor a la crisis política que afecta a nuestra democracia y lastra nuestra capacidad de recuperación; cambiemos la ley electoral para que el voto de cada ciudadano tenga el mismo valor; reformemos el Código Penal para que sea delito el enriquecimiento ilícito de los cargos electos y la financiación ilegal de los partidos políticos; cambiemos la ley electoral también para que quienes tengan un abierto por delitos de corrupción política no puedan ir en las listas electorales; suprimamos los aforamientos; reformemos el Consejo General del Poder Judicial para que deje de estar conformado en base a cuotas de los partidos; dejemos de gastar en lo superfluo para poder invertir en lo sustancial: educación, sanidad, investigación…

Ojalá sea de eso de lo que quiere hablar —dice— el PP a la vuelta del verano. Ojalá ahora el Partido Socialista esté dispuesto a abordar todas estas reformas que sus candidatos a secretario general decían apoyar durante su campaña interna, aunque siempre que tuvieron ocasión rechazaron en el Congreso de los Diputados todas y cada una de las propuestas que nosotros hemos venido proponiendo: fusión de municipios, reforma de la LOREG, reforma de la ley electoral, reforma del Código Penal, supresión del aforamiento, supresión de las Diputaciones…

Más vale que sus señorías del viejo bipartidismo se vayan poniendo las pilas. Porque los ciudadanos no pueden esperar más unas reformas que son imprescindibles para salir de la crisis que nos asola. Porque quienes creemos que la alternativa a la democracia de baja calidad no es otra que una democracia de mayor calidad; quienes sabemos que las instituciones sí nos representan —pobres de nosotros si así no fuera—; quienes estamos comprometidos con la regeneración de la política y de las instituciones para que sean cada vez más abiertas, más transparentes y más eficaces, no dejaremos de trabajar para que así sea. Para que nadie nos dé gato por liebre.

España no tiene quien le escriba
El País, 24 de noviembre de 2014

¿Cómo es posible que en pleno siglo XXI, en un país miembro de la UE, se discuta abiertamente si para resolver un conflicto propio de cualquier democracia —la pluralidad de opciones y de propuestas— hay que «aplicar la ley» o «hacer política»? ¿Cómo es posible que cuando un partido político, UPyD, exige algo tan simple como que se cumpla la ley se nos acuse de equivocarnos de estrategia… o de ser la extrema derecha? La respuesta es bien sencilla: aquí cada cual está a sus batallas, perdido en su secta, ajeno a lo común. La conclusión es que la democracia española no tiene españoles que la defiendan, y en eso reside precisamente la fragilidad de nuestro sistema.

Como cualquier lector habrá deducido, estoy hablando de la retirada del Estado en Cataluña a propósito de la locura secesionista que ha culminado, de momento, en el 9N; estoy hablando del pacto no escrito entre el Gobierno y el resto de las fuerzas políticas (incluidas aquellas que aparentan defender la unidad de la nación) para aceptar que en Cataluña ya no rija la ley. El Gobierno recurrió la argucia por la que la Generalitat se proponía llevar a cabo la consulta suspendida por el Tribunal Constitucional tras obtener un rotundo y unánime dictamen del Consejo de Estado que, entre otras cosas, concluía que:

> El hecho de que la consulta del 9 de noviembre de 2014 pretenda celebrarse con la ayuda de *voluntarios,* o de que las personas llamadas a participar no sean todas las inscritas en el censo electoral, sino solo aquellas que se inscriban voluntariamente en un *fichero de participantes,* lejos de atenuar los vicios de inconstitucionalidad de que adolece el proceso, eleva —si cabe— la gravedad de los mismos, por cuanto que con este proceder se omiten algunas de las más elementales garantías constitucionales atinentes al ejercicio del derecho fundamental de participación política, concretamente la neutralidad de los responsables del proceso y la previa determinación del universo de personas llamadas a votar, siendo así que la inobservancia de tales garantías atenta contra la libertad y la igualdad del sufragio que es regla habitual en cualquier sistema democrático (artículos 68.1 y 69.2 de la Constitución; artículo 5.1 de la Ley Orgánica 2/1980, de 18 de enero, sobre regulación de las distintas modalidades de referéndum). De este modo, se imputaría al pueblo de Cataluña una manifestación de voluntad moldeada y orientada en un determinado sentido por las autoridades públicas convocantes.

A partir de ahí y de la nueva suspensión del Tribunal Constitucional, el Gobierno no ha hecho nada: arranque de caballo, parada de burro. Pasteleo con todos los partidos políticos, apelaciones a la prudencia, a la proporcionalidad, al diálogo… Y las urnas en los colegios, y los ciudadanos no nacionalistas abandonados a su suerte. Y toda España atónita ante la política de hechos consumados y el triunfo del chantaje al Estado.

Naturalmente que nada de esto es ajeno a la situación de emergencia nacional por la que atraviesa España. La apatía de los partidos políticos que han gobernado alternativamente España y todas sus comunidades desde que llegó la democracia para enfrentarse a los casos de corrupción que han devastado las principales instituciones del Estado han convertido la crisis política y económica en una crisis de confianza en el sistema democrático. Una confianza que es imposible recuperar si ante un reto como el planteado por el nacionalismo catalán la respuesta del Estado es la deserción y el abandono a su suerte de aquellos ciudadanos hostigados por sus gobernantes por el mero hecho de proclamar su derecho democrático a seguir siendo catalanes, españoles y europeos.

Asusta observar que en los debates entre los principales dirigentes —principales por el número de votos que tienen o a los que aspiran acceder o conservar— nadie aprecie que, al margen de cualquier proceso de reforma de nuestra Constitución y de nuestro modelo territorial o de Estado, lo mínimo que hay que exigir a todos es restablecer el respeto al orden constituido. Asusta escuchar a partidos que no son independentistas cruzándose «ocurrencias» para resolver la pulsión secesionista: unos proponen un modelo federal «asimétrico»; otros, que Rajoy negocie una financiación «especial» para Cataluña; otros dicen ahora que están dispuestos a abordar la reforma de la Constitución…, siempre que les quiten a ellos el trabajo de hacer la propuesta.

Vivimos tiempos convulsos, inestables. Es por eso que hoy más que nunca hace falta una fuerza política que defienda el Estado, que defienda la unidad de la nación, que defienda la ley y el orden constitucional sin concesiones de ningún tipo. Habrá quien opine que la defensa del orden constitucional, del imperio de la ley, no es un elemento ideológico ni partidario sino un requisito prepolítico. Pero lo cierto es que en la batalla que se está librando hoy en España nadie parece apreciar que el desmembramiento del Estado, saltándose las reglas básicas de la democracia, se lleva por delante la igualdad de los ciudadanos y los derechos básicos de ciudadanía. Por eso defender lo prepolítico, el imperio de la ley, se ha convertido una vez más en la tarea de un partido que nació precisamente para eso, para regenerar la democracia y defender el Estado. Hemos dedicado mucho esfuerzo a lo largo de nuestra corta vida sustituyendo a la Fiscalía ante los casos de corrupción política; son sonados los ejemplos de Bankia, preferentes, Banca Cívica, Caja Segovia, Caja Madrid, caso Pujol, nombramientos Cámara Cuentas, privatización sanidad Madrid, cursos formación Andalucía… (así hasta veinticinco). Y, lamentablemente, hemos tenido que sustituir al Gobierno de la nación en Cataluña para defender la legalidad y los derechos de los ciudadanos. Por eso denunciamos ante un juzgado de Barcelona la vulneración de derechos fundamentales perpetrada con la convocatoria del 9N; por eso nos querellamos ante el Tribunal Supremo contra Artur Mas y otros responsables de su Gobierno por delitos de desviación de caudales públicos, desobediencia a la autoridad judicial y prevaricación; por eso el día 9N presentamos una denuncia por estos mismos delitos ante un juzgado de guardia de Barcelona; por eso y ante el rechazo del Tribunal Supremo de nuestra querella la presentaremos ante el Tribunal Superior de Justicia de Cataluña.

¿Tú qué hiciste cuando los poderes del Estado permitieron que las autoridades de Cataluña declararan extranjeros a los ciudadanos de su comunidad que no son nacionalistas? ¿Tú qué hiciste cuando los partidos llamados constitucionalistas miraron para otro lado el día que las autoridades de Cataluña burlaron al Tribunal Constitucional y pusieron las urnas en los colegios públicos? ¿Tú qué hiciste por defender la aplicación de la ley en Cataluña? ¿Tú qué hiciste cuando el Estado se retiró de Cataluña? ¿Tú qué hiciste para defender la democracia?

A estas preguntas deberemos contestar cuando las nuevas generaciones estudien el momento en el que los representantes del Estado desertaron de su responsabilidad de defender el imperio de la ley en Cataluña —y por ende en toda España— y los políticos de uno y otro signo ideológico abandonaron a su suerte a los españoles que la Constitución de 1978 proclamó ciudadanos. Muy pocos de los políticos que hoy están en activo podrán decir: «Cuando eso ocurrió, hicimos todo lo que estuvo en nuestras manos».

Para finalizar, permítanme que les haga una promesa: si las autoridades de Cataluña amparan la ilegalidad y el Gobierno de la nación no actúa, nosotros seguiremos dando la batalla. Porque solo la aplicación de la ley nos puede salvar. Como dice Fernando Savater, «aplicar la ley a quien quiere violarla suele resultar muy pedagógico». Solo con la aplicación de la ley mantendremos la unidad y recuperaremos las bases de la convivencia en libertad. Porque sin ley no hay democracia.

5

Y AÚN HABRÁ QUIEN DIGA QUE NO SE PODÍA SABER...

El primer artículo de los que conforman este capítulo se publicó el día 1 de octubre de 2017; el último, el 11 de diciembre de 2019. Entre medias, los supremacistas catalanes dieron un golpe contra la democracia, Pedro Sánchez llegó a la presidencia del Gobierno a través de una moción de censura destructiva y posteriormente formó un Gobierno antisistema con los populistas de extrema izquierda y soportado con los votos de los proetarras, los golpistas catalanes y los nacionalistas de todo tipo y condición.

Los artículos de este capítulo van alertando en directo sobre lo que supondría la falta de reacción ante cada una de las decisiones que Sánchez iba tomando en comandita con sus cómplices y que habrían de resultar catastróficas para el orden constitucional y para la cohesión entre españoles. Nadie podrá decir que no se podía saber, todo lo que ha ocurrido era previsible. Solo era necesario que observáramos los hechos sin prejuicio y sin miedo a implicarnos para darnos cuenta de que íbamos camino de la catástrofe. Hubiera sido suficiente con «oler el humo» para darnos cuenta de que, si no actuábamos, el fuego nos llevaría por delante, que no eran otros quienes se quemaban, que éramos nosotros, la sociedad española en su conjunto, los que caeríamos pasto de las llamas del populismo extremo que en España se llama «progresismo».

Pero preferimos seguir cada uno con lo nuestro, refugiados en nuestro pequeño círculo o en nuestra sigla, preferimos «comprar» la versión más edulcorada o la más amable, preferimos no ejercer nuestra condición de ciudadanos… Y así, degenerando, es como hemos llegado hasta aquí.

Cuando de Sánchez depende… todo lo que puede empeorar, empeora

Se acabó el recreo
El Asterisco, 1 de octubre de 2017

Escribo este artículo unos días antes del 1 de octubre de 2017, el día señalado por el independentismo catalán para sancionar el golpe de Estado a la democracia española que se ha venido gestando durante los últimos años desde las propias instituciones autonómicas.

No necesito esperar el resultado de los acontecimientos que ese día se producirán porque de lo que quiero hablar es de lo que no debería hacerse, bajo ningún concepto, a partir de ese día. Las decisiones políticas a tomar después del 1O han de ser profilácticas y estar orientadas a que hechos como ese no vuelvan a producirse en nuestro país. Por eso han de estar basadas en el análisis de lo que ha ocurrido antes, en los síntomas de la enfermedad. El tratamiento político adecuado no debe responder a lo que haga o deje de hacer Puigdemont y su cuadrilla de sediciosos ese día, si salen o no al balcón a proclamar la independencia, si hay o no disturbios a lo largo del día, si los Mossos cumplen las instrucciones del juez o las de sus jefes políticos, los golpistas… Los actos que ese día se produzcan afectarán a sus protagonistas de forma penal, patrimonial, civil… y la justicia habrá de actuar contra cada uno de ellos.

Por eso las instituciones puramente políticas habrán de ir tomando decisiones mientras la justicia sigue su curso y sin esperar a que los jueces sancionen —o no— las conductas. Siempre, claro está, que las instituciones políticas actúen para evitar que sucesos similares vuelvan a producirse en nuestro país, ya sea en Cataluña o en otra parte de España. Por eso es muy importante que analicemos los errores cometidos a lo largo del camino, los diagnósticos equivocados que nos han conducido a este punto.

Hoy todo el mundo parece estar de acuerdo en que ha faltado pedagogía democrática para contestar a todas las mentiras, mitos y discursos de odio en los que se ha sustentado la pulsión secesionista. En las últimas semanas, editoriales de la práctica totalidad de los medios de comunicación han insistido en explicar las mentiras del independentismo, sus mitos y falsedades, las falacias sobre las que han sostenido todo su entramado. Escritores, artistas, juristas, intelectuales..., una pléyade de gentes otrora silenciosa ha salido ahora a la palestra no solo para defender el orden constitucional (que llevaba años quebrándose mientras ellos callaban), sino para desmontar una a una todas las mentiras sobre las que se ha construido el victimismo catalán, su odio a España y su desprecio a los españoles.

Ya no somos cuatro «jacobinos» los que explicamos las mentiras acerca de una guerra de Secesión que nunca existió (esa de 1714 en la que solo se discutía la dinastía del rey de España), o que la Constitución no solo no se impuso, sino que en Cataluña tuvo más aceptación que en la media de España.

Ya no somos cuatro «centralistas» quienes planteamos que la educación es el germen del odio y de la ruptura entre catalanes y de estos con el resto de españoles y que es por tanto en el sistema educativo donde habría que haber intervenido desde hace muchos años.

Ya no somos cuatro «antiautonomistas» quienes explicamos que el grado de descentralización política de nuestras autonomías es superior a la de muchos países federales, Alemania incluida, y que es urgente hacer un repaso en la distribución competencial si queremos que el Estado tenga instrumentos para garantizar la igualdad entre españoles.

No somos cuatro «enemigos de los catalanes» quienes explicamos que las balanzas fiscales que tanto demandaban los nacionalistas han puesto de manifiesto que Cataluña no es la comunidad que más aporta a las arcas del Estado, ni siquiera teniendo en cuenta que es una de las regiones de mayor renta per cápita de España.

Ya no somos cuatro «nostálgicos» de no sé qué régimen centralista y democrático que nunca hemos conocido quienes desmontamos la mentira del superávit económico de una supuesta región independiente de España; no somos cuatro los que ponemos sobre las mesas las cuentas reales de cada capítulo, por ejemplo el del sistema de pensiones que una Cataluña independiente no podría pagar porque ahora mismo sus pensionistas cobran gracias a la solidaridad del resto de españoles, muchos de ellos de regiones menos desarrolladas de España.

Ya no somos cuatro «fachas» quienes negamos a los catalanes (o aragoneses, o vascos, o andaluces…) ese supuesto «derecho a decidir» y lo calificamos con su nombre, antidemocrático, porque de aplicarse supondría aceptar que los menos puedan decidir sobre los más, que lo particular se imponga sobre lo común, que se nos hurte a todos los ciudadanos españoles el derecho a decidir sobre nuestro futuro.

O sea, que ya están al descubierto todas las vergüenzas y todas las mentiras del nacionalismo, y que ya sabemos a dónde nos ha llevado hacer como que no pasaba nada o seguir creyendo que esto se arreglaba con dinero. En estos últimos meses hemos visto cómo muchos prescriptores de opinión e intelectuales de todo tipo han coincidido en el diagnóstico sobre la extrema gravedad de lo que ocurre en Cataluña. Les ha costado, pero han llegado a la conclusión de que, tal y como decíamos cuatro «exaltados», en Cataluña llevan años adoctrinando en las escuelas y persiguiendo civil, laboral y socialmente a los no nacionalistas.

Siendo eso así habremos de convenir en que no es una cuestión de dinero, sino que se necesitan generaciones para que en Cataluña se recupere el clima de pluralidad propio de una sociedad democrática. No hay dinero que pueda arreglar el desapego de generaciones de catalanes educados en el odio y la mentira; no hay dinero para soldar los lazos afectivos y sociales entre catalanes que el nacionalismo se ha empeñado en romper; no hay dinero para recuperar en poco tiempo el clima de aperturismo y modernidad que le era propio a la Cataluña de hace tan solo veinte años. El dinero no sirve para eliminar el veneno que el nacionalismo ha insuflado entre generaciones de ciudadanos de dentro y fuera de Cataluña; se requiere mucha pedagogía democrática y dos o tres generaciones.

Siendo eso así, no parecería lo más adecuado que a partir del día 1 de octubre volvamos a repetir los viejos errores e insistamos en la política de apaciguamiento que ya se ha visto fracasada. Sin embargo, eso es lo que temo que ocurra, porque parece que va en nuestro ADN como país elegir a unos políticos cuyo horizonte no va más allá de los cuatro años de mandato. Y también porque no hay más que leer entre líneas para percatarse de que todo está preparándose para insistir en las políticas que nos han llevado hasta aquí. Es difícil pensar que vayan a cambiar de registro quienes llevan años encasillados en el mismo papel.

Hay nubes negras en el horizonte más allá del 1 de octubre. Pienso que la reforma de la Constitución va a ser planteada no para garantizar más cohesión y más igualdad entre españoles —que es lo que cuatro «locos» veníamos pidiendo desde hace diez años—, sino para profundizar en la diferencia y la desigualdad entre ciudadanos de una misma nación. Vamos, para satisfacer a los nacionalistas y dar más privilegios a quienes ya tienen unos cuantos. Creo que nos explicarán qué es lo que hay que hacer para evitar la independencia, para que se repitan los dramáticas imágenes que estos días se han producido en toda Cataluña... Y creo también que habrá mucha gente dispuesta a comprar ese «bálsamo de Fierabrás», con lo que no solamente no resolverán nada, sino darán la razón a quienes sostenían con todo tipo de mentiras que había agravios comparativos entre Cataluña y el resto de España.

Si eso ocurre, a los golpistas y todos sus seguidores les saldrá rentable haber roto las reglas del juego democrático y los pobres parias que defendieron en Cataluña el orden constitucional y que fueron abandonados por el Estado durante estos angustiosos años se sentirán, además de abandonados, perseguidos por quien tiene la obligación de defender sus derechos.

Me temo que en los días posteriores al 1O vayamos a ver cómo se desdicen todos esos que firmaron manifiestos y editoriales señalando que ni hay agravio, ni hay fracaso de la democracia o de la autonomía, ni hay derecho a privilegio alguno que pueda sostener las posiciones de los independentistas. Me temo que con la lógica perversa del «mal menor» empezarán a reclamar «diálogo» y «decisiones políticas», lo que traducido significa más cesiones a los nacionalistas. Me temo que lejos de exigir sanción política para quienes llevaron a España al borde del precipicio instarán al Gobierno a negociar con los culpables de la mayor crisis democrática de nuestro país desde que el otro golpista, Tejero, entrara pistola en mano en el Congreso de los Diputados.

Me temo que los que editorializaron exigiendo al Gobierno la aplicación del artículo 155 para recuperar el orden constitucional y proteger los derechos de todos los catalanes frente a un Gobierno despótico argumentarán ahora a favor de que el déspota convoque elecciones autonómicas en plena vorágine victimista. Y el sedicioso y sus cómplices serán llamados al «consenso»; y al Gobierno le exigirán que negocie con los déspotas como si nada hubiera ocurrido, como si fueran personas honorables. Y esa posición —consagradas la desobediencia y la sedición que ellos mismos llevan días señalando— les parecerá normal, tan normal como en su día les pareció que había que negociar políticamente con ETA para que esta dejara de matarnos y darle después las gracias cuando los terroristas consideraran que el precio que les habíamos pagado (ochocientos cincuenta y seis muertos y un lugar en las instituciones que quisieron destruir) era suficiente para guardar las armas y seguir tutelando la democracia.

Me temo que quienes «descubrieron» que la educación ha sido determinante para instaurar el clima sedicioso en Cataluña y se «escandalizaron» al ver a los niños llevados a las manifestaciones o señalados por no ir insistirán en que la educación ha de seguir siendo competencia de las comunidades autónomas. Nos dirán que es imposible recuperarla… y en las escuelas se seguirá adoctrinando en el odio y en la mentira para preparar el próximo golpe contra la democracia.

Sí, hay nubes muy negras en el horizonte a partir del día 1O. Y mucho me temo que quienes tienen el poder y la capacidad de actuar —el Gobierno y los partidos políticos que están en las instituciones— o no extraerán las conclusiones correctas o temerán obrar en consecuencia. Cada cual hará su cálculo a cuatro años… y la cosa se seguirá pudriendo. Me temo que lo peor aún no ha pasado. Me temo que el golpe triunfará a partir del 1 de octubre, cuando la democracia se declare en tregua frente a los golpistas. Sí, me temo lo peor. Porque es la hora de Churchill y en mi entorno no veo más que pequeños Chamberlaines.

En días como estos siento que he de pedir perdón a mis padres —aunque ellos ya no puedan verlo—, por no haber sido capaces de conservar el legado que ellos nos dejaron. Ellos que lucharon sin concesiones y con sangre, sudor y lágrimas de verdad contra el golpista que se levantó contra el orden constitucional, ellos que se negaron a participar en todos los referéndums del franquismo... no entenderían nada. Ojalá haya mucha gente que piense en sus mayores y a partir del día 1O actúe en consecuencia. Aunque no sea más que por vergüenza.

¿Qué podía salir bien?
El Asterisco, 24 de junio de 2018

Pongamos que alguien nos cuenta que en un país democrático que lleva años sometido a una fuerte pulsión golpista instrumentalizada por el Gobierno local de una importante parte del territorio nacional y cuyos dirigentes políticos están o en la cárcel o huidos de la justicia, el segundo partido político del país, que tiene 84 diputados de un total de 350, plantea una moción de censura contra el Gobierno.

Pongamos que la moción de censura nada tiene que ver con el reto de defender la democracia en esa parte del territorio nacional en el que sus gobernantes someten a los ciudadanos que no son proclives al golpe a todo tipo de vejaciones. Pongamos, por contra, que la moción rompe con el débil consenso establecido para defender el imperio de la ley y proteger a todos los ciudadanos.

Pongamos que, aunque en ese país las mociones de censura han de ser constructivas y el candidato ha de someter su programa al escrutinio de la Cámara antes de votarse la moción, el partido que la presentó decidió anunciar que su único programa consistía en gobernar con el presupuesto impulsado por la mayoría política del Gobierno que pretende derrocar.

Pongamos que el segundo compromiso del candidato antes de ser votada la moción (recuerden que el primero es gobernar con unos presupuestos calificados por él mismo como antisociales, peligrosos, sectarios, ideológicos…) fuera convocar elecciones en unos meses si su moción salía adelante y era elegido presidente.

Pongamos que nos cuentan que la moción presentada en esas circunstancias y condiciones se sustanció en poco más de una semana y que, a pesar de no cumplir los requisitos mínimos recogidos en la Constitución para evitar las alianzas en negativo que tanto daño hicieron otrora en democracias de nuestros entorno, salió adelante con los votos de los golpistas, los populistas bolivarianos, los proetarras y el resto de las fuerzas políticas nacionalistas, incluidos los de un partido nacionalista que tuvo que cambiar de nombre por corrupción institucionalizada y de cuyas filas han salido los jefes del golpismo golpista.

Pongamos que, con estos antecedentes y esas alianzas, se constituyó un Gobierno. Pongamos que seis días después de constituirse el Gobierno se supo que uno de sus ministros estaba condenado por fraude fiscal; y que el ministro explicó de mañana que iba a seguir porque todo estaba aclarado con el presidente; y que a medio día se hizo pública una grabación de dos años atrás en la que el jefe de Gobierno decía que él no tendría en su Ejecutiva a nadie que estuviera en esa circunstancia; y que, a media tarde, el ministro dimitió.

Pongamos que de forma casi simultánea se conoció que una ministra ha falsificado su currículum, atribuyéndose un máster que nunca hizo; y que un ministro está imputado por un caso de corrupción, a pesar de que el susodicho presidente presumió años atrás de que en sus listas electorales no iba ningún imputado; y que el propio presidente tiene un dudoso máster e hizo su tesis doctoral en extrañas circunstancias.

Pongamos que el presidente que llegó al Gobierno de la mano de populistas bolivarianos, golpistas y proetarras decidió nombrar ministra portavoz a quien años atrás, siendo consejera de Educación de un Gobierno local, decidió que en los planes de estudios de esa comunidad se incluyera como «una realidad incuestionable» el término Euskal Herria, el mito de las siete provincias vascas reclamadas por el nacionalismo y el independentismo vasco, el que mata y el otro.

Pongamos que en esos mismos días se recordó que la ministra encargada de la organización territorial del Estado había sido multada por su propio partido hace unos cuatro años por haber votado en el Congreso de los Diputados junto con los independentistas a favor del «derecho de autodeterminación del pueblo» y de esa falacia llamada «el derecho a decidir».

Pongamos que esa misma ministra declaró en su primera comparecencia pública que era preciso cambiar la Constitución para que el nuevo texto recogiera todos los preceptos que contenía el último Estatuto y que fueron declarados inconstitucionales por el máximo tribunal de ese país porque vulneraban el principio de igualdad entre españoles.

Pongamos que esa misma ministra declaró en su primera comparecencia en el Senado que «la Constitución no representa a la inmensa mayoría de ciudadanos». Que dijo eso de una Constitución en cuya defensa arriesgaron la vida miles de ciudadanos, esa que aún no ha tenido una oportunidad en aquellos lugares de ese país en los que gobiernan los nacionalistas, esa que proclama derechos de libertad e igualdad, de ciudadanía, a todos los ciudadanos al margen de la parte del país en la que vivan, de la ideología, género, sexo o condición de cada cual.

Pongamos que esa misma ministra, al día siguiente de declarar que «la Constitución no representa a la inmensa mayoría de los ciudadanos», anuncia que piensa reintroducir en el Estatuto, por la vía de leyes orgánicas, todos los preceptos declarados inconstitucionales porque atentaban contra la igualdad de los ciudadanos.

Pongamos que, en la primera comparecencia pública del recién elegido presidente, este anuncia que tiene la intención de agotar la legislatura, a pesar de que eso contraviene uno de los dos únicos compromisos que adquirió antes de ser votado.

Pongamos que, en ese misma comparecencia, el nuevo presidente anuncia también que va a intentar acercar a sus domicilios a los presos golpistas y a los terroristas. Supongamos que, casualmente, ambas son reivindicaciones de los proetarras y de los golpistas con cuyos votos llegó a la presidencia.

Pongamos que el presidente anuncia dos días después que no reformará la financiación de las comunidades autónomas, a pesar de intentar agotar la legislatura y de que esa es una vieja y justa reivindicación pendiente. Pongamos que las únicas reivindicaciones —económicas y políticas— que está atendiendo son las de los nacionalistas varios, proetarras y golpistas.

Supongamos que con eso se garantiza la mayoría hasta las próximas elecciones, que piensa hacer en coche oficial.

Supongamos que, en esos mismos días, el partido de la ministra de Administraciones Públicas y del ministro de Exteriores contribuyen con su voto a la declaración de *persona non grata* contra el jefe del Estado.

Pongamos que nos cuentan que cosas como esta ya ocurrieron en ese mismo país hace unos años, cuando llegó otro presidente del mismo partido político que el actual (este por las urnas, no como consecuencia de una coalición negativa) y que en solo cuatro años rompió todos los consensos de Estado que habían permitido a ese país incorporarse a Europa, afrontar las crisis económicas, enfrentarse con éxito al terrorismo nacionalista, aprender a convivir y a respetarse entre conciudadanos por encima de las viejas ideologías…

Pongamos que ese otro presidente decidió fomentar la creación de una extrema derecha institucional que rompiera el país en dos desde la perspectiva ideológica; que pactó políticamente con los terroristas; que inició los procesos de desestabilización de los territorios diseñando una segunda Transición y un nuevo modelo territorial sin contar con los partidos nacionales y soportando los cambios en los partidos que no reconocen la nación común.

Pongamos que, a pesar de haber roto el país, ese presidente volvió a ganar las elecciones. Pongamos que sus conciudadanos no le castigaron por haber tomado autónomamente la decisión de romper lo más sagrado, la convivencia, ni por haber puesto en cuestión la unidad de la nación, ni por haber elevado a categoría de interlocutores políticos a los terroristas. Pongamos que fue la mala gestión económica y no la pérfida e irresponsable gestión de la democracia lo que hizo que perdiera las elecciones.

Pongamos que nos cuentan que, a pesar de la veracidad contrastada de todas las cosas que hemos relatado en los párrafos anteriores, la mayor parte de la prensa del país apenas le presta atención a esos hechos y sigue destacando el «estilo» del nuevo Ejecutivo. Y que parece haberse extendido un pacto de silencio sobre las malas compañías con que el nuevo presidente se alzó con el poder.

Pongamos que da la impresión de que el nuevo quiere repetir la historia de su predecesor, aquel que decían que tenía baraka y por eso sus correligionarios le dejaban romper los pactos de Estado y hacer acuerdos con los emisarios del terror. Pongamos que el nuevo, que ya no puede tirar de los terroristas salvo para dar prebendas a los asesinos encarcelados, ha vuelto a resucitar al dictador a ver si consigue mantener enfrentados a hermanos y vecinos hasta conseguir que olviden definitivamente todo aquello que les unió para construir la democracia; pongamos que el odio al otro se va imponiendo también a nivel nacional, como ya lo hiciera en aquellos territorios sometidos a la pulsión nacionalista y/o separatista. Pongamos que todo eso ya está ocurriendo sin que apenas nadie de fe de todo esto; pongamos que nadie alerta de los riesgos de que se repita la historia porque los propietarios de los medios de comunicación no son ajenos al diseño de lo que está ocurriendo, porque todos ellos están en manos de cuatro empresas, porque en ese país del que estamos hablando no existe prensa independiente sino prensa oficial y prensa concertada.

Pongamos que los ciudadanos siguen viviendo de forma consciente ajenos a todos esto. Pongamos que no existe espíritu crítico, que lo políticamente correcto es aliarse con quien ahora está en el poder; o callar, que también suele ser rentable. Pongamos que lo que quiere la gente es que le dejen en paz y que nadie le recuerde que es ahora, como lo fue antes, corresponsable de lo que está ocurriendo.

Pongamos que, desde el advenimiento de quien llegó al Gobierno con los votos de proetarras y golpistas, la prensa que justificaba la concentración de críticas sobre la corrupción del partido del Gobierno por el hecho de ser «del Gobierno» ha decidido que la corrupción del recién llegado no debe ser mencionada. Pongamos que en este país no se considera corrupción el terrorismo, o el golpismo, o la corrupción económica protagonizada de forma institucionalizada y reiterada por el partido de los golpistas.

Pongamos que nos cuentan que en ese país solo se saca la bandera nacional cuando se celebra un éxito deportivo. Pongamos que en ese país se silba el himno nacional cuando suena en las competiciones deportivas. Pongamos que ese es un país en el que a los patriotas les llaman fachas y a los nacionalistas los consideran «progresistas».

Pongamos que ese país se llama España. ¿Qué podía salir bien?

Dime con quién andas y te diré quién eres
Expansión, 22 de junio de 2019

Durante los últimos días se han cometido algunos de los actos más vergonzosos de nuestra joven historia democrática; al menos, de los más indignos que han tenido como protagonista e inductor al Partido Socialista Obrero Español.

Los pactos que han sucedido a las elecciones municipales y autonómicas del 26 de mayo han servido para retratar a cada cual y el mercadeo al que hemos asistido ha sido de lo más deprimente en términos democráticos. Los medios de comunicación nos han dado cuenta puntualmente de la aritmética de los pactos sin que nadie sepa hasta el momento presente apenas nada sobre el contenido de los mismos. Se podría decir que el «todo vale para el convento» se ha impuesto como norma y que, más allá de las preferencias expresadas formalmente por uno u otro partido, a la hora de la verdad se ha llevado el gato al agua quien mejor ha regateado o jugado las cartas para obtener mayor beneficio para él o para su partido.

Claro está que no todos los pactos postelectorales merecen la misma calificación. Tiene la misma entidad bochornosa el pacto sellado en Canarias entre PSOE-Podemos y un incalificable senador ex-PSOE

—conocido por sus broncas en las saunas—, que el alcanzado por el PSOE, con ERC y las CUP para arrebatarle a Albiol (PP) la alcaldía de Badalona. El mismo bochorno me producen los pactos del PSOE con los representantes de Maduro en España, tanto en Baleares como en otros lugares de nuestro país en los que la suma de bolivarianos y socialistas les ha permitido alcanzar el poder a uno de los dos. Pero ahí no acaba todo.

Recordemos que Sánchez llegó a la Moncloa traspasando las líneas rojas que él mismo se había «impuesto»: «Nunca pactaré con los populistas, ni antes ni durante ni después; el final del populismo es la Venezuela de Chávez...»; «Los independentistas no pueden ser en ningún caso aliados nuestros, ni para una moción de censura...». Sin necesidad de estar sentados en el Consejo de Ministros, los populistas bolivarianos y los independentistas —tanto los proetarras vascos como los golpistas catalanes— han tenido un enorme peso en la política española desde que Sánchez llegó a la Moncloa. Me sorprende el hecho de que se le esté dando tanta importancia a si Iglesias sienta a alguno de los suyos en el Consejo de Ministros. ¿Acaso importa, salvo desde el punto de vista formal? ¿Acaso los bolivarianos no han sido determinantes en la política nacional desde fuera del Gobierno? ¿O se nos ha olvidado, solo por citar un ejemplo, en manos de quién está RTVE?

Y como todo lo que puede empeorar empeora, le ha llegado a Sánchez la oportunidad de demostrar hasta qué punto su falta de escrúpulos roza la infamia. El escenario en el que se ha retratado ha sido Navarra, donde se ha producido una infame negociación entre el Partido Socialista, Geroa Bai y Bildu para hacerse con la Mesa del Parlamento Foral como antesala del Gobierno de Navarra. Y resulta doblemente escandaloso que el pacto entre los socialistas y Bildu —un partido que sigue participando en los homenajes a terroristas, que pide la libertad para Ternera, que nunca condenó la historia de terror de ETA...— se haya producido el mismo día en el que se cumplían treinta y dos años del atentado de Hipercor. Duele pensar cuánta buenísima gente ha sido asesinada por defender la democracia frente a esa gentuza con la que hoy pacta Sánchez.

Pero no nos quedemos solo con las siglas, veamos quién es quién, quiénes son los jefes de Bildu en Navarra, cuál es la historia de los interlocutores de Sánchez, esos con los que ha pactado la Mesa del Parlamento Foral y con los que tendrán que hablar los socialistas para hacer posible su investidura y futuro Gobierno:

Joxe Pernando Barrena. Actualmente eurodiputado, número dos de la lista conjunta con ERC. Barrena fue condenado en 2016 como «autor responsable de un delito de integración en organización terrorista…». Le condenaron a año y medio de prisión tras un pacto con Fiscalía y Asociación de Víctimas, en el que reconocía los hechos y su pertenencia a la banda. Negociación para rebajar la pena que, por cierto, a la soldadesca de ETA nunca le permitieron los jefes de la banda, entre los que él se encontraba.

Joxe Abaurrea. Concejal de EHBildu en Pamplona. Ha sido la mano derecha del alcalde de Bildu en la pasada legislatura y era concejal cuando ETA asesinó al concejal de UPN Tomás Caballero. No condenó su asesinato entonces, con el cuerpo caliente de su compañero de corporación, ni lo ha hecho todavía.

Adolfo Araiz. Es el «jefe» de EHBildu en el Parlamento Foral. En su día *ABC* desveló que fue uno de los integrantes de la ponencia Oldartzen, aquella reunión secreta de polis y milis celebrada en 1995 en la que ETA decidió ampliar los asesinatos a civiles, porque, según ellos, con los muertos de las FCSE y de las FAS no conseguían sentar a negociar al Estado.

Todos los asesinatos de la banda desde 1995 llevan la firma de esos etarras que en esa asamblea secreta votaron a favor de socializar el sufrimiento.

Esta es la EHBildu de Navarra que condicionará la gobernación de un partido socialista que quiere el poder al precio que sea. Yo no tengo duda de que el precio será el de beneficiar de algún modo a estos malnacidos, bien ocultando y blanqueando sus biografías, bien permitiendo que sigan influyendo —y mandando— en aquellos frentes sociales, culturales y políticos donde ya son exclusivos y excluyentes.

Esto es lo que hay. Y, visto lo visto, quienes exigen al PP y a Ciudadanos que salven a Sánchez de su tendencia natural a cooperar con los enemigos de la España constitucional y democrática deben explicarnos quién ha obligado a Sánchez a pactar con esta gentuza en Navarra.

Carta abierta a Pedro Sánchez
Expansión, 22 de octubre de 2019

Señor Sánchez:

Como la inmensa mayoría de españoles, estoy siguiendo con una enorme preocupación la escalada de violencia y pillaje que se ha producido en Cataluña. Y no me tranquiliza confirmar que todo lo que está ocurriendo ahora es consecuencia de muchos años de una irresponsable dejación de funciones de sucesivos Gobiernos y del repliegue del Estado en esa comunidad autónoma.

Mi preocupación por los actos violentos que se están desarrollando para secuestrar las libertades de los catalanes y romper la convivencia se ha acrecentado al observar la actuación de los poderes públicos. No esperaba nada de las autoridades catalanas, pues ellas, con el presidente de la Generalitat a la cabeza, han sido los organizadores e instigadores de esta estrategia guerracivilista. Y aunque, conocidos sus antecedentes, tampoco esperaba mucho de usted; le confieso, señor Sánchez, que su actuación está superando mis peores expectativas. Me resultó penoso ver que citaba en la Moncloa a los líderes de los tres primeros grupos políticos con el único objetivo de hacerse una foto y simular que buscaba su apoyo para una actuación en Cataluña que aún hoy no se ha producido. Me dio vergüenza ver cómo usted se ponía de perfil desde el minuto uno mientras comenzaba a arder Cataluña.

Me indignó que el ministro del Interior se empeñara en llamar «gabinete de situación» —que no de crisis— a las reuniones en las que se hacía seguimiento de la violenta revuelta que estaba acaparando las portadas de los diarios de todo el mundo.

Sentí vergüenza ajena al escuchar que su ministro del Interior definía como un problema de orden público la violencia organizada que ha incendiado Cataluña durante la última semana. ¿No se da cuenta de que es como si estuvieran atracando un banco y el jefe de policía —que conoce a los atracadores y tiene negocios con ellos— lo calificara como un problema de falta de honradez para no actuar?

Señor Sánchez, permítame que le diga con toda crudeza que lo que está pasando en Cataluña es el germen de una confrontación civil inducida por el separatismo y amparada por usted. Sí, por duro que resulte escribirlo (al fin y al cabo, usted es el presidente del Gobierno de mi país), los hechos no hubieran producido tal extremo de violencia si el Gobierno de España que usted preside hubiera actuado como es su obligación para defender las libertades y proteger la seguridad de todos los ciudadanos. Pero usted ha decidido no aplicar ninguno de los instrumentos que le otorga el Estado de derecho para frenar esta crisis democrática. Y, lo que es aún más grave, su decisión no es consecuencia de la torpeza o de la cobardía; usted ha decidido no actuar por cálculo electoral, y con ello ha demostrado una vez más un gran egoísmo y una enorme irresponsabilidad.

Señor Sánchez, usted ha decidido no activar la Ley de Seguridad Nacional para fijar la estrategia y asumir el mando de las fuerzas y cuerpos de seguridad —que es más que la coordinación que se está produciendo y en la que el mando le corresponde a Torra, al tipo que corta carreteras— porque prefiere que la Policía Nacional y la Guardia Civil estén en Cataluña apoyando a la Policía autonómica, aunque de hecho estén soportando lo peor de la violencia siendo numéricamente la décima parte de los Mossos. Y, por si eso fuera poco, les ha mandado allí con las manos atadas. ¿Cómo va la policía a proteger a los ciudadanos si ni siquiera les dejan utilizar todos los medios para defenderse?

Señor Sánchez, usted que decía no descartar nada cuando aún no había ardido Cataluña y las guerrillas urbanas no habían herido a más de doscientos policías, ahora ha decidido no hacer nada. Y como todo lo que toca lo estropea, va y hace un viaje a Cataluña para ver a los policías heridos y les dice que «es muy importante garantizar la moderación que representan las fuerzas y cuerpos de seguridad del Estado». No, hombre, no, haga el favor de no adulterar el objetivo de las fuerzas y cuerpos de seguridad del Estado. La Constitución, en su artículo 104, lo define así: «Las fuerzas y cuerpos de seguridad tendrán como misión proteger el libre ejercicio de los derechos y libertades y garantizar la seguridad ciudadana». ¿Dónde está eso de que representan la moderación?

Y luego va y le escribe una carta a Torra, cuando lo único que le tendría que mandar un presidente de Gobierno que fuera mínimamente responsable es un requerimiento. Deje la propaganda y los mohines de tipo duro para quien le escucha en los mítines de su partido; el resto de los españoles sabemos que usted ha decidido no activar el artículo 155 de la Constitución para no molestar a sus socios, a quienes le hicieron presidente y con los que, aún hoy, gobierna en más de cuarenta instituciones catalanas.

Porque, dígame, señor Sánchez, ¿qué tiene que ocurrir para que usted le mande a Torra la carta de requerimiento prevista en el punto 1 del artículo 155 de la Constitución: «Si una comunidad autónoma no cumpliere las obligaciones que la Constitución u otras leyes le impongan, o actuare de forma que atente gravemente al interés general de España, el Gobierno, previo requerimiento al presidente de la comunidad autónoma y, en el caso de no ser atendido, con la aprobación por mayoría absoluta del Senado, podrá adoptar las medidas necesarias para obligar a aquella al cumplimiento forzoso de dichas obligaciones o para la protección del interés general»? ¿No cree que la forma de actuar de Torra cortando carreteras o instigando a los violentos no es un atentado grave contra el interés general?

Señor Sánchez, me veo en el deber de recordarle que el estado de excepción para suspender la democracia en Cataluña ya ha sido impuesto por las autoridades autonómicas.

Señor Sánchez, me veo en el deber de recordarle que su inacción ante la actuación del Gobierno despótico de Cataluña es complicidad.

Señor Sánchez, me veo en el deber de recordarle que usted ha abandonado de forma consciente a los millones de catalanes cuyas libertades han sido secuestradas por unos gobernantes despóticos que, hoy en día, siguen siendo sus socios.

Señor Sánchez, me veo en el deber de recordarle que, por todo ello, usted se ha convertido en el máximo responsable de lo que ha

ocurrido y de lo que pueda ocurrir en Cataluña en los próximos días
o semanas.

Desmontando las mentiras del «sanchismo»
Expansión, 6 de noviembre de 2019

«El lenguaje político —y, con variaciones, esto es verdad para todos los partidos políticos, desde los conservadores hasta los anarquistas— está diseñado
para lograr que las mentiras parezcan verdades y el asesinato respetable, y para
dar una apariencia de solidez al mero viento. Uno no puede cambiar esto en
un instante, pero puede cambiar los hábitos personales y de vez en cuando
puede incluso, si se burla en voz bastante alta, lanzar alguna frase trillada e
inútil —alguna bota militar, talón de Aquiles, crisol, prueba ácida, verdadero
infierno, o algún otro desecho o residuo verbal— a la basura, que es donde
pertenece».

Este párrafo pertenece al conocido ensayo de George Orwell «La política y el lenguaje inglés», publicado en el año 1946. Sus conclusiones son
de tal actualidad en la política nacional que les propongo un pequeño
ejercicio para desmontar algunas de las afirmaciones más reiteradas y
falsas del lenguaje político español:

1. España está bloqueada. Mentira. En España no hay bloqueo,
sino una fragmentación del voto que obliga a los partidos políticos a
buscar acuerdos para formar mayorías. En España no ha habido bloqueo,
sino un estruendoso fracaso del candidato a quien el rey encargó que
formara Gobierno. Lo que ha ocurrido desde las últimas elecciones
generales es la crónica del fracaso personal de Pedro Sánchez, aunque
en el relato se haya impuesto la mentira.

2. La oposición tenía la obligación de facilitar que Sánchez fuera
investido. Mentira. El rey, tal como recoge el artículo 99 de la Constitución española, propone un candidato que es el encargado de buscar
apoyos para conseguir la confianza y la mayoría parlamentaria. El rey
no mandata a los grupos de la oposición para que voten al candidato

que él propone tras la ronda de contactos con sus portavoces. Cuando el candidato confunde propuesta con designación, cuando el candidato actúa como si el rey pudiera dar instrucciones a los grupos políticos y suplantar al Parlamento, cuando el candidato confunde adhesión con acuerdo, la oposición tiene el deber de ejercer como tal y garantizar la alternativa democrática.

3. Solo Sánchez puede encabezar un Gobierno «progresista». Mentira. Definamos progresista. ¿Son progresistas los partidos nacionalistas? No es progresista reivindicar derechos especiales para los ciudadanos que viven en una parte de España respecto de quienes viven en otra. Pues con los partidos nacionalistas que defienden perpetuar privilegios a una parte de los españoles llegó Sánchez a la Moncloa, y con esos partidos nacionalistas gobierna en País Vasco, Cataluña, Baleares, Comunidad Valenciana, Cataluña...

¿Es progresista romper unilateralmente la unidad de la nación española? No, porque la unidad de la nación es un instrumento imprescindible para garantizar la igualdad entre españoles. Pues con los partidos que lo pretendieron y cuyos dirigentes están condenados por sedición y malversación de caudales públicos (o sea, por ladrones) gobierna el partido de Sánchez en más de cuarenta instituciones de Cataluña.

¿Es progresista considerar un ejemplo el régimen totalitario de Maduro? No; el totalitarismo no es de derechas ni de izquierdas, sino un sistema incompatible con la democracia. Sánchez gobierna con el partido bolivariano en todas las comunidades autónomas y ayuntamientos en los que ha conseguido sumar, incluso para desbancar a la lista más votada.

¿Es progresista entregar el control de una comunidad autónoma a un partido político liderado por un terrorista? Rotundamente, no. Pues eso es lo que ha hecho Sánchez con Arnaldo Otegi y Bildu en Navarra.

La conclusión es que Sánchez, ni solo ni en compañía de otros, puede encabezar un Gobierno progresista, porque él ya ha demostrado con los hechos que sus socios preferidos son aquellos que quieren arrasar con los derechos inviolables que consagra nuestra Constitución: la libertad y la igualdad entre españoles.

4.   Nada va a cambiar el 10N. Mentira. Los ciudadanos aún no hemos votado. Y como nadie está obligado a volver a confiar en aquel que ya ha fracasado, lo mismo nos llevamos una sorpresa y resulta que los españoles no somos, mayoritariamente, tan masoquistas. Nada cambia si uno mismo no cambia. El cambio comienza por enfrentarse al falso relato y revelarnos contra lo políticamente correcto, oponiéndonos a que nos estabulen en izquierdas versus derechas como si eso fuera lo que hoy está en juego en España.

España no necesita un Gobierno fuerte, sino un Gobierno bueno, que no significa ni es lo mismo. Un Gobierno bueno será aquel que restaure el Estado de derecho en toda España, que regenere las instituciones democráticas, que restablezca la igualdad de oportunidades, derechos y obligaciones ciudadanas, que no discrimine por cuna o lengua. Un Gobierno bueno será capaz de enfrentarse a la crisis política que sufrimos como consecuencia de los sediciosos y golpistas catalanes. Un Gobierno bueno es un Gobierno que dice la verdad; un Gobierno que dice la verdad no puede estar presidido por quien ha hecho de la mentira su seña de identidad; un buen Gobierno es el que reconoce los malos datos de empleo que acabamos de conocer y la crisis económica que asoma por el horizonte, y toma medidas para evitar que los más débiles vuelvan a ser golpeados.

Un Gobierno bueno busca el progreso de la sociedad partiendo de la irrenunciable igualdad de derechos de todos los ciudadanos. Un Gobierno bueno nunca será neutral frente a los que incendian las calles o impiden a los estudiantes el acceso a las aulas; un buen Gobierno no equiparará jamás a los adversarios políticos con los enemigos de la democracia. Un Gobierno bueno no puede estar presidido por quien está aliado con los sediciosos y los golpistas. Un Gobierno bueno no puede estar presidido por quien quiere cambiar la Constitución para consagrar la desigualdad entre españoles. Un Gobierno bueno no puede estar presidido por un mentiroso sin escrúpulos. Porque no hay nada peor que la mentira.

El Gobierno bueno que hoy necesita España deberá tener como primer objetivo promover una alianza por la democracia y en defensa de la Constitución española. Y, ya después, conseguido lo fundamental, hablamos, si les parece, de derechas y de izquierdas.

Todo es lo que parece
Expansión, 19 de noviembre de 2019

Pedro Sánchez nunca ha querido un acuerdo constitucionalista; por eso no cogió el teléfono a Pablo Casado ni en la noche del domingo ni a lo largo del lunes. Su modelo de pacto para España es el que eligió para Navarra.

Sánchez bloqueó durante meses el país y sus instituciones porque su asesor Redondo y su muñidor Tezanos le aseguraron que en unas nuevas elecciones obtendría mejores resultados que el 28A y podría cumplir su sueño de gobernar cual moderno Rey Sol.

Sánchez despreció las consecuencias que tendría para España y sus instituciones que en pleno proceso electoral se publicara la sentencia del Tribunal Supremo que ha fijado el tipo delictivo por el que son condenados los dirigentes políticos que organizaron el referéndum ilegal y el golpe contra la democracia en Cataluña y con cuyo apoyo él llegó y sigue en la Moncloa.

Sánchez se limitó a aparentar dureza discursiva mientras permitió que las hordas de bárbaros que actúan a las órdenes de quienes le llevaron a la Moncloa prendían fuego a Cataluña, cortaban las autopistas y las vías férreas, paralizaban el aeropuerto, cerraban las universidades y los institutos y generaban el miedo entre la población.

Sánchez tenía dos planes cuando decidió repetir las elecciones. El plan A consistía en poder gobernar en solitario y con el apoyo externo de los mismos partidos (bolivarianos, proetarras, golpistas y sediciosos y nacionalistas varios) que le llevaron a la Moncloa.

El plan B estribaba en formar un Gobierno de coalición de extrema izquierda con Iglesias y tener apoyo desde fuera de los mismos partidos que le llevaron a la Moncloa. El plan A fracasó porque Tezanos y Redondo no consiguieron que los españoles se tragaran la totalidad de sus mentiras. Y puso en marcha el plan B, y, en un tiempo récord, Sánchez e Iglesias presentaron ante la sociedad un acuerdo para formar un Gobierno de coalición de extrema izquierda que ya tenían más que cocinado en la trastienda.

Sánchez y el respeto a la verdad son realidades antagónicas, no caben en la misma frase. Por eso a nadie le ha extrañado que quien llegó mintiendo a la Moncloa (nunca pactaré con independentistas, nunca pactaré con Iglesias, el futuro del populismo son las cartillas de racionamiento, menos libertad, la ruina…, convocaré inmediatamente elecciones…) haya hecho de la mentira su guía de campaña. Parece que a los españoles les gustan los pillos y es por eso que nadie parece escandalizarse por el hecho de que Sánchez pidiera el voto afirmando de forma tajante que no gobernaría con Iglesias porque «ni yo ni el 95 por ciento de los españoles podríamos dormir tranquilos» para anunciar una coalición con Iglesias cuarenta y ocho horas después de cerrarse los colegios electorales.

Sánchez se considera un hombre progresista. En la presentación del acuerdo de coalición de extrema izquierda entre el PSOE y Podemos anunciaron que «para reforzar el gobierno progresista» buscarían el apoyo de quienes apoyaron la moción de censura. Lo que confirma que Sánchez considera tan progresistas como él al terrorista Otegi, al sedicioso Junqueras y al racista Torra.

Sánchez nunca ha querido un acuerdo constitucionalista; por eso no cogió el teléfono a Pablo Casado ni en la noche del domingo ni a lo largo de todo el lunes. El modelo de pacto para España es el que eligió para Navarra: Gobierno en minoría con Podemos y apoyo externo de Bildu, a quien concede todo (mancomunidad, alcaldías, Mesa del Parlamento…), aunque eso le haya costado al PSOE perder un escaño a favor de Bildu. Al fin y al cabo, son colegas, vasos comunicantes… Y se trata de vivir en la Moncloa.

Sabemos que en el PSOE sigue habiendo gente decente; y sabemos, también, que es harto difícil que alcen la voz contra este Gobierno de extrema izquierda que les ha servido su jefe. En el PSOE que Sánchez heredó de Zapatero, quien defiende un pacto con Otegi es considerado una persona dialogante y quien defiende un acuerdo con el Partido Popular es inmediatamente calificado como facha y traidor. Quien quiera hacer carrera —o mantenerse— debe asumir la línea oficial: que el peligro para la España democrática son los 52 diputados de Santiago Abascal; los 5 diputados del terrorista Otegi, los 2 de las CUP, los 13 del sedicioso Junqueras y los 8 del racista Torra forman parte del bloque de progreso.

Pero a Sánchez no solo Otegi, Junqueras y Torra le parecen progresistas. A Sánchez le parece que es progresista considerar que la caída del Muro de Berlín fue una desgracia; a Sánchez le parece progresista defender el derecho de autodeterminación para Cataluña; a Sánchez le parece progresista negar a todos los españoles el derecho a decidir juntos el futuro de nuestro país; a Sánchez le parece progresista sostener que en España existen presos políticos, que España no es una democracia. Por eso Sánchez llama Gobierno de progreso a la coalición entre los socialistas y los populistas de extrema izquierda que defienden esos postulados.

Hasta aquí las certezas: todo es lo que parece. Ahora viene una duda en forma de pregunta, para la que no tengo respuesta, pero que sería importante despejar porque atañe al presidente del Gobierno de España. ¿Cómo es posible que un hombre se comporte de esta manera de forma reiterada y con tal desparpajo? Recuerdo una conversación que tuve con un prestigioso estudioso de la personalidad y los comportamientos humanos tras lograr Sánchez hacerse con el PSOE y después con el Gobierno. El catedrático me explicó que en psicología existe un concepto para definir un tipo de personalidad llamado la Tríada Oscura. El perfil se determina por la combinación de tres factores: la psicopatía, entendida como una empatía muy limitada, propia de personas que no tienen remordimientos y para las que la moral y las normas éticas les son indiferentes; el maquiavelismo, que se caracteriza por tener actitudes cínicas y adoptar estrategias cuyo único fin es beneficiar sus propios intereses; y el narcisismo, que define al vanidoso, a quien fantasea con un poder ilimitado y cree merecer un estatus superior. Según estaba escribiendo los párrafos en los que me limito a reseñar el comportamiento de quien hoy es el presidente en funciones del Gobierno de España, me venía a la mente esa conversación.

Prefiero no extraer conclusiones, más que nada por no tener pesadillas; bastante insomnio me provoca saber con certeza que tendremos un Gobierno de extrema izquierda aplaudido por el terrorista Otegi, el supremacista Torra y el sedicioso Junqueras.

Aunque también puedo soñar que Casado encuentra complicidad con la gente decente que aún queda en el PSOE y nos libra de esta. A veces, solo algunas veces, los sueños se cumplen.

Los españoles y el síndrome de la rana hervida
Expansión, 4 de diciembre de 2019

El denominado síndrome de la rana hervida es una analogía que se usa para describir lo que ocurre cuando no se perciben los daños que puede producir a largo plazo una situación problemática o peligrosa que se desarrolla lentamente. La falta de conciencia sobre lo que está ocurriendo genera que no haya reacciones o que estas sean tan tardías que no sirvan para evitar o revertir los daños que ya se han producido.

A lo largo de los años, la voluntad de demolición del sistema del setenta y ocho, servida por los nacionalistas hasta que llegaron Zapatero y Sánchez, se introdujo en nuestra vida sin que apenas tomáramos conciencia y fue anulando la capacidad de reacción de nuestro cerebro. Podría decirse que los españoles somos un ejemplo del denominado síndrome de la rana hervida. Veamos cómo va la cosa: si echamos una rana en un recipiente con agua hirviendo, la rana saltará inmediatamente. Pero si la introducimos en una olla con agua a temperatura ambiente y encendemos el fuego, la rana se quedará quieta y su cuerpo se irá adaptando a la temperatura del agua que se va caldeando. Cuando el agua llegue al punto de ebullición la rana tratará de saltar, pero ya no podrá hacerlo porque ha agotado toda su fuerza y se ha quedado sin defensas; y terminará cocida… en su propia salsa. Si a esa rana le hicieran la autopsia determinarían que ha muerto porque su cuerpo no pudo soportar el agua hirviendo; pero eso será una verdad a medias, porque la rana no murió a causa de la temperatura que alcanzó finalmente el agua, sino porque esperó demasiado antes de decidirse a saltar fuera del agua.

Si aplicáramos esta teoría a la situación política que vivimos en España nos daríamos cuenta de que estamos a punto de que todo el país se convierta en una enorme charca de ranas muertas. No hay más que observar los charcos repletos de ranas hervidas que existen en aquellos lugares de España en los que ha habido partidos nacionalistas, particularmente en Cataluña y Euskadi. El paisaje no siempre fue así; en ambas comunidades había riachuelos en los que chapoteaban alegremente ranas de distintos colores, tamaños, variedades... Todas ellas tuvieron mucho tiempo para saltar antes de llegar a la charca, pero se dejaron atrapar en una especie de destino fatal e ineludible: llegar al lodazal para ver qué es lo que allí se cocía... Y claro, llegaron y se cocieron.

¿Por qué no se pusieron a salvo las ranas? ¿Por qué no saltaron durante el trayecto? Seguro que hay muchas explicaciones, pero tanto las que venían de tierras más cálidas como las que eran originarias de aquellos lares y chapoteaban felices mezcladas con sus congéneres de toda raza y color cayeron por incautas... o porque quisieron adaptarse al ambiente. Resultaba más cómodo creer a quienes les prometían el cielo al final del trayecto que nadar contra corriente; era mucho más rentable adaptarse al paisaje monocolor de ranas ungidas que seguir siendo los bichos raros del lugar. Y se dejaron llevar hasta que finalmente en el valle solo hubo dos tipos de batracios: los que acababan hervidos y los que manejaban los fogones.

Cualquier vasco o catalán que regresara a su tierra tras unos años de ausencia se encontraría con un paisaje que solo podría explicarse como consecuencia de una guerra con vencedores y vencidos... o como una expresión del síndrome generalizado de la rana hervida. En ambas comunidades, el nacionalismo nunca ha dejado de inocular «el virus de la diferencia» para ir «normalizando» a una sociedad que era plural y abierta para convertirla en una tribu monocolor y cerrada en sí misma. El nacionalismo siempre ha sabido controlar la temperatura esperando pacientemente el momento en el que llevar el agua a la temperatura de ebullición. Por eso, cuando la situación política o económica no era proclive para hacer distingos, se sumaban a la mayoría y vivían mejor que nadie. Recuerden aquellos años en los que en Euskadi estaban tan adaptados al sistema dominante (la dictadura) que Franco —pudiendo haber elegido cualquier otro lugar de España— pasaba el verano en San Sebastián y paseaba bajo palio sin ningún temor a que los autodenominados «gudaris» (que ya intentaron firmar un pacto con Hitler) le hicieran el menor daño. Después, en el ambiente de miedo físico que se vivía cuando ETA asesinaba, apenas si merecía un comentario que se excluyera la lengua común de las escuelas, de los nombres de las calles, de la administración…; o que los mejores profesionales del campo educativo o sanitario no pudieran trabajar en nuestros centros porque el euskera era más valorado que el expediente académico o la formación específica para ejercer su especialidad. Y mientras tanto los nacionalistas seguían calentando el agua.

Si miramos hacia Cataluña el panorama es el mismo. Durante generaciones ha habido una clase política nacionalista que ha parasitado las instituciones catalanas para inocular el odio y educar en la mentira, ha robado a espuertas el dinero de todos los ciudadanos, se ha beneficiado de la debilidad y/o la falta de responsabilidad de los gobernantes españoles de turno, ha tejido una red clientelar de nacionalistas cada vez más racistas, ha expulsado de la vida civil a los disidentes del nacionalismo… Y todo esto mientras los del 3 por ciento institucionalizado, la clase política más corrupta de España —y mira que está reñido el galardón— eran agasajados en *Madrit*… El catalán «de siempre» que volviera tras pasar unos años fuera descubriría con estupor que en ese país abierto y moderado que siempre consideró el suyo impera un sistema institucional que considera que los españoles son sus enemigos, que en España no hay democracia, que los no nacionalistas merecen ser tratados como extranjeros, que utilizar el castellano es propio de maltratadores o machistas, que si no eres independentista o nacionalista no tienes derecho a hablar en la universidad, que los gobernantes animan a cortar carreteras o quemar la ciudad…

El proceso de hervir las ranas (llamemos así al adoctrinamiento servido con cloroformo) lleva su tiempo, pero el éxito está asegurado si se siguen algunas simples reglas. El secreto está en mantener el fuego encendido: la religión de la diferencia, la identificación del enemigo, la exaltación de «lo propio», la exigencia de reconocimiento del hecho diferencial (o sea, «somos mejores»), el victimismo frente al «otro»... Y la promesa del paraíso para quienes se sumen a la secta.

Es cuestión de tiempo que este síndrome que ya ha calado en Cataluña y Euskadi infecte el conjunto de España. ¿Acaso la mayoría de los catalanes podía pensar que los partidos «de orden» a los que siempre votaron iban a terminar yéndose al monte con los más antisistema, con aquellos a los que siempre consideraron un peligro para su estatus? ¿Acaso los vascos que arriesgaron vida y libertad para enfrentarse a ETA podían pensar que un día iban a estar gobernados por los testaferros de los terroristas mientras buena parte de la clase política y mediática se afana en lavar la historia de ETA?

¿Acaso hubiéramos sospechado hace unos pocos años que sería el Partido Socialista Obrero Español quien iba a organizar desde la Moncloa la demolición de la Constitución y del sistema del setenta y ocho? Quién nos iba a decir que el PSOE se iba a dedicar a blanquear a los terroristas y a los golpistas; quién nos iba a decir que el PSOE iba a negociar, de igual a igual, con partidos cuyos dirigentes son unos delincuentes que están condenados por golpismo y/o terrorismo.

Este proceso de degeneración nacional también ha necesitado su tiempo y sus «cocineros»; fue preciso que llegara Zapatero y encendiera el fuego para ir caldeando las aguas y adormeciendo a las ranas que chapoteaban felices sin importarle el color de la que iba a su lado. Y fue necesario que Sánchez le tomara el relevo e implantara en el PSOE y en el Gobierno la estrategia seguida por los nacionalistas —fuego lento— para liquidar la Transición y el sistema del setenta y ocho. Zapatero y Sánchez comenzaron por construir el enemigo del que las ranas habían de apartarse para no ser señaladas o expulsadas de la tribu; y después les prometieron la felicidad eterna cuando fueran acogidas en la charca «progresista». Para cuando las ranas se dieron cuenta de cuál era su destino ya habían consumido todas sus energías en adaptarse y no pudieron saltar. Y en esas estamos: a punto de que el Gobierno de España caiga en manos de delincuentes y el Estado en manos de un partido que tiene como objetivo acabar con el Estado. En un enorme y miserable lodazal al que nos ha traído la involución que se ha producido en el PSOE y que supone un grave riesgo para la pervivencia de nuestro sistema democrático.

Pero llegados a este punto quizá merezca la pena que nos preguntemos qué podría pasar si las ranas que saltaron a tiempo y andan por ahí desperdigadas —junto a las que aún no han perdido toda su energía original y siguen chapoteando— decidieran enfrentarse al cocinero que vive en la Moncloa y a todos sus fogoneros. Que pasaría si todos juntos, sin interrogarnos sobre el origen de cada cual, nos pusiéramos a limpiar y refrescar la charca en la que el PSOE está convirtiendo España y nos comprometiéramos a repensar el futuro de nuestro país? ¿Mira que si lo hacemos y comprobamos que hay muchas ranas dispuestas a nadar contra corriente? ¿Mira que si descubrimos que somos mayoría los españoles que estamos hasta el gorro del país en blanco y negro que nos quieren servir estos políticos chusqueros que se han apropiado de las instituciones?

Pues como el movimiento se demuestra andando, les propongo que salgamos a la calle el día 6 de diciembre para defender lo que somos y también para asegurar el futuro que queremos compartir. Les invito a que salgamos a celebrar el día de la Constitución española con más entusiasmo y fervor que nunca porque ahora nos hace más falta que nunca.

Les invito a que todos unidos gritemos con alegría: ¡viva la Constitución!

El Gobierno que prepara Sánchez romperá España
Expansión, 11 de diciembre de 2019

Los pactos de gobierno con quienes pretenden la independencia de Cataluña y País Vasco son una forma de romper España. Sería dramático que lo que no pudo conseguir ETA se logre ahora merced al apoyo de una generación de socialistas traidores a su historia y borrachos de ambición.

Romper España no es trocear el mapa; romper España es liquidar los dos artículos fundamentales de nuestra Constitución que proclaman y amparan la libertad y la igualdad de todos los españoles. La impostura de Sánchez y la pasividad de los españoles, víctimas nada inocentes de sus mentiras, nos han traído a esta situación de emergencia democrática. Para combatir los silencios y los eslóganes, hagamos pedagogía. Comienzo desgranando mentiras:

El Comité Federal del PSOE, máximo órgano entre congresos, obligó a Sánchez a renunciar a la Secretaría General del Partido por estar negociando un acuerdo de gobierno con los bolivarianos, independentistas, golpistas y proetarras.

Sánchez negó que esa negociación se estuviera produciendo, juró que jamás se apoyaría en los votos de esos grupos para llegar al Gobierno y se presentó como víctima ante sus bases, que le volvieron a elegir secretario general.

Sánchez presentó meses más tarde una moción de censura contra Mariano Rajoy y la ganó gracias al apoyo de bolivarianos, independentistas, golpistas y proetarras. Así miente Sánchez.

Sánchez fracasó en su intento de investidura y provocó nuevas elecciones que justificó en su firme compromiso de no formar Gobierno con Podemos, considerado por él mismo como el mal absoluto que provocaría insomnio generalizado entre los españoles y a las que concurrió con el lema «Ahora España».

Sánchez esperó a que transcurrieran cuarenta y ocho horas desde que cerraron las urnas para anunciar un acuerdo para formar un Gobierno de coalición con Podemos, ungió como vicepresidente a Iglesias e inició el proceso para lograr la mayoría parlamentaria negociando con los independentistas catalanes, con los condenados y encarcelados por graves delitos contra la democracia y con los prófugos de la justicia y sus validos; y todo mientras sus interlocutores golpistas anuncian su intención de repetir el golpe contra la democracia. Eso tras haber dado a los terroristas de Otegi poder sobre el Gobierno de

Navarra a cambio de recabar su apoyo para el Gobierno de España. Así miente Sánchez.

Que el Gobierno que prepara Sánchez provocará la ruptura de España resulta sencillo de apreciar, a pesar de que nos movemos en un marco prefigurado entre quienes no tienen escrúpulos y solo aspiran a conseguir el poder y quienes aprovechan esa circunstancia para lograr su objetivo de vulnerar impunemente el orden constitucional que sostiene a la nación española y la democracia. Repasemos la posición de los actores del Gobierno que prepara Sánchez en relación con esta cuestión central:

Iglesias sostiene que la autodeterminación es un derecho de los catalanes (y por supuesto de los vascos y el resto de las regiones que él considera una nación dentro de la nación), lo que significa que para el vicepresidente ungido por Sánchez una parte de los españoles tendrá derecho a decidir el futuro de toda España. El vicepresidente ungido por Sánchez defiende vulnerar el artículo 1.2 de la Constitución: «La soberanía nacional reside en el pueblo español, del que emanan los poderes del Estado». Así se liquida la soberanía nacional, así se rompe España.

Iglesias apoya a la plataforma «Adiós, monarquía; hola, democracia» que promueve que el 9 de mayo se realice una «consulta popular» en toda España para decidir sobre monarquía o república. El hecho de que la consulta no tenga valor jurídico vinculante no merma la gravedad de sus consecuencias políticas. El vicepresidente ungido por Sánchez defiende una propuesta que vulneraría el artículo 1.3 de la Constitución: «La forma política del Estado español es la monarquía parlamentaria». Así se rompe España.

Junqueras, condenado por graves delitos contra la democracia española, negocia con Sánchez el Gobierno de España. Así se rompe España.

Junqueras exige a Sánchez que reconozca que lo que ocurre en Cataluña es consecuencia de un conflicto político; el PSOE acepta la definición de «conflicto político» y el negociador de Sánchez, ministro del Gobierno y número dos del PSOE, añade que es preciso «encontrar cauces para que los independentistas no tengan que delinquir». Sánchez ha asumido la posición antidemocrática de quienes están en la cárcel condenados por cometer graves delitos contra el ordenamiento jurídico y el orden constitucional, lo que resulta una clara vulneración del artículo 9 de la Constitución: «Los ciudadanos y los poderes públicos están sujetos a la Constitución y al resto del ordenamiento jurídico». Así se rompe España.

Junqueras exige a Sánchez bilateralidad, mesa de partidos y mediador al margen del Parlamento y de las instituciones. Sánchez se somete y acepta hablar «de todo», como si la soberanía, la igualdad, la seguridad jurídica, la separación de poderes, la jerarquía normativa, la responsabilidad y la interdicción de la arbitrariedad de los poderes públicos y el resto de principios fundamentales de la democracia fueran negociables. Así se rompe España.

Sánchez inicia negociaciones para conformar una mayoría parlamentaria con el prófugo Puigdemont y con su valido el supremacista Torra a la vez que ambos vetan y reprueban al jefe del Estado, califican de dictatorial nuestra Constitución y reiteran que repetirán el golpe contra la democracia. Así, negociando con golpistas, se rompe España.

Iceta, el primer secretario el PSC, defiende que Cataluña es una «nación» y que España es un «estado plurinacional» compuesto por «ocho naciones, que las he contado», lo que supone el incumplimiento de los artículos 1.2 y 2 de la Constitución: «La Constitución se fundamenta en la indisoluble unidad de la nación española, patria común indivisible de todos los españoles, y reconoce y garantiza el derecho a la autonomía de las nacionalidades y regiones que la integran y la solidaridad entre todas ellas». Así se liquida la soberanía nacional, así se rompe España.

Batet, militante del PSC y nominada por Sánchez para presidir el Congreso de los Diputados, permite que los diputados con los que Sánchez negocia la formación del Gobierno de España tomen posesión de su cargo con discursos derogatorios e insultantes para la Constitución y la Cámara de la que forman parte. Así se devalúan las instituciones, así se rompe España.

Otegi, bajo cuya tutela gobierna Sánchez en Navarra, es un terrorista que nunca ha renunciado a los objetivos de ETA, que no reconoce ninguno de sus crímenes, que nunca ha pedido perdón por el sufrimiento causado y que sostiene que en España no hay democracia. Así se burla el artículo 1.1 de la Constitución. «España se constituye en un Estado social y democrático de derecho, que propugna como valores superiores de su ordenamiento jurídico la libertad, la justicia, la igualdad y el pluralismo político». Así se rompe España.

Son solo algunos ejemplos que confirman lo obvio: ¿cómo no se va a romper España si Sánchez forma un Gobierno sostenido en una mayoría parlamentaria cuya razón de ser y existir es romper España? Sánchez es imprescindible para que los enemigos de la nación logren su objetivo de abolir el sistema del setenta y ocho, lo que provocaría que la crisis institucional se convierta en una crisis de Estado. Los enemigos de la España constitucional y democrática no tienen votos para reformar la Constitución ateniéndose a sus normas; pero con el concurso de Sánchez pueden —ya lo están haciendo— derogar el ejercicio efectivo de alguno de sus artículos fundamentales. No olvidemos que la libertad de expresión o de movimiento o el derecho a utilizar la lengua común en la educación o en el acceso a la función pública en condiciones de igualdad con la lenguas cooficiales son derechos que ya han sido negados, cuestionados o directamente abolidos en la práctica a quienes no se someten al infame pacto entre socialistas, nacionalistas, independentistas y proetarras. Así se rompe España.

Estamos al borde del precipicio, pero creo que aún existe una remota oportunidad de evitar el desastre. Sería dramático que lo que no pudo conseguir ETA asesinando contra la democracia a ochocientos cincuenta y seis de nuestros mejores conciudadanos, provocando el exilio de miles de demócratas vascos, provocando el dolor de miles de familias huérfanas de padre, de hijo, de hermano asesinado por defender la democracia… lo lograran ahora los enemigos de la democracia merced al apoyo de una generación de socialistas traidores a su historia y borrachos de ambición y/o al silencio de las personas decentes que quedan en ese partido.

Por eso, porque me niego a desistir, quiero hacer una apelación a la responsabilidad de los militantes y dirigentes del Partido Socialista; les pido que sean conscientes de que el Gobierno que Sánchez está a punto de constituir supondría un insulto a la memoria de todos los hombres y mujeres que les precedieron, que se sacrificaron, que fueron generosos, que arriesgaron su vida para defender la democracia y para evitar que su historia de confrontación y falta de libertades se repitiera en las nuevas generaciones. Les pido que no olviden que lo mejor de la historia del PSOE se escribió cuando su partido supo superar las siglas para atender el interés general de España.

Apelo a los españoles verdaderamente progresistas y patriotas que siguen siendo afiliados o votantes del Partido Socialista, apelo a la izquierda constitucionalista que hoy se siente huérfana de referentes políticos. Por favor, no permitáis, no permitamos que por acción u omisión se forme un Gobierno de involución que reniegue de lo mejor de nuestra historia y destruya la única identidad que es importante para todos los españoles: la identidad democrática.

Romper España no es una opción ideológica. Romper España es destruir nuestro marco de convivencia. Romper España es una tragedia para la democracia. Me niego a aceptar que no podamos evitarlo.

EPÍLOGO

El presente es consecuencia de un pasado en el que no siempre hicimos las cosas bien. Lo que hicimos mal, los silencios, las complicidades, la desidia, la cobardía, la inmadurez, el egoísmo… han ido modulando el proceso de deterioro democrático que nos ha traído hasta aquí. Nadie podrá decir que no se podía saber; porque todo estaba denunciado, todo estaba anunciado, todo estaba escrito… Pero *nos descuidamos… y pasó.*

Los españoles tienen derecho a conocer la historia real de lo que ocurrió en España desde el momento en que unos políticos sin escrúpulos y borrachos de ambición de poder decidieron tirar por la borda los logros conseguidos merced a la voluntad de una inmensa mayoría de españoles que nos juramentamos para construir la democracia. Los españoles tienen derecho a conocer los hechos tal y como ocurrieron, tienen derecho a impedir que se altere la verdad, tienen derecho a exigir que cada cual asuma la parte de responsabilidad que le corresponde. Porque la historia no es solo lo que pasó, es también el análisis de por qué pasó. Por eso estas páginas, como los argumentos desgranados en el conjunto de artículos que arman el libro, son un testimonio datado sobre los acontecimientos que se venían produciendo y sobre el comportamiento de quienes fueron —y son— los protagonistas del tiempo político.

Tengo la esperanza de que este libro sea útil para que las nuevas generaciones conozcan y recuerden; para que no olviden que hubo un tiempo en el que quienes defendían la democracia eran perseguidos y asesinados por los mismos que ahora han sido elegidos como socios preferentes del Partido Socialista Obrero Español y por quien, en nombre de su sigla, preside el Gobierno de España; para que quienes hoy no tienen edad para haberlo vivido pero sufren y sufrirán las consecuencias conozcan quién calló y quien habló, quién se comprometió y quién miró hacia otro lado mientras progresaba la degradación y durante el tiempo en que, desde las propias instituciones, se demolía la democracia; para que nadie olvide quién defendió la convivencia entre iguales y quién la despreció y la traicionó.

Soy consciente de que la lectura de estas páginas puede dejar un regusto amargo o una cierta incomodidad... («¿Cómo es posible que no hiciéramos nada...?»). Y es que resulta difícil ser una persona decente y permanecer indiferente o no sentirse desengañada al repasar las traiciones de parte de «los nuestros», de aquellos que para conseguir el poder han tejido una alianza a prueba de escrúpulos con quienes declararon la guerra a la democracia desde el mismo momento en el que los españoles nos juramentamos para enterrar las dos viejas Españas y construir, ente todos, la democracia.

Es difícil aceptar que no pudimos hacer algo más para frenar la deriva que nos ha traído hasta aquí.

Pero no estamos ante un punto y final; los retos a los que debemos enfrentarnos siguen creciendo y las dificultades son cada vez mayores. ¿Vamos a seguir mirando hacia otro lado, vamos a seguir esperando que alguien nos solucione los problemas? Estas páginas son un llamamiento a actuar, a no bajar la guardia. Son mi manera de decir «¡Basta ya!».